新方言の動態30年の研究

ひつじ研究叢書〈言語編〉

第 81 巻　疑問文と「ダ」　　　　　　　　　　　　　　　　　森川正博 著
第 82 巻　意志表現を中心とした日本語モダリティの通時的研究　　土岐留美江 著
第 83 巻　英語研究の次世代に向けて　　吉波弘・中澤和夫・武内信一・外池滋生
　　　　　　　　　　　　　　　　　　　川端朋広・野村忠央・山本史歩子 編
第 84 巻　接尾辞「げ」と助動詞「そうだ」の通時的研究　　　　　漆谷広樹 著
第 85 巻　複合辞からみた日本語文法の研究　　　　　　　　　　　田中寛 著
第 86 巻　現代日本語における外来語の量的推移に関する研究　　　橋本和佳 著
第 87 巻　中古語過去・完了表現の研究　　　　　　　　　　　　　井島正博 著
第 88 巻　法コンテキストの言語理論　　　　　　　　　　　　　　堀田秀吾 著
第 89 巻　日本語形態の諸問題　　　　　　　　　　須田淳一・新居田純野 編
第 90 巻　語形成から見た日本語文法史　　　　　　　　　　　　　青木博史 著
第 91 巻　コーパス分析に基づく認知言語学的構文研究　　　　　　李在鎬 著
第 92 巻　バントゥ諸語分岐史の研究　　　　　　　　　　　　　　湯川恭敏 著
第 93 巻　現代日本語における進行中の変化の研究　　　　　　　　新野直哉 著
第 95 巻　形態論と統語論の相互作用　　　　　　　　　　　　　　塚本秀樹 著
第 97 巻　日本語音韻史の研究　　　　　　　　　　　　　　　　　高山倫明 著
第 98 巻　文化の観点から見た文法の日英対照　　　　　　　　　　宗宮喜代子 著
第 99 巻　日本語と韓国語の「ほめ」に関する対照研究　　　　　　金庚芬 著
第 100 巻　日本語の「主題」　　　　　　　　　　　　　　　　　堀川智也 著
第 101 巻　日本語の品詞体系とその周辺　　　　　　　　　　　　村木新次郎 著
第 103 巻　場所の言語学　　　　　　　　　　　　　　　　　　　岡智之 著
第 104 巻　文法化と構文化　　　　　　　　　　　　秋元実治・前田満 編
第 105 巻　新方言の動態 30 年の研究　　　　　　　　　　　　　佐藤髙司 著

ひつじ研究叢書
〈言語編〉
第105巻

新方言の動態
30年の研究

群馬県方言の
社会言語学的研究

佐藤髙司 著

ひつじ書房

まえがき

　本書は、30年間にわたる群馬県での経年調査をもとに、新方言を中心に現代の若年層における方言使用の動態を社会言語学的視点から解明することを目的とするものである。
　1980年代、日本語にはラジオやテレビなどのマスメディアの普及、発達により急激な共通語化の波が押し寄せていた。その日本語にあって、共通語化に逆らう言語変化として若年層に方言が生じる現象が「新方言」として注目された。折しも、日本の方言研究は、伝統的な言語地理学を中心とする研究に社会言語学的な手法を取り入れることにより、新たな発展を遂げようとしている時代であった。新方言研究は、その新たな手法を用い、時を同じくして日本社会に急速に普及したパーソナルコンピューターを研究にいち早く取り入れることで研究を充実させていったのである。本書の研究は、まさにこの日本語方言の社会言語学的研究の進展とともに歩を進めてきた。
　新方言研究の価値は、現在進行中の眼前で起きている言語変化を観察することができることである。その研究価値をより高める方法が定点における経年観察である。本書の研究は、共通語の基盤となった西関東方言使用地域に属する群馬県において、新方言研究の初期に行った調査をもとにした経年調査研究である。若年層に発生、拡大する新方言は30年後、どのようになるのか。共通語化が進む日本語にあって、若年層における言語はどのように変化するのか。30年間で起きる言語の変化の動態を把握し、社会言語学的視点から観察し、その変容を明らかにしていくことこそが本書の目的である。

　本書は次の三つのテーマを軸に展開する。

(1) 現在から30年ほど前の1980年代、共通語化が進む日本語にあって、共通語化に逆らう言語変化として若年層に方言が生じるという現象が「新方言」として大いに注目されたが、当時、若年層に発生、拡大した新方言は30年間でどうなったのか。
(2) 現代若年層にあって、伝統方言は使われ続けているのか。
(3) 若年層の方言使用にはどのような属性が関わり、その関わりはどのように変化しているのか。

これらの課題について本書では、群馬県での高校生を対象とした多人数・経年調査結果を計量的に処理する方法により、若年層の言語使用の動態を把握し、その方言使用のメカニズムに迫り、次の三つの実態を明らかにした。

(1) 30年前に若年層に発生、拡大した新方言は、使用率を伸ばすもの、維持するもの、衰退するものなど様々ではあるが、その使用動態は地方地域社会の東京との関係に大きな影響を受けている。
(2) 関東の伝統方言「ベー」は、様々に変容しながら現代の若年層にも根強く生き続けている。
(3) 現代にあっては、男女差や使用意識、生活環境や社会の風潮などが複雑に絡みあって若年層の方言使用に影響を与えている。

本書は、4部及び「まとめと今後の展開」からなる。

第I部は理論編である。本書の目的と方法について述べ、新方言の理論とこれまでの新方言研究を整理しつつ、本書の立場を明らかにする。また、研究フィールドである群馬県方言の概要と研究史について述べるとともに、経年調査についてその概要を述べる。

第II部は「群馬県における30年間の新方言の動態」と題し、新方言という言語変化の要因として東京の影響に焦点を当てる。東京という大都市が若年層の言語変化にどのような影響を及ぼすのか、群馬県における新方言使用に関して東京での使用の有無を指標とし、その差異を見ることで解明を試みる。首都圏に隣接する群馬県の若

年層にあっては、大都市・東京の影響を時には大きく受けつつ、また時には地方独自で、共通語化とは異なる多様で複雑な言語変化が起きているのである。

　第Ⅲ部は若年層における伝統方言の使用動態を観察し考察を加える。ここでは、伝統方言「ベー」が、共通語化の中にあって、その形式や用法に様々な変容を重ねながら根強く群馬県の地に生き続けている様相を確認することができた。群馬県は東日本の「べいことばの坩堝」と表現されるほど形式が豊富であることから、この動態研究は東日本におけるベーの変容に関する研究に大いに貢献できるものと期待される。

　第Ⅳ部は若年層における方言使用と属性との関係を考察する。男女差、方言使用意識、世代差、場面差、地域差、語彙による差異などを属性としてとらえ、若年層の方言使用の変化との関係を明らかにした。現代若年層にあっては、多様な言語使用属性に加え、交通網をはじめとする生活環境の変化や社会の風潮などが複雑に絡みあって、その言語使用に影響を与えていると考えられる。

　「まとめと今後の展開」では「新方言研究と国語教育」と題して、「広義の新方言」という考え方を提案し、方言の社会言語学的研究の国語教育や言語の教育での新展開について述べる。「広義の新方言」という概念は、言語研究のための概念ではなく、むしろ言語研究から派生的に生じた簡易的で単純なものであり、第Ⅳ部で述べる「学校方言」と合わせて、教育への活用を目指した概念である。

　本書は、東北大学大学院文学研究科における学位論文『群馬県方言の社会言語学的研究―30年間の若年層における方言使用の動態』(2011年9月8日・博士（文学）)に加筆・修正したものである。なお、本書の出版に際し、日本学術振興会から平成24年度科学研究費助成事業（科学研究費補助金（研究成果公開促進費）課題番号245063）の交付を受けた。

目　次

まえがき ... V

I　理論編 ... 1

第1章　本研究の目的と方法 ... 3
1. 研究の目的 ... 3
2. 研究の対象「群馬県方言」 ... 4
    2.1　西関東方言としての「群馬県方言」 ... 4
    2.2　群馬県方言の特徴 ... 5
    2.3　群馬県方言話者の使用意識 ... 6
3. 研究の立場「社会言語学的研究」 ... 8

第2章　新方言の理論と本研究 ... 11
1. はじめに ... 11
2. 社会言語学的研究としての新方言研究 ... 12
3. 新方言の理論の整理 ... 13
    3.1　井上（2008）の概要 ... 13
    3.2　新方言認定の3条件と井上史雄による再検討 ... 15
    3.3　井上史雄の指摘する新方言、方言、共通語・標準語の多義性 ... 17
    3.4　井上史雄による新方言とネオ方言 ... 18
    3.5　新方言の理論のまとめ ... 20
4. 新方言の理論と本研究 ... 20

第3章　群馬県方言及び新方言の研究史 ... 23
1. はじめに ... 23
2. 1970年代以前 ... 23
3. 1980年代 ... 25
    3.1　1980年代の群馬県の方言研究 ... 25
    3.2　1980年代の新方言研究 ... 25

3.3　1980年代の群馬県の新方言研究　　　　　　　　　　27
　　3.4　1980年代の新方言研究成果一覧　　　　　　　　　　27
4. 1990年代　　　　　　　　　　　　　　　　　　　　　　30
　　4.1　1990年代の群馬県の方言研究　　　　　　　　　　　30
　　4.2　1990年代の新方言研究　　　　　　　　　　　　　　31
　　4.3　1990年代の群馬県の新方言研究　　　　　　　　　　32
　　4.4　1990年代の新方言研究成果一覧　　　　　　　　　　34
5. 2000年以降　　　　　　　　　　　　　　　　　　　　　37
　　5.1　2000年以降の群馬県の方言研究　　　　　　　　　　37
　　5.2　2000年以降の新方言研究　　　　　　　　　　　　　38
　　5.3　2000年以降の群馬県の新方言研究　　　　　　　　　39
　　5.4　2000年以降の新方言研究成果一覧　　　　　　　　　39
6. 群馬県の新方言研究から日本の社会言語学へ　　　　　　　42

第4章　本研究における経年調査の概要　　　　　　　　　　　　45
1. 調査地域　　　　　　　　　　　　　　　　　　　　　　45
2. 調査方法　　　　　　　　　　　　　　　　　　　　　　47
3. 第1回調査（1980年）　　　　　　　　　　　　　　　　48
　　3.1　予備調査の概要　　　　　　　　　　　　　　　　　48
　　3.2　第1回調査（1980）の概要　　　　　　　　　　　　51
　　3.3　第1回調査校一覧　　　　　　　　　　　　　　　　52
　　3.4　第1回調査票　　　　　　　　　　　　　　　　　　53
4. 第2回調査（1992年）　　　　　　　　　　　　　　　　58
　　4.1　第2回調査（1992）の概要　　　　　　　　　　　　58
　　4.2　第2回調査校一覧　　　　　　　　　　　　　　　　59
　　4.3　第2回調査票　　　　　　　　　　　　　　　　　　60
5. 第3回調査（2010年）　　　　　　　　　　　　　　　　68
　　5.1　第3回調査（2010）の概要　　　　　　　　　　　　68
　　5.2　第3回調査校一覧　　　　　　　　　　　　　　　　69
　　5.3　第3回調査票　　　　　　　　　　　　　　　　　　69

　　　Ⅱ　群馬県における30年間の新方言の動態　　　　　　71

第1章　東京型新方言と地方型新方言の30年間の動態　　　　　73
1. はじめに　　　　　　　　　　　　　　　　　　　　　　73
2. 1980年からの12年間における東京型と地方型の新方言の変化　74
3. 東京型新方言の30年　　　　　　　　　　　　　　　　　75

3.1　東京型新方言　　　　　　　　　　　　　　　　　　75
　　3.2　東京型新方言の使用率の変化　　　　　　　　　　　76
　　3.3　各表現の30年間の5地域における使用状況の変化　　79
　　3.4　東京型新方言のまとめ　　　　　　　　　　　　　　90
　4.　地方型新方言の30年　　　　　　　　　　　　　　　　　92
　　4.1　地方型新方言　　　　　　　　　　　　　　　　　　92
　　4.2　地方型新方言の使用率の変化　　　　　　　　　　　93
　　4.3　各表現の30年間の5地域における使用状況の変化による分類　96
　　4.4　地方型新方言のまとめ　　　　　　　　　　　　　　105
　5.　おわりに　　　　　　　　　　　　　　　　　　　　　　106

第2章　東京型新方言と地方型新方言の接触　　　　　　　　　109
　1.　はじめに　　　　　　　　　　　　　　　　　　　　　　109
　2.　比況を表す3表現　　　　　　　　　　　　　　　　　　109
　　2.1　ミタク　　　　　　　　　　　　　　　　　　　　　109
　　2.2　ミチョーニ　　　　　　　　　　　　　　　　　　　111
　　2.3　ミトーニ　　　　　　　　　　　　　　　　　　　　112
　3.　3表現の使用状況の推移　　　　　　　　　　　　　　　113
　　3.1　3回の調査ごとの3表現の使用率　　　　　　　　　113
　　3.2　3表現の使用状況の推移　　　　　　　　　　　　　115
　4.　東京型新方言・ミタクの普及過程　　　　　　　　　　　116
　　4.1　ミタクの普及過程　　　　　　　　　　　　　　　　116
　　4.2　ミタクの東毛への普及　　　　　　　　　　　　　　117
　　4.3　群馬県全域への普及　　　　　　　　　　　　　　　119
　5.　まとめ　　　　　　　　　　　　　　　　　　　　　　　121

第3章　東京型新方言の普及　　　　　　　　　　　　　　　　123
　1.　はじめに　　　　　　　　　　　　　　　　　　　　　　123
　2.　チガカッタの発生と発生要因　　　　　　　　　　　　　124
　　2.1　チガカッタの発生　　　　　　　　　　　　　　　　124
　　2.2　チガカッタの発生要因　　　　　　　　　　　　　　126
　3.　チガカッタ、チガクナッタの使用状況の推移　　　　　　127
　　3.1　第1回調査（1980年）　　　　　　　　　　　　　127
　　3.2　第2回調査（1992年）　　　　　　　　　　　　　128
　　3.3　第3回調査（2010年）　　　　　　　　　　　　　129
　　3.4　チガカッタ、チガクナッタの普及　　　　　　　　　130
　4.　チガカッタ、チガクナッタの群馬県への普及　　　　　　130

XI

  4.1　前橋市での普及　　　　　　　　　　　　　　130
  4.2　群馬全県での普及の実証　　　　　　　　　　131
 5.　まとめ　　　　　　　　　　　　　　　　　　　132

III　群馬県における 30 年間のベーの動態　　　135

第 1 章　意志・勧誘のベーの動態　　　137
 1.　はじめに　　　　　　　　　　　　　　　　　　137
 2.　全国及び群馬県での意志・勧誘のベー　　　　　137
  2.1　全国の意志・勧誘のベー　　　　　　　　　　137
  2.2　群馬県の意志・勧誘のベー　　　　　　　　　138
 3.　意志・勧誘のベーの 30 年間の動態　　　　　　139
  3.1　五段活用動詞「行く」の動態　　　　　　　　139
  3.2　一段活用動詞「見る」の動態　　　　　　　　143
 4.　ベー全体の衰退傾向　　　　　　　　　　　　　146
 5.　ベーの接続の単純化　　　　　　　　　　　　　148
 6.　おわりに　　　　　　　　　　　　　　　　　　151

第 2 章　推量のベーの動態　　　153
 1.　はじめに　　　　　　　　　　　　　　　　　　153
 2.　全国及び群馬県での推量のベー　　　　　　　　153
  2.1　全国の推量のベー　　　　　　　　　　　　　153
  2.2　群馬県の推量のベー　　　　　　　　　　　　154
 3.　推量のベーの 30 年間の動態　　　　　　　　　156
  3.1　「来る（カ行変格活用動詞）だろう」の動態　156
  3.2　「面白い（形容詞）だろう」の動態　　　　　158
  3.3　「犬（名詞）だろう」の動態　　　　　　　　161
 4.　推量のベーの変化の様相　　　　　　　　　　　162
 5.　おわりに　　　　　　　　　　　　　　　　　　163

第 3 章　ベーの新しい変化　　　165
 1.　はじめに　　　　　　　　　　　　　　　　　　165
 2.　意志・勧誘のベー　　　　　　　　　　　　　　165
 3.　推量のベー　　　　　　　　　　　　　　　　　168
 4.　ベーの新たな動き　　　　　　　　　　　　　　171
 5.　おわりに　　　　　　　　　　　　　　　　　　171

IV　群馬県若年層における方言使用と属性　　　173

第1章　方言使用における男女差　　　175

　1. はじめに　　　175
　2. 東京型新方言の男女差　　　175
　　2.1　第2回調査（1992年）までの東京型新方言の男女差　　　175
　　2.2　第3回調査（2010年）の東京型新方言の男女差　　　179
　3. 地方型新方言の男女差　　　180
　　3.1　第2回調査（1992年）までの地方型新方言の男女差　　　180
　　3.2　第3回調査（2010年）の地方型新方言の男女差　　　182
　4. まとめ　　　188

第2章　方言使用意識の変容　　　189

　1. はじめに　　　189
　2. 若年層における言語使用意識と方言の「アクセサリー化」　　　190
　3. 群馬県の若年層における言語使用意識　　　191
　　3.1　方言への志向性　　　191
　　3.2　共通語への志向性　　　193
　　3.3　方言・共通語への志向性と共通語化　　　194
　4. 群馬県の若年層における言語使用意識とその変容（まとめ）　　　196

第3章　ラ抜きことばの変容
　　　　　世代差・場面差・男女差・地域差・語彙差　　　199

　1. はじめに　　　199
　2. ラ抜き言葉に関する研究と方言・新方言　　　199
　　2.1　ラ抜きことばと方言・新方言　　　199
　　2.2　ラ抜きことばに関する研究　　　200
　3. これまでの群馬県の若年層におけるラ抜きことばの実態　　　202
　4. 第2回調査（1992年）と第3回調査（2010年）の
　　　群馬県の若年層におけるラ抜きことばの実態　　　203
　　4.1　世代差　　　203
　　4.2　場面差　　　205
　　4.3　男女差　　　207
　　4.4　地域差　　　209
　　4.5　語彙差　　　209
　5. まとめ　　　211

第4章 若年層の方言使用と「学校方言」　213

1. はじめに　213
2. 「学校方言」とは　214
3. 「学校方言」と「気づかない方言」、「気づかれにくい方言」　216
4. 「学校方言」の動態　217
   - 4.1 センヒキ（定規）の動態　217
   - 4.2 シャーペンの動態　218
   - 4.3 ドロボウケズリの動態　220
   - 4.4 ボンナイフの動態　222
5. まとめ　222

まとめと今後の展開　225

新方言研究と国語教育　「広義の新方言」という考え方　227

1. 各部各章のまとめ　227
2. 新方言理論と一般理解のずれ　234
   - 2.1 新方言という名称　234
   - 2.2 新方言の定義　234
   - 2.3 条件1と一般理解のずれ　236
   - 2.4 条件2と一般理解のずれ　237
   - 2.5 条件3と一般理解のずれ　238
3. 「広義の新方言」と国語教育への応用　239
4. まとめ　241

参考文献　243

あとがき　249

索　引　255

I　理論編

第1章
本研究の目的と方法

1. 研究の目的

　本研究は、1980年から2011年までの30年間に3回行った群馬県の高校生とその保護者を対象にした経年アンケート調査から得たデータを用いて、現代の群馬県における若年層の方言動態を把握し、社会言語学的視点から群馬県方言の若年層における変容を明らかにしていくことを目的としている。

　群馬県方言は、全国共通語の基盤となった東京方言と同一の西関東方言に属していることから、共通語に近いという特徴を持つ。一方、関東ベーに代表されるような特徴的な方言形式も有する方言でもある。また、群馬県は地理的に北関東に位置し、鉄道や道路などの交通網では東京と直結している地域である。したがって群馬県方言は比較的早く東京からの影響を受ける方言でもある。このような背景を持つ群馬県方言の様々な変容の中には、共通語化が急速に進む現代日本語方言の変容を具体的に示すものも少なくないと予想される。また本書では、現代日本語方言の変容に関する新たな視点も検討したいと考えている。

　本書における「社会言語学的研究」とは、言語の使用面に着目し、多人数調査とそれに伴う大量のデータを扱う手法による研究を指す。具体的には、群馬県において、多人数の高校生を対象に、30年間で3回のアンケート調査を実施することで大量のデータを集め、その結果の推移から主に若年層における言語使用がどのように変わってきたかを見ようとする。そして、言語使用の変化の要因を言語内外から考察し、現代日本語方言の変容を現代群馬県方言から明らかにしようとするものである。

　この社会言語学的研究は、1980年代以降、方言研究において盛

んに行われるようになったが、その中でも特に若年層において新たな方言が生まれる言語変化に注目した新方言研究において主流である。新方言研究は、井上史雄が先導し、発展した研究である。本研究もその新方言研究からスタートしている。本研究は、佐藤・井上（1981）に始まっており、新方言研究においては極めて初期にあたる研究を出発点にしている。経年調査を重ねることで、新方言研究の中では調査期間の長い研究の一つと言えよう。また、群馬県の方言研究にとっても、経年調査をもとにした若年層の方言に視点を当てた研究として、他に類を見ない研究である。

　以下では、本研究の対象である「群馬県方言」と本研究の立場である「社会言語学的研究」について示したうえで、社会言語学的研究の中でも特に本研究の中心である「新方言研究」について述べる。

2. 研究の対象「群馬県方言」

2.1 西関東方言としての「群馬県方言」

　研究の対象である群馬県方言は、地理的には、関東の北西部に位置する群馬県地方の方言で、関東方言である。関東方言は、東条（1953）によれば、東関東方言と西関東方言に大別されるが、群馬県方言の大部分は西関東方言に属する。東関東方言が無アクセントで、語頭のイとエの混同やいわゆるズーズー弁などの東北方言（南東北）的な要素を多く持つ方言であるのに対し、西関東方言は、全国共通語の基盤とされた東京方言を含むこともあり、全国共通語に近い。

　佐藤亮一（2007: 578）には、関東地方の方言の内部差として、茨城・栃木の東関東（北関東とも）とそれ以外の西関東との差が大きいことが述べられている。西関東方言の特徴として、大部分が東京式アクセントであり、「東京中心部に行われる言語は「東京語」と呼ばれ、共通語や標準語の基盤となるものであって、関東方言的特徴と関西方言的特徴、さらにこの地域に独特の文法的特徴を有する」とある。群馬県方言はこの東京を含む西関東方言に含まれる。

　なお、群馬県の東南端には東関東方言に属する地域がある。アク

セントは曖昧アクセント（無アクセント）で音声は東関東方言に近い。ただし、この東関東方言に属する群馬県の東南端の地域は県央から遠いという地理的な条件もあり、一般の群馬方言といった表現の中には含まれないことが多い。

　また、群馬県方言の使用地域である群馬県は、地理的には関東地方にあって首都圏の北側に隣接しその西端に位置する。首都圏に隣接し、JR の新幹線及び在来線などの鉄道及び高速道路、一般道路などの道路交通網により、東京や首都圏と直結している。したがって、群馬県方言はおのずと東京の影響を比較的早く受けやすい。

2.2　群馬県方言の特徴

　ここでは群馬県方言の特徴を概観する。群馬県方言の変容を明らかにすることを目的とする本書にとって、研究の対象の方言の特徴と変容との間に深い関わりが存在することがあるからである。

　群馬県方言のアクセントは、ほとんどが共通語と同じアクセント（東京式アクセント）体系である。群馬県方言が方言的特徴の薄い方言と認識される原因の一つはここにあると考えられる。群馬県方言の使用地域にあって館林・邑楽地区だけは、曖昧アクセント、無アクセントである。

　音韻については、篠木（2008: 16）に、群馬県方言に共通する特徴はガ行の子音が破裂音あるいは摩擦音であり、いわゆるガ行鼻濁音がないこと、連母音の融合が盛んであること、促音化・撥音化や促音の挿入が盛んであることがあげられている。群馬県人同士が話をしていたら、群馬県外の人に喧嘩をしているのかと聞き間違えられたという話をよく耳にするほど、ガ行子音に鼻濁音がなく、動詞に促音を伴う接頭語が多かったり撥音や促音が多くの語に加えられて発音されたりする。この音韻上の特徴が、群馬県方言を威勢のよい方言として有名にさせている最も大きな要因である。音韻上の特徴としてはこのほかに、イとエの区別が曖昧であることなどもある。

　文法では、いわゆる「べいべいことば」が盛んである。群馬県の多くの地域は、関東ベーの使用地域に含まれ、意志や勧誘の表現にベーを、推量の表現にはダンベーを使用する。「べいべいことば」

は、平安時代に古語の助動詞「べし」の連体形「べき」の「き」の子音を落とした形として「べい」が生じ、中世以降もっぱら文末に使われるようになったとされている。その背景には連体形が終止形の働きを兼ねるようになる文法上の変化がある。この「べいべいことば」は、前述の威勢の良い話しぶりとともに、群馬県方言の象徴である。「べいべいことば」は、「上州のベイベイことばがやんだらベイ　なべやつるべはどうするベイ」という狂歌が存在するほど内外に知られており、群馬県方言の代名詞と言ってよい。このほかの文法面の特徴的なことでは、動詞「来る」の未然形＋ない（否定）がキナイとなること、過去・過去回想のタッタ（た）が全域で使用されること、群馬県北部（本書で「利根沼田」、「吾妻」と呼ぶ地域）で文末助詞のムシ（ねえ）が使用されることなどがある。

　語彙では、次のような多様な方言語彙の存在が知られている。

- 副詞のオーカ（すごく、そんなに）、ナッカラ（かなり、そうとう）、マッサカ（たいへん）、マーズ（本当に）、チッター（少しは）、ハー（もう）など
- ガ行五段活用動詞「行ぐ」
- ものもらいのメカゴ、メッパ、メカイゴなど
- 片足とびのシンゴ、コンギ、センギなど
- お手玉のアヤ、ナンゴ、オタマ、オジャミなど
- じゃんけんの掛け声のチッカッポ、オッチャッチ、チッケッポなど

2.3　群馬県方言話者の使用意識

　群馬県方言話者の方言意識については、群馬県内で比較した場合、群馬県内においては地域差、年齢差があり、北部・西部・東南部では強く、中央部では希薄、高年層よりも青年層以下では強い（古瀬編 1997: 15）という記述がある。しかし、前述の通り、群馬県方言が方言区画上、東京と同じ西関東方言に属し、全国共通語に近い方言であることもあり、群馬県方言の話者自身は方言使用の意識が薄く、普段から全国共通語を話しているという意識が強い。方言的特徴の強い地域に見られるような方言意識は極めて少ない。例えば

東北方言話者のような方言コンプレックスはなく、関西方言話者のような全国共通語に対する対抗意識もない。極端な言い方をすれば、方言使用意識はないに等しい。したがって、方言と全国共通語とのコードスイッチングは意識的には行われない。田中（2010: 6）では、利根川以南の1都3県を「首都圏」と呼び、その話者は「地域方言変種を用いているという意識はほとんどなく、「共通語話者」意識がきわめて高い」とするが、群馬県方言話者の実態も同様である。

佐藤亮一（2007: 579）の「課題」には、「関東地方の人は、自分の方言を方言と意識しない傾向が他の地方に比べて強いようであり、このような方言意識に関する調査研究も社会言語学的観点から興味深い課題である」との指摘がある。この指摘は主に西関東方言を指すものと考えられるが、西関東に属する群馬県方言も同様である。それを裏付けるものとして、全国県民意識を1978年と1996年に調査した結果が載せられているNHK放送文化研究所編（1997: 36）に次のようなデータがある。

「地方なまりが出るのは恥ずかしいことだと思いますか」という問いに対し「はい」と答えた割合（1996年）は表1のとおりである。東京、千葉、神奈川の首都圏は日本で最も低い。北関東3県の中では群馬は最も低く東関東の栃木、茨城とは異なり、どちらかというと西関東の埼玉や首都圏に近い意識と考えられる。

また、「この土地のことばが好きですか」「この土地のことばを残してゆきたいと思いますか」という問いに対し、「はい」と答えた割合（1996年）は、東京63.4％、54.5％なのに対し、群馬は59.0％、54.5％と東京に近い数値を示し土地のことば対して群馬県は東京に近い意識を有していると考えられる。

このように群馬県方言話者の方言使用意識は薄い。このことから、群馬県方言の言語変化研究においては、無意識下での方言の変化、方言使用の変化を観察できるという点が特徴的であり、利点である。また、日本語の将来において、全国共通語化が各地で進み、全国各地の方言がその方言的特徴を薄めてしまったときに起きるであろう変化を先駆けて観察することができるとも考えられるのである。田

表1　訛りが恥ずかしい

国・都・県	割合（％）
全国	13.0
茨城	26.7
栃木	23.9
群馬	17.3
埼玉	10.3
千葉	8.6
東京	6.6
神奈川	7.7

中（2010: 7）では、「首都圏における言語動態研究がもたらす知見は、首都圏という地域のもつ「都市」や「首都」という機能により、近未来の日本語社会全体に波及するものも多いと予想される」と述べているが、本研究においても同様の成果が期待できる。

　以上のように、方言的な特徴が薄い、東京の影響を受けやすい、話者の方言使用意識も薄いなど、共通語に近い関係にある方言である一方で、群馬県方言には特徴的な方言も存在する。このような群馬県方言においては、急速に進む共通語化や方言と共通語の接触による方言の変容、新方言の発生など様々な言語的な変化も顕著に現れることが予想される。それは、まさに現代の日本語方言の変容の具体例である。群県県方言の経年観察は、すなわち、現代日本語方言の変容に関する研究に資するものと期待できるのである。

3. 研究の立場「社会言語学的研究」

　本書のタイトルの一部である「社会言語学的研究」とは、本書が着目する研究分野と研究手法を指す。
　本書の研究分野について述べよう。言語研究を二つに大別すると、言語の体系面に着目する研究と言語の使用面に着目する研究に分類できるが、本研究の研究分野である社会言語学は言語の使用面に着目する研究である。言語の使用面に着目するということは、すなわ

ちどのような個人がどのような言語を使うかを研究することであり、言語の多様性を扱おうとする研究である。本書は、主に群馬県に生活する若年層の個々人が、あることを表現しようとする際にどのような言語表現を使うか、その使用面に着目しようとする研究である。

　本研究の研究手法は、多人数調査とそれに伴う大量のデータを扱うという手法である。社会言語学は言語の多様性を扱う研究分野であることはすでに述べたが、その多様性を扱うためには大量のデータが必要となり、そのためには多人数による調査が必要となる。日本の社会言語学には質問調査法による大量調査の伝統があり、本研究においても、質問調査法による多人数のアンケート調査を行う。また、それに伴う大量のデータを扱う。これにより、言語のバラエティーに関わる要素としての個人の年齢、性別、居住地などの属性的側面のほかに、話し相手の属性的側面、個人の心理的側面などを分析しようとする。すなわち、群馬県方言話者の言語使用と年代、性別、生活地域等の属性面との関わりや、言語使用と心理的な志向などの言語使用に関わる様々な側面との関係を探ろうとするのである。ちなみにこの種の研究手法には、国立国語研究所を中心に行われている鶴岡調査（国立国語研究所1953、同1974、同1994、同2006、同2007等）や岡崎調査（国立国語研究所1958、同1983、同2010等）に基づくものがある。鶴岡調査に基づく研究では共通語化の実態を明らかにしようとし、岡崎調査に基づく研究では言語生活の変化をとらえようとする。また、個人レベルの研究としては、井上史雄による鶴岡市近郊の鶴岡・山添調査（井上1995、井上・江川・佐藤・米田（2009）等）がある。

　また、本研究は、経年調査に基づいて日本語方言の使用状況を数値化し、そこから現代日本語方言の言語変化を観察しようとする。具体的には、1980年の初めから2011年までの30年間のうち、1980年、1992年、2010年の3回の多人数調査を実施し、群馬県方言使用の変容を明らかにしようとする。対象は、各調査時の高校生世代とその保護者世代である。高校生世代のデータを主に扱い若年層の言語使用の変化を観察する。保護者世代のデータは、高校生世代とその前世代の言語使用実態とを比較しようとする際などに補

助的に扱う。
　以上のように本書は多人数調査を経年で行いそれに伴う大量のデータを扱うことにより、若年層における方言の共通語化や新方言などの様々な言語変化の実態を明らかにし、そのメカニズムを解明することを目的とする。

第2章
新方言の理論と本研究

1. はじめに

　本研究における社会言語学的研究は、新方言を中心とする若年層での言語変化研究を指す。本章では、新方言の理論について井上史雄の論考から整理を行い、新方言の理論と本研究との関係を明確にする。

　新方言とは「若い世代に向けて使用者が多くなりつつある非共通語形で、使用者自身も方言扱いしているもの」（井上2008: 45）である。個々の単語や文法現象が新方言なのかを判定するには、年齢差、語形、場面差の3条件が必要である。

　「新方言」という用語は、戦前、柳田国男、東条操などが使っていたが、昭和51年（1976年）から井上史雄が個々の単語や文法現象の実態調査の結果、術語として使い始めた。その後、グロットグラム（地理×年齢図）の技法などによって、全国各地で報告がなされた。

　社会言語学的研究としての新方言研究の価値は、現在進行中の眼前に起こる言語変化を観察し得ること、また、その言語変化を言語内的要因と言語外的要因から考察することができることである。特に、言語外的要因からの考察は、経年的調査とアンケート調査による大量データ処理の手法を用いることにより、話者の属性と言語及び言語変化との関係を明らかにすることができる。なお、新方言研究をはじめとする方言の社会言語学的研究では、年齢や場面などの属性を変数として方言の状態を変化していくものとしてとらえるが、本研究も同様である。また、方言と共通語の使い分けについても、場面差による使い分けとしての属性として扱う。

　本研究の出発点は、新方言研究においては極めて初期にあたり、

新方言研究の中では類を見ず調査期間の長い研究の一つと言え、貴重である。しかし、本研究は、経年調査を重ねることで、新方言研究を含みつつ、若年層におけるより広い範囲の言語変化を見渡す研究範囲をも持つに至っている。したがって、本研究は新方言を中心に据えつつも、その周辺にある言語変化にも関心を寄せることになる。

2. 社会言語学的研究としての新方言研究

　新方言研究は社会言語学的研究に属するが、その社会言語学的研究の初期は、「言語生活」研究という名称のもとに柴田武によってリードされた。また、ほぼ同時期に、国立国語研究所初代所長となった西尾実が、新しい国語研究を行う研究所の第一のキーワードに「言語生活」あげ、重要な研究課題として取り上げた。柴田武や西尾実を中心に「言語生活」という名称で始まった日本方言学の社会言語学的研究は、国立国語研究所を核として、1951年発行の月刊誌『言語生活』（筑摩書房、1988年より休刊）の発行や共同研究体制、統計学的手法、コンピューターの導入を経て、社会調査をベースに分析する方法を確立していったのである。そして、その社会調査の中でも山形県鶴岡市における調査及び研究は、世界に誇る大規模かつ長期経年のものである。鶴岡調査は、主に日本語方言の共通語化の様相を明らかにするという成果をもたらしている。新方言研究は、成果としてはむしろ日本語方言の共通語化とは反対方向の言語変化に着目する研究ではあるが、同じ手法の中から言語変化を見ようとする社会言語学的研究なのである。

　新方言研究は、井上史雄の提唱と一連の研究に始まる。井上史雄の用いた研究方法は、「コンピューターによる大量データの処理とグロットグラムと呼ばれる手法だった。グロットグラムとは世代を縦軸に地理的関係を横軸にとったもので、手法としてはその前からあった。線上に並んだ地点の語形の伝播を見るのに非常に便利なもの」（沢木2002: 254）であった。当時、言語研究にコンピューターが導入され始めたこととも相まって、新方言研究は、まさに社会

言語学的研究の主流となっていった。

　井上史雄による積極的な新方言研究の提唱は、各地の研究者に刺激を与え、新方言の報告が多くなされた。そこには、共通語化に逆らう言語変化といった面白さや意外さ、方言と若者という当時では一見結びつきがたいものを結び付けた発想の奇抜さがあったからであろう。また、普段何となく気づいていた若い世代のことばの違いについて、研究の対象とする正当性や重要性を（大学に籍を置き若者と接する）研究者に、明確に、気づかせてくれたからであろう。さらには、計画から実施までそれほど時間がかからないアンケート調査法を使用できることも研究促進に拍車をかけたと考えられる。大学生の卒業研究にも適していた。大学生自身がインフォーマントになれるからである。新方言の定義も、一見、わかりやすかったこともよかった。一般社会へのコンピューターの普及も追い風となった。

　一方、新方言研究が発展を遂げた要因に、真田信治によるネオ方言研究がある。真田信治を代表とする中間方言に関する研究にも、新方言の研究と同様に、多くの研究者が取り組んだ。これにより、新方言研究も中間方言研究も切磋琢磨するような形で社会言語学研究を盛り上げたのである。

3. 新方言の理論の整理

3.1　井上（2008）の概要

　ここでは、井上史雄により新方言に関して整理がなされた最新の著書である井上（2008）をもとに、新方言の理論の整理を行い、本研究と新方言との関係を明確にすることで、本書の理論的立場を明確にしたい。

　井上（2008）の「まえがき」によれば、井上（2008）は、日本の諸方言が日本社会のあり方とどんな関係にあるかを、具体的調査によって明らかにし、社会言語学の理論構成に沿ってまとめられたものである。井上（2008）は、「第1部　社会方言学の4分野」、「第2部　新方言の調査と理論」、「第3部　文法と敬語の変化」、

「第4部　音韻の変異と認知」、「第5部　イントネーションの変化」の5部から構成される。第1部では、理論的位置づけとして、社会方言学の枠組みを4分野に分ける構想を紹介し、その概要を述べている。第2部では、「新方言」という概念を中心に、共通語との関係を論じ、統合と分岐という言語変化の二つの大きな流れの表れとして共通語化と新方言を位置付けている。第3部では、文法と敬語に関して、社会との関係を論じている。第4部では、音韻現象とその認知・イメージを扱い、西洋語の発音の流入や、方言の発音の認知を考察している。第5部では、尻上がりイントネーションなどの現代の発音の変化を、今まさに起きている言語変化として考察している。

　新方言研究に直接的に関係する論文は、第1部第4章と第2部のすべての章（第7章～第15章）で、計10章である。

　第1部の第4章「現代方言のキーワード」は、「新方言」という用語を中心に様々な術語とその背景について論じている。新方言の概念を理論的に論じている重要な論文である。

　第2部の第7章「新方言入門」は、新方言という概念について初歩的な解説を与え、実例をあげた啓蒙的論文である。第8章「新しい時代と新しいことば」は、新しい時代の事物が語彙にどう反映されるかを論じている。第9章「共通語化が進んでも方言は生まれ続けている」では、新方言の実例をあげ、戦後も方言が生命力を持って広がりつつあることを述べている。第10章「方言と言葉の乱れ―イッコウエの普及―」では、新たに発生した方言（新方言）が共通語に入ろうとすると「乱れ」ととらえられることから、方言と「乱れ」の関係を考察している。第11章「日本語考現学―東京と地方の言語変化―」では、新方言を進行中の言語変化と位置づけて、理論的な拡大を試みている。第12章「標準語・方言・新方言の1世紀」では、20世紀末に100年間の言語変化を見るにあたって、「新方言」を中心に日本語の現状を観察している。第13章「ネオ方言と新方言」では、新方言の関連概念と対比しつつ社会言語学の言語政策にのっとって理論整備を目指している。第14章「新方言と均質化」では、「均質化」と一見逆行する「新方言」という術語を

論じ、理論的位置づけを試みている。第15章「東京知識層の文体差と方言意識」では、東京新方言について東京での文体的使い分けの問題を検討している。

3.2 新方言認定の3条件と井上史雄による再検討

井上（2008: 45）では、新方言の認定に関して、3条件を掲げる。表2は、その記述を整理したものである。

その後、井上（2008: 46）は、新方言提唱以降に生まれた術語とそれらの整理の試みを紹介し、術語の混同・定義の混乱の原因を検討している。表3はその記述を整理したものである。

表2 新方言認定の3条件

定義	条件	新方言という名称との関わり
若い世代に向けて使用者が多くなりつつある	〈条件1〉年齢差への着眼	新
非標準語形で、	〈条件2〉共通語形か	方言
使用者自身も方言扱いしているもの	〈条件3〉場面差	方言

表3 新方言という術語の混同・定義の混乱の原因

述語の混同・定義の混乱の原因	その説明
(a) 術語の定義と論理的内容	術語としての定義・性格づけが不十分なため
(b) 現実の複雑な現象の認定	現実の言語現象が複雑で、中間段階や折衷的な現象があり理論どおりの分類ができない場合があるため

これらを踏まえ、井上（2008: 47）は、新方言の認定3条件に関わる問題点を指摘し、3条件以外の条件について述べている。

〈条件1〉では、調査技法としてことばの年齢差が分かればいいとしたうえで、社会的活躍層が共通語化などでトップになる現象や見かけの時間／実時間の問題など、年齢差を単純に言語変化と結び

つけることへの問題点を指摘する。

〈条件2〉では、辞書、文法書で判別がつくことが多いとしたうえで、共通語・標準語と東京語の関係と共通語の専門語の扱い方の2点を指摘する。共通語・標準語と東京語の関係については、過去に新方言として扱った北海道におけるアッタカイの普及や西日本でのショッパイ、デッカイの普及をあげ、共通語と標準語（アタタカイ、シオカライ、オオキイ）との関係と新方言の判定の難しさ、混同を指摘する。また、東京の口語・俗語が全国各地に普及する現象である東京語化、東京弁化について、新方言とそれらとの判別の難しさを指摘する。つまり、（全国に通じる口語を共通語と呼ぶならばその）共通語や東京の口語が各地に広まる現象を、新方言と判断することは難しく慎重にすべきであるということである。

共通語と専門語の扱い方については、ラーフル（黒板拭き）などの気づかない方言について述べ、日常語のレベルに限れば方言だが地元の人の意識では全国共通語であるとしている。明記はしてないが、気づかない方言はどちらかというと〈条件3〉から新方言とは異なるということである。

〈条件3〉は、場面差・文体差に着目するが、共通語化ではない言語変化だというにはこの条件は欠かせないとしたうえで、文体差はわざわざ調べないでも見当がつくが、文体差の上端と下端に問題が残るとしている。特に文体差の下端において、新俗語を新方言の下位区分とする考え方や俗語のとらえ方に個人差・地域差があることなどを提示し、方言と俗語との判別につながる問題が新方言の判定にも存在することを指摘する。これについても、俗語的な表現が広まる現象を新方言と判断することは難しく、慎重にすべきであるということである。

井上（2008: 51）では、新方言認定の3条件検討後に、新方言を別の三つの観点から位置づけている。その第一は、新方言は言語変化の一典型であるということである。表4は井上（2008: 52）に提示された若者語の分類であるが、新方言は（ライフステージ語としての）若者世代語とコーホート語とをつきまぜたようなパターンを描き、数十年後の若者も使うし、すでに若くなくなった人も使う

(つまり使用者が全世代に広がる）のが特徴であると述べる。また、流行語、スラング、若者ことば、キャンパスことばなどの集団語と新方言は違うと明記し、「新方言の典型は言語習得の初期から（覚え違いや遊び仲間の影響で）身につけた言い方で、10代前半以前の年齢層に使用ピークがある。単語だけでなく、音韻や文法にも及ぶ」と述べる。新方言の定義を検討する場合、この言語変化の一典型であるという点は、極めて重要である。

表4　若者語の4分類（井上（2008: 52）より）

		若者が老いて	
		不使用	使用
後の若者	不使用	一時的流行語	コーホート語
	使用	若者世代語	言語変化（**新方言**）

　新方言を別の観点から位置づける場合の第二は、新方言の定義に地域性を含めないこととである。「地域差の有無を新方言の定義に入れることは問題を複雑にする」（井上2008: 53）としている。その結果、同じ語形が場所によって、時代によって「新方言」だったり、「中興方言」になったり、「古方言」になったりすることになる。新方言と地域性の問題は、非常に大きな問題である。

　新方言を別の観点から位置づける場合の第三は、学校教育、近代技術に関わる分野での方言差、近代の外来語の方言差、戦後生まれた方言差を新方言と区別することである。これらの方言差を「物自体に着目するもので言語体系の根幹的変化を含まない」（井上2008: 54）として、新方言とは区別する。

3.3　井上史雄の指摘する新方言、方言、共通語・標準語の多義性

　井上（2008: 55）では、新方言をめぐる様々な術語の発生、混乱の一因に「方言」という術語の多義性をあげる。それらの記述を表にまとめると表5のようになる。

表5 「方言」という術語の性格

	着目	対立する用語・概念
生活語	文体・スピーチスタイル	標準語・共通語
地域語	地域差	全国共通語
言語体系	（通俗的か学術的か）	俚言

　また、「共通語」、「標準語」についても多義性を指摘し、新方言の定義に際しては、場面による（文体的）使い分けに着目したことを強調する。さらに、「気づかない方言」と「地方共通語・地域共通語」に触れ、「気づかない方言」は地域的な広がりに注目する点で、「地方共通語・地域共通語」は母語としての方言と使い分けられる、上位の文体のことばとする点で、新方言と区別する。
　結論として、新方言ではなく、「新しい気づかない方言」、「新しい地域共通語」がありうるという。この指摘は、新方言は文体差に注目し低文体で生まれるものであるため、地域差に注目する「気づかない方言」とは異なり、高文体である「地方共通語・地域共通語」とも異なるということである。なお、ここでの文体とは、話し言葉を「場」という観点から分類した場合の文章のスタイルのことで、改まりの高い文体を高文体、改まりが低く砕けた文体を低文体とする。

3.4　井上史雄による新方言とネオ方言

　新方言をめぐる様々な術語の発生のなかで、新方言との区別に関して最も大きな問題を含むものはネオ方言である。井上（2008: 57）は、ネオ方言の解釈に記述の中心をおいた論調であるが、まず、「neo-dialect」から表記を変えた「ネオ方言」について、「標準語の干渉の過程で、従来の方言になかった新しい形ができつつある状況、特に若者たちが、従来の伝統的方言スタイルから、また標準語のスタイルからも逸脱しようとする結果として、そこに中間的な新しい方言スタイルが創造されつつある状況を認識しての命名行動であった」という真田（1996: 85）を引用し、2種類の性格づけがなされていると指摘する。

次に、ネオ方言が新しく生まれたスピーチスタイル、言語体系という条件であることに対して、新方言は個々の現象であるとその違いを指摘する。ただし、ネオ方言が言語体系であることについて、「過渡的に中間的な言語体系を設定するのは、理論的には可能だが実際に使用者層を特定するのは困難」と指摘する。唯一、沖縄県の場合のウチナーヤマトゥグチは若い世代がヤマトゥグチと使い分けられるネオ「方言」として考えられそうと述べる。これは、新方言が現象であることを示す（とともに、ネオ方言が現実的な理論として成立することに疑問を投げかけることを示す）ものである。

　さらに、ネオ方言とは共通語の影響・干渉によって生じた現象でもあることを指し、その条件を新方言には入れなかったことを指摘する。つまり、ネオ方言は共通語化と同じ方向性を持つ現象であるのに対し、新方言はあくまでも共通語化とは異なる現象であることを強調している。また、共通語化の影響により生じたとされるイカンカッタを例に、それも新方言と考えられる場合もあること指摘し、ネオ方言が文体・スタイルとしては従来の方言に代わる体系で、新しく母語・生活語・日常語とされた方言という点では、新方言と共通で、「地方（地域）共通語」と対立すると述べる。この部分が一般に新方言とネオ方言とを混乱させる点であり、前述の「地方（地域）共通語」と新方言との違いの理解が必要な部分である。また、一般には「地方（地域）共通語」の意味合いに、西日本と東日本の微妙なずれがあり、その部分も混乱を助長させている可能性がある。

　以上を表にまとめると、表6のようになる。また、井上（2008: 128）では、両者の違いについて、「「新方言」は「実体計画」に属する概念で、個々の言語現象を指し、「ネオ方言」は「地位計画」に属する概念で、言語の文体的使い分けを指す現象である」と結論付けている。

表6　新方言とネオ方言

	体系か事象か	共通語の影響
新方言	個々の新事象	受けない
ネオ方言	新言語体系	受けている

3.5 新方言の理論のまとめ

井上史雄の論考に基づき、新方言の理論について整理を行った。

新方言認定の3条件については、井上（2008: 64）が再定義する「進行中の言語変化」に集約されよう。井上史雄が様々な論考において、「新方言」の価値を「過去から連綿と続いた自然な言語変化を今でも観察できる」（井上2008: 86）ことと強調することからも明らかである。これは、いわば、新方言認定の3条件に加える四つ目の条件、あるいは、新方言認定の3条件とは別の、それらの前提条件にさえなりうる別格で、重要な内容である。

また、用語の多義性との関係からは、新方言の「低文体」としての強調が際立った。共通語、（全国）標準語、地方共通語、気づかない方言、これらはいずれも高文体であり、たとえ、それらの範疇において若い世代で新しく生じた現象があったとしても、新方言とは異なるものとして扱う。若い世代で新しく非共通語形が生じる現象のすべては新方言であるという誤解は比較的多いが、その主因はまさにここにあり、新方言にとってあくまでも低文体ということが重要なのである。

ネオ方言との関係では、表6に示した通り、事象と体系の対立、共通語との関係の有無が新方言を際立たせる。事象としての新方言とは、すなわち、新方言が言語変化であることを指す。また、新方言の共通語との無関係性とは、共通語と異なるあるいは対立することである。

まとめとして、新方言の特徴を象徴する表現を「進行中の言語変化」、「低文体」、「言語変化」、「共通語と異なるあるいは対立する」のように列記してみると、新方言の性質を集約的に整理することができる。すなわち、新方言とは「共通語化とは異なる（対立する）低文体での言語変化」ととらえることができるのである。

4. 新方言の理論と本研究

本書においては、若年層における様々な言語変化を扱い、そのメ

カニズムを明らかにしようとする。新方言は、様々な言語変化の一つとして扱うことになる。本書では、新方言のみを扱うのではなく、若年層における様々な言語変化を「新しい」ととらえ、そのメカニズムを「地域性」、「文体差（場面差）」などの様々な視点から明らかにしようとする。また、若年層における社会や（言語）生活と深い関わりを持つ「学校教育」と言語変化の関係についても言及することを試みる。そこで、ここでは、特に本研究と関係の深い「新しさ」、「地域性」、「文体差（場面差）」、「学校教育」と新方言について、関係を明確にすることで、本書の理論的立場を明確にしたい。

　新しさと新方言の関係においては、若い世代に向けて使用者が増える現象、あるいは新たに生じる現象について、新方言の定義に則り、新方言とそれ以外の言語変化とは区別して扱うこととする。新方言の定義における第一の条件は、若い世代に向けて使用者が増えていることであり、このことをして新方言の「新」の部分に関わるとする。しかし、これだけでは新方言の「新」の意味を満たしてはおらず、方言が消えつつあるという現在の常識的な流れに反する言語変化を指して、初めて新方言の「新」が成立するのである。若い世代に向けて使用者が増える現象には、方言が消えつつあるという現在の常識的な流れに反する言語変化のほかにも、共通語化をはじめとするそれ以外の言語変化が存在する。本書では、それらすべてを含めて若い世代に向けて使用者が増える現象、あるいは新たに生じる現象について「新しい」としたうえで、新方言とそれ以外の言語変化とを区別して扱う、つまり本書の対象とするということである。

　地域性と新方言の関係については、前述の通り、新方言の定義には地域性は含まれないが、本書においては、日本語方言の中における方言が地方的な言語の変種を指し、階級的な変種（social dialect）ではなく地方的なもの（local dialect）の方を問題にすることを重視し、新方言を考察する際に、地域性という視点を含めることとする。これは、本書において、新方言に地域性を含めた新たな概念を定義したり提案したりしようとすることを意図するものではない。新方言を観察する際に、地域性という視点を加えることで、新たに見えてくるものを期待するものである。群馬県方言における

新方言を含む言語変化を観察する際に、地方をさらに細分化した地域と言語使用との関係を考察することで、言語変化と地域性との関わりを明らかにしようとするのである。

　文体差（場面差）と新方言との関係については、文体差の上端と下端に問題が残るとする井上（2008: 50）の考え方に加え、いわゆる普通とか中間とかにあたる文体にも問題があると考える。この問題の根本には文体の連続性がある。そこで本書では、文体の高低にかかわらず、一つの言語変化として扱うこととする。したがって、「気づかない方言」や「地方共通語・地域共通語」における新方言的な現象も、新方言と同様に、言語変化として研究の対象として扱うこととする。例えば、「ラーフル」・「校時」という表現は、日常語レベルで南日本や山形県で使用されるため方言扱いである。しかし、地元の人々は全国に通じると思うので「気づかない方言」である。そして、高文体でも低文体でも使用されるという文体差の面から新方言の定義には該当せず新方言ではない。これらのことを踏まえて、例えば、この表現が何らかの理由で高文体で使用されなくなるなどの文体間の使用傾向に変化が生じる、またあるいは、他地域に広まるあるいは消滅するなど様々な変化を、本書では言語変化として扱うということである。

　学校教育と新方言との関係については、全くの別現象として扱う。ただし、若年層における様々な言語変化を研究対象とする本書にとって、若者社会と密接な関係を持つ学校教育は無視できない言語変化の変数であり、言語変化の要因であると考える。そこで、本書では、学校教育が要因となって生じたと考えられる地域差、いわゆる学校教育における方言差を「物自体に着目するもので言語体系の根幹的変化を含まない」（井上 2008: 54）とする考え方とは異なり、社会が言語に影響を与えた言語変化の一つとしてとらえ、考察していく。

　以上、本書は、新方言を対象とした言語研究を基盤としながらも、若年層における様々な言語変化を扱い、そのメカニズムを明らかにする。そこでは、新方言研究では対象とされない表現も研究の対象とし、若年層における言語変化を多様な角度から把握・分析を行う。

第3章
群馬県方言及び新方言の研究史

1. はじめに

　本章では、研究の対象である群馬県方言及び新方言の研究史を概観し、研究史に対する評価や研究史上の課題を確認しつつ、本書の価値について述べる。研究史は、新方言研究が本格的に始まる1980年以降を中心とする。

2. 1970年代以前

　第2次世界大戦以降、群馬県の方言研究史を概観するにあたり、上野（1941）から始める。上野（1941）は、群馬県方言研究史上では勿論のこと、日本方言研究史上においても、言語地理学の先駆的研究であるからである。上野（1941）は、赤城山南麓の方言語彙の分布報告である。

　本書の立場である方言研究における社会言語学的研究は、1980年代以降、日本の方言研究の世界において盛んに行われるようになったが、それ以前の方言研究の主流は、言語地理学であったと言っても過言ではない。日本の方言研究における言語地理学は、1970年以前、柳田國男の「方言周圏論」に始まるが、真の始まりは、グロータース神父、柴田武、徳川宗賢の糸魚川流域の言語地理学調査にあるともいわれる。その糸魚川流域の言語地理学調査は1957年に行われているが、上野（1941）はその15年以上前の出版である。このことに代表されるように、上野勇は、1980年以前にあって、群馬県方言の研究の中心をなしていた。上野勇は、1911年東京の生まれである。大間々農業学校、沼田高等学校、沼田女子高等学校等の教員の傍ら、国立国語研究所地方研究員も務め、群馬県におい

て言語地理学を展開した群馬県を代表する方言研究者である。また、方言研究のみならず日本（及び群馬県）の国語教育にとっても、貴重な資料である上野（1948）*1 なども残している。

　1970年代は、日本の方言学では『日本言語地図』（LAJ）の刊行（1967年に第1巻、1975年に全6巻が完結）の時代である。群馬県の方言研究では、上野勇が第24回日本方言研究会発表において、「かまきり方言の変遷―38年間の追跡調査から―」と題して発表しており、経年調査という手法で研究を行っていることが注目される。本研究の手法の原点はここにある。なお、一般では、民俗学の立場からの出版である都丸*2（1977）が注目された。

　新方言研究史において、1980年以前は、黎明期である。新方言研究は、井上史雄の提唱と一連の研究に始まる。沢木（2002）には次のような記述がある。

> 　1970年代以後は方言の社会言語学的研究は欧米の社会言語学から継続して刺激を受けながら発展した。ちょうどそのころから井上史雄の「新方言」の研究が始まる。新方言とは若者の間で発生した新しい表現のことだが、井上に刺激されて全国で研究が行われ、日本中で新方言が発生していることがわかってきた。また、井上自身も全国的規模の調査をつぎつぎと企画し、成果をあげてゆく。
> 　　　　　　　　　　　　　　　　　　　　　沢木（2002: 254）

　また、飛田他編（2007）の「新方言」の項目は、井上史雄によって執筆されている。その「研究史」には新方言という術語の使い始めについて次のように記されている。

> 　「新方言」という用語は戦前柳田國男、東条操などが使っていた。井上史雄は個々の単語や文法現象の実態調査の結果昭和五一年から術語として使い始めた。その後、グロットグラム（地理×年齢図）の技法などによって、全国各地で報告がなされた。
> 　　　　　　　　　　　　　　　　　　　（飛田他編 2007: 566）

　この「昭和五一年」の論文は井上（1976）である。そして、井上史雄の論文の題名に「新方言」という用語が使用されたのは、井上（1978）である。また、グロットグラムが論文の題名に使用されたのも井上・永瀬・沢木（1979）である。

以上、第2次世界大戦以後1980年代以前は、群馬県の方言研究では上野勇による言語地理学が中心であり、1970年代末に新方言研究が緒に就くのである。

3．1980年代

3.1　1980年代の群馬県の方言研究

　1980年代は、群馬県における方言研究が盛んに行われ始めた年代である。まず、1980年は篠木れい子が群馬県立女子大学の助教授に着任した年である。これにより1980年代は、群馬県の方言研究の拠点が群馬県立女子大学となった年代でもある。群馬県教育委員会編（1987）は、昭和58年度（1983年度）から3カ年にわたり実施された「各地方方言収集緊急調査」を元に、篠木れい子を中心にまとめられた研究成果である。

　また、1983年には群馬大学教育学部に山県浩が着任し、1980年代後半以降、山県（1987）、山県（1988a）、山県（1988b）、山県（1989）など、群馬県の若年層、大学生世代の言語使用や方言研究に成果をあげた。

　さらには、当時、東京外国語大学助教授の井上史雄も1970年代末から1980年代にかけて群馬大学の集中講義で教鞭*3 をとっている。上野（1983）、上野（1988）など、上野勇の研究活動も健在である。

3.2　1980年代の新方言研究

　新方言研究の1980年代は、井上史雄を中心に盛んに新方言の調査研究が行われた。ここでは、『国語年鑑』を資料に1980年代の新方言研究について概観する。新方言の研究が盛んに行われた背景には、当時の急激な共通語化の実態がある。佐藤亮一（1981）には、馬瀬良雄教授の国語学会の講演（10月25日）のことが記されている。「テレビとともに育った若者たちのアクセントが、無アクセント地域を含め、全国各地で共通語のアクセント（厳密にはテレビアクセント）に変化しつつあるという発表を行い、聴衆に衝撃を

与えた」とある。共通語化が急速に進み、方言が消えてゆく現実が常識となりつつある中で、若い世代に方言が生まれるという新方言も、日本の方言学会に強烈なインパクトを与えたのである。佐藤亮一（1983）では、「方言の変化」という小見出しで、新方言を取りあげている。冒頭部分を引く。

　　近頃は「新方言」の研究が盛んである。「新方言」とは提唱者の井上史雄氏によれば「若い世代に発生した方言形（非標準語形）であり、東京付近では「違カッタ」「好キクナイ」「山ミタク高イ」などがその例である。

　　新しい方言形の発生はいつの時代にもあったはずであり、それが方言の変化とも呼ばれるものであるが、最近この種の研究が盛んなのは、これまで、方言の衰退ばかりが強調されたことに対する反動であろう。

　　（中略）

　　方言の変化の方向にはまだまだ不透明な点が多いが、その方向が標準語化だけではないことに注意すべきであろう。

佐藤亮一（1985）では、「大衆の方言意識」と題（小見出し）して、朝日新聞の投書による討論コーナー「方言と共通語」の連載（5回）を取り上げている。方言の共通語化を嘆くものが多いが、方言が根強く生きており共通語能力が不十分な若者が存在することが分かるものもあるという。

佐藤亮一（1986）は横書きとなった。この年『言語生活』で「新方言考」と題した特集が組まれた。特集の題名は、意図としては「新方言・考」ではなく「新・方言考」だが、新方言に関する論文も多く掲載された。新方言研究の勢いが盛んであることが分かる。

佐藤亮一（1987）には、「方言のゆくえ」という小見出しがある。そこでは、朝日新聞の文化欄の4回の連載で特集の「方言のゆくえ」が紹介され、「「新方言」の研究で知られる井上史雄氏（10月27日）が登場し」とあり、新方言が一般社会でも注目されていることがうかがえる。そして、1987年、井上史雄氏は第13回金田一京助博士記念賞を受賞している。新方言研究が名実ともに認められた証しでもある。

3.3　1980年代の群馬県の新方言研究

　1980年に本研究の第1回調査が行われ、群馬県の新方言研究がスタートした。日本の新方言研究においてもごく初期の段階で、群馬県の新方言研究が始まったことになる。その意味では、群馬県の新方言研究は日本の新方言研究と同時進行と言っても過言ではない。

　本研究の第1回調査の結果と考察でもある佐藤髙司の卒業論文は、佐藤・井上（1981）により第32回日本方言研究会において発表され、佐藤（1982）にまとめられた。そこでは、全国共通語に近いとされる西関東方言においても、新方言が生まれつつあることを実証した。また、新方言の言語的性格については、児童語であることが多いこと、発音・文法・語彙体系などの単純化に結びつくことが多いことを指摘した。新方言と児童語との関係は、本研究の課題とするところであり、児童語の変化を社会言語学的視点から見直すことは有意義であると考える。

　1980年代後半には、山県浩の一連の研究成果が注目される。山県（1987）、山県（1988a）、山県（1988b）は、群馬県の若年層における実態調査をもとに、方言使用に対する規範意識や地方共通語を考察している。また、山県（1989）は、アンケート調査をもとに高校進学に伴う他方言話者との接触が方言形・共通語形の変化にどのような影響を及ぼしているかについて検討している。そこでは、吾妻（本研究においても吾妻）在住の若年層が渋川市（本研究の中毛の一部）への進学に伴い、一部の方言形・共通語形の使い方・とらえ方に影響を及ぼしていることなどを指摘している。この研究は1990年代に継続される。山県浩の調査・研究は、当時の日本の方言研究における社会言語学的研究を群馬県方言において展開したもので、群馬県においては早くから新方言研究の素地が築かれたことになる。これらは、この後の群馬県における新方言研究にとって貴重なデータとなっている。

3.4　1980年代の新方言研究成果一覧

　以下、1980年代の新方言に関する研究及び出版の主なものを年

ごとに羅列する。

1980年
- 井上史雄・永瀬治郎・沢木幹栄『最上地方新方言図集』昭和53・54年度文部省科学研究費特定研究「言語」、研究課題「社会関係・場面に応じた言語行動」（代表―柴田武）の分担研究報告
- 井上史雄「新方言「〜ッチャイ」の普及過程」『山形方言』16
- 井上史雄「放送の言葉の多様化と《新方言》」『文化会議』134

1981年
- 井上史雄「音韻変化の伝播過程―荘内方言の動詞におけるr脱落」『藤原与一先生古稀記念論集 方言学論叢Ⅰ 方言研究の推進』三省堂
- 井上史雄「新方言と地方共通語」『社会言語学シリーズ3 ことばの社会性』文化評論出版
- 井上史雄「方言の地域差・年齢差のパターン分類」『言語研究』80
- 佐藤髙司・井上史雄「関東北部における「新方言」」『日本方言研究会第32回研究発表会発表原稿集（昭和56・5・22 甲南女子大学）』

1982年
- 井上史雄「東日本の《新方言》」『東京外国語大学論集』32
- 井上史雄「中学生の〈新方言〉使用パターン―林の数量化による最上地方アンケートの分析」『国語国文研究』68
- 佐藤髙司「関東北部における「新方言」」『語学と文学（群馬大）』21
- 陣内正敬「新方言「下手い」について―福岡市方言の形容詞活用」『九大言語学研究室報告』3

1983年
- 井上史雄編『〈新方言〉と〈言葉の乱れ〉に関する社会言語学的研究―東京・首都圏・山形・北海道』昭和56・57年度文部省科研費研究成果報告書

1984年

- 井上史雄・荻野綱男『新しい日本語・資料図集』文部省科学研究費特定研究「言語の標準化」資料集
- 井上史雄「新方言と社会言語学」『日本語学』3（1）
- 井上史雄・大江祐子・塚本敦子・藤本泉「東京・神奈川における《新方言》の地理的分布　都立大・ICU調査中間報告」『日本語研究』6
- 荻野綱男・井上史雄・田原広史「周辺地域から東京中心部への新表現の流入について」『日本方言研究会第39回研究発表会発表原稿集（中京大学）』

1985年
- 井上史雄『新しい日本語〈新方言〉の分布と変化』明治書院
- 井上史雄・荻野綱男『新しい言葉の伝播過程　東京中学心理調査』文部省科学研究費特定研究「言語の標準化」藤崎班研究成果報告書
- 井上史雄『関東・東北方言の地理的・年齢的分布（SFグロットグラム）』語研資料（東京外国語大学語学研究所）3
- 井上史雄「新方言の存在と認定」『言語生活』399
- 井上史雄「現代の方言伝播過程　荘内Z調査」『東京外国語大学論集』35
- 荻野綱男・井上史雄・田原広史「周辺地域から東京中心部への〈新方言〉の流入について」『国語学』143
- グロータース W.A.「新しい方言ができるとき」『言語生活』399
- 永瀬治郎「首都圏の〈新方言〉」『言語生活』399

1986年
- 石井直子「東京・神奈川における《新方言》の地理的分布（2）」『日本語研究』8
- 井上史雄「《新方言》と共通語の20年後－下北半島上田屋」『東京外国語大学論集』36
- 井上史雄「《新方言》をめぐって」『論集日本語研究』10
- 小林隆「「新しい日本語—〈新方言〉の分布と変化」井上史雄」『国語学』144

- 真田信治「基礎講座・方言（4）新しい方言の発生と伝播過程」『月刊国語教育』6（4）
- 高橋顕志『松山市・高知市間における方言の地域差・年齢差グロットグラム分布図集』高知女子大学国語学研究室

1987年
- 井上史雄「新方言と言語の統合・分岐（地域文化の均質化に関する総合的研究）」『人類科学（九学会連合年報）』40
- 井上史雄「東京圏の方言と共通語―埼玉県女子高アンケート」『東京外国語大学論集』37
- 井上史雄「新方言の心理的距離」『三省堂高校国語教育ブックレット』10

1988年
- 井上史雄「方言イメージと新方言」『東京外国語大学論集』38

1989年
- 井上史雄『言葉づかい新風景―方言と敬語』秋山叢書

4．1990年代

4.1　1990年代の群馬県の方言研究

　1990年代は、群馬県方言に関する研究が盛んに出版された年代である。この背景には、20世紀後半から末にかけての日本に、方言は、「矯正されるべきもの」「蔑視されるもの」の時代から「保護されるべきもの」という考え方が広まっていったことがある。

　まず出版物として、群馬県方言の概説書の古瀬編（1997）がある。同書は、平山輝男を代表編集者とする「日本のことばシリーズ」のうちの1冊で、群馬県版である。群馬県教育委員会編（1987）が特定の5地域（前橋市、下仁田町、六合村、片品村、大泉町）の調査報告から発展して群馬県方言を概観しようとするのに対し、同書の出版目的が群馬県全域方言の概観であるので、より概説的で一般的である。

　また、篠木れい子の代表的著作とも言える篠木（1994a）が出版された。その中の「群馬県方言の文法」は、篠木（1994b）をもと

にした一般向けのベイことばの考察であり、ベイの歴史や変化が論理的に述べられている。篠木（1994b）は本書第3部の先行研究論文であり、現代日本語方言研究におけるベーに関する研究では重要論文である。

　一方、1990年代が方言を「保護されるべきもの」とする考え方が広まり始めた時代であることを象徴する事象として、群馬県内においても地方自治体が各地域の方言の記録に積極的であったことがあげられる。篠木（1991）や中条・篠木著、六合村教育委員会編（1991）などがその成果である。前掲書は、六合村教育委員会の依頼により昭和61年から平成2年にかけて同村で行われた言語調査の報告書である。関東平野の最北奥に位置する六合村の方言記録は、群馬方言のみならず日本語の歴史を見るときに貴重な方言資料となる。篠木れい子はこの調査に携わり、篠木（1991b）、篠木（1992）、篠木（1995a）などの論文を著わしている。なお、1990年代の篠木れい子の研究には、このほかに藤岡市方言に関する論考*4もある。

　1990年代から方言を保護しよう、保存しようという考えは一般にも広がり、群馬県方言の一般書にも群馬県内各地の方言を扱った出版物が多くなった。中嶋（1994）、加藤（1998）などである。

4.2　1990年代の新方言研究

　1990年前後は、新方言という術語に関して様々に論じられ、また新方言の周辺に様々な術語が発生した時期である。その意味で、新方言研究の理論的な充実期と言えよう。例えば、「ネオダイアレクト・ネオ方言」、「方言新語」、「変容方言」、「気づかない方言」、「気づかれにくい方言」等と新方言との関係について、様々な論考がなされた。しかし、新方言とこれら用語との関係については、「方言」という用語のとらえ方によって、大きく関係が変わるものであり、方言研究者間においても理解が統一されているとは言い難い現状がある。したがって、現段階においても新方言理論に関する整理が必要であり、本書では前章でそれを試みたところである。

　さて、井上（1993）は、井上・鑓水（2002）の基礎となるもの

であり、インターネット上で新方言研究を発信する先駆けとなった論文でもある。社会言語学的研究をはじめ言語研究、方言研究においてインターネット社会との関係が深まり始めたのが1990年代であるが、新方言研究はその先駆け的にインターネットを使用した研究と言える。この意味においても新方言研究は日本の言語研究に貢献した意味は大きいが、インターネットを新方言研究に利用する動きはこの井上（1993）あたりから顕著になる。

　また、1994年は、国立国語研究所の第3次鶴岡調査報告1として国立国語研究所（1994）が発行され、日本の方言学にとっては記念すべき年である。また、この年は井上（1994）が出版され、新方言研究にとっても記念すべき年である。井上（1994）は、「若者ことばと新方言」、「方言は変わる」、「東京新方言と標準語」、「進行中の音変化」の4部構成であり、新方言と言語変化をメインテーマとした論文集である。1990年代半ば時点での井上史雄の新方言研究の集大成と言えよう。その後、井上（1998）により、新方言研究は学会や研究者だけでなく、決定的に一般に広まることとなった。

4.3　1990年代の群馬県の新方言研究

　1992年に本研究の第2回調査が行われた。その結果と考察は、佐藤（1993a）にまとめられている。これをもとに以下に示す5論文を著わした。

　佐藤（1993b）は、新方言を東京型（東京でも群馬県でも新方言の傾向を示す語形）と地方型（東京では使用されず群馬でのみ新方言の傾向を示す語形）とに分けた場合、性によって使用される傾向にやや異なりが見られたことについて述べた。東京型の新方言は女性に使用されやすく、地方型の新方言は男性に使用されやすい傾向がみられることを報告した。

　佐藤（1994）は、地方での新方言の伝播の特徴を3点指摘した。①東京型は若年層に広がり続ける傾向があり、地方型は語形により使用率に異なりがある。②東京型は北関東西部全域で、地方型はより細かい方言区画内で広まる。③東京型は中高年層にまで普及する

が地方型はそれほどでもない。なお、佐藤（1994）は、日本方言研究会第56回研究発表会（1993.5.21立命館大学）での発表をまとめたものである。

　佐藤（1996a）は、群馬県における二地方都市の東京新方言化の様相を社会言語学的観点から観察し、地方における東京の新しい表現の普及要因について考えた。視点を当てた要因は「鉄道」、「人口」、「通学者」である。東京の若い世代の新しい表現が地方に広がるとき、まず東京との鉄道の結びつきの強さ、通学者による東京との交流が、次に地方での通学者間の接触が、最後に人口の集中度が社会的要因として働き、広く全域に及ぶという過程を示した。

　佐藤（1996b）は、関東及び新潟地域では、「違い（チガイ）」という新しい形容詞が普及し始めていることを報告した。この普及は若年層の日常口語レベルで使用されるチガカッタ・チガクナッタという語形から始まっており、将来全国へ全年齢層へと広まる可能性がある。そこでここではJR高崎線・上越線沿線における普及の様相を報告し、口語レベルからの日本語の変化過程のモデル「東京→地方中央（交通要地的都市→文化的政治的都市）→地方各地」を示した。

　佐藤（1997b）は、東京―新潟間における若年層の口語低文体では、「～のように」を意味するミタクが東京から広まっていることを述べた。群馬県では、ミチョーニ、ミトーニも使用され、3語形が併用される。使用傾向の考察の結果、ミトーニは衰退の傾向にあり、今後はミチョーニとミタクの併用となり、ミタクが勢力を伸ばしていくことが予想された。また、高崎ではミタクが口語高文体でも使用される傾向にあることを報告した。

　これら5論文は、本書のいわば中間報告にあたり、本書では第3回調査の結果を加えて、30年間の状況を報告することになる。また、本書以降の経年調査を踏まえて、さらにその後を報告、分析することが課題である。

　また、1992年に行われた本研究の第2回調査は、同時に、同じ内容で、東京―新潟間のJR高崎線・上越線沿線の中学校でも行われた。その結果と考察を佐藤（1997a）にまとめ、その一部を佐藤

(1998)に示している。佐藤（1998）では、東京―新潟間における中学生の新語・流行語使用意識4項目について報告し考察を加えた。新語・流行語を使用する場所は地域差なく学校で、相手は同世代であった。使わなくなる理由も地域差はなく、古さ、つまらなさであった。使用理由には、東京とそれ以外の地域に差異を確認した。東京では分かりやすさなどが、他地域では面白さが強く意識され発生・流行における地域差の要因となり得ることを述べた。この東京―新潟間の中学校調査については、今後の経年調査が待たれるところであり、群馬県の新方言研究をさらに広げ関東とその周辺地域との関係での新方言研究の課題と言えよう。佐藤髙司の研究以外では、山県（1989）から続く山県（1992a）、山県（1992b）がある。

4.4　1990年代の新方言研究成果一覧

以下、1990年代の新方言に関する研究及び出版の主なものを年ごとに羅列する。

1990年
- 井上史雄「新方言の広がり」『ことば読本―方言と共通語』（河出書房新社）
- 井上史雄「特集I・地域文化均質化III―新方言の分布パターン」『人類科学（九学会連合年報）』42
- 真田信治『地域言語の社会言語学的研究〈研究叢書84〉』和泉書院
- 永瀬治郎「よそで生まれた新方言の伝播過程」『専修国文』46

1991年
- 井上史雄「方言の中の変化―戦後の新方言」『日本語学』10(4)
- 井上史雄「東海道沿線の新語と新方言」『東京外国語大学論集』43
- 井上史雄「新方言と標準語―東京での文体差の視点から」『東京外国語大学論集』42
- 沖裕子「気づかれにくい方言―アスペクト形式「〜かける」の意味とその東西差」『日本方言研究会第53回研究発表会発表原

稿集（金沢大学）』

1993年
- 井上史雄「新方言辞典稿」『東京外国語大学論集』47
- 佐藤髙司「新方言の使用における男女差―群馬（及び栃木の一部）の高校2年生のアンケート調査から」『計量国語学』19（1）
- 佐藤髙司「北関東西部における新方言の伝播の特徴」『日本方言研究会第56回研究発表会発表原稿集（立命館大学）』
- 守屋三千代「〔新〕方言「チョー」と「メッチャ」―創大生の使用状況」『日本語日本文学』3

1994年
- 井上史雄「新方言と均質化」（九学会連合地域文化の均質化編集委員会『地域文化と均質化』平凡社
- 井上史雄『方言学の新地平』明治書院
- 井上史雄「方言への招待―新方言入門」『日本語論』2（8）
- 佐藤髙司「北関東西部における新方言の伝播の特徴」『語学と文学（群馬大学）』30

1995年
- 井上史雄「東海道沿線における東西方言の交流―文法の新方言」『関西方言の社会言語学』世界思想社

1996年
- 井上史雄「現代方言のキーワード」『方言の現在』明治書院
- 岡野信子「関門域の方言動態―『下関市北九州市言語地図』に見る」『日本文学研究』31
- 太田一郎「鹿児島市新方言の諸相」『日本エドワード・サピア協会研究年報』10
- 佐藤髙司「東京の新表現が地方に普及するときの社会的要因―前橋・高崎（群馬県）での新方言使用の比較から」『上越教育大学国語研究（渡辺英二教授退官記念）』10
- 佐藤髙司「東京・新潟間における新形容詞「違い」の普及の様相―口語レベルからの日本語変化過程モデル」『語学と文学（群馬大学）』32

1997年
- 井上史雄『社会方言学資料図集―全国中学校言語使用調査（1993–1996）』私家版
- 宇佐美まゆみ・井上史雄「対談 日本語の問題―日本語教育との接点―23―「若者の言葉」（4）新方言と若者語」『月刊日本語』10（6）
- 宇佐美まゆみ・井上史雄「対談 日本語の問題―日本語教育との接点―24―「若者の言葉」（5）新方言と若者語の共通点」『月刊日本語』10（7）
- 佐藤髙司『関東及び新潟地域における新表現の社会言語学的研究』平成8年度科学研究費奨励研究（B）研究成果報告書
- 佐藤髙司「「～のように」にみる新方言の接触―東京・新潟間及び群馬県北部・西部におけるミタク・ミチョーニ・ミトーニ」『語学と文学（群馬大学）』33
- 真田信治編『西日本におけるネオ方言の実態に関する調査研究』平成8年度科学研究費基盤研究（A）（1）研究成果報告書
- 篠崎晃一「連載 気づかない方言（1）～（9）―「補助輪付き自転車」「救急絆創膏」「模造紙」「仲間に入れてもらうときの掛け声」「沈殿する」「学校の休み時間」「蚊に刺される」「鉛筆の両端を削ること」「自転車の二人乗り」」『日本語学』16（4, 5, 7～13）

1998年
- 井上史雄『日本語ウォッチング』岩波新書
- 井上史雄「特集「東京語」論―東京の新方言 「～ゲニ」の増殖」『月刊言語』27（1）
- 井上史雄「「新方言」とは何だ？ 共通語化が進んでも方言は生まれ続けている（特集 いま、「方言」がおもしろい!?）」『望星』29（11）
- 真田信治編『九州におけるネオ方言の実態』1995～1997年度科学研究費基盤研究（A)(1)「西日本におけるネオ方言の実態に関する調査研究」研究成果報告書
- 篠崎晃一「連載 気づかない方言（10）～（12）―「ふとんをし

まう」「ホチキスの中に入れるもの」「気づかない挨拶行動」『日本語学』17（1、3、4）
- 伊達丈浩「鶴岡市における「新方言」の動向―若年層と高年層を調査対象として」『山形方言』30
- 米川明彦『若者語を科学する』明治書院
- 原野亮子「気づかれにくい方言「会議があっています」について―その共通語意識」『北九州大学文学部紀要』56
- 草地由紀子・山根智恵「女子大生に見られる岡山方言と若者ことば」『山陽学園短期大学紀要』29

1999年
- 杉山直子「新方言「フインキ」の研究」『皇学館論叢』32（4）
- 早野慎吾「首都圏の新方言形チッタ」『名古屋・方言研究会会報』16
- 真田信治編『関西・若年層における談話データ集』平成9～10年度科学研究費萌芽的研究「関西圏における「ネオ方言」談話の収集」研究成果報告書

5．2000年以降

5.1　2000年以降の群馬県の方言研究

　方言は、「矯正されるべきもの」「蔑視されるもの」の時代から、20世紀後半から末にかけて「保護されるべきもの」となった。共通語化が進み、方言は言語スタイルに姿を変えたのである。さらに、21世紀の現在、東日本では、共通語の中に適当に投入し対人関係上、心理的効果を発揮する「要素」として「楽しむもの」の傾向が見られるようになっている。群馬県の方言関係の出版物においても「保護されるべきもの」から「楽しむもの」の傾向が見られる。

　まず、「保護されるべきもの」としての出版物では、伊藤(2000)、大塚(2002)、都丸著・北橘村ほのぼの方言刊行会編(2004)などがある。

　次に、「楽しむもの」としての出版物では、遠藤(2001)、遠藤(2002)、遠藤(2004)、遠藤(2007)等の「面白かんべェ上州弁」

シリーズ*5 がある。一連の書籍では、群馬の方言を一つ一つ独自に、丁寧に楽しく解説している。その方言がどの場面で使われるのかを物語風に説明したり、著者が実際に聞いたことなども書かれていたりと、方言の親しみやすさに加え平易な文体で読み物として面白く、読書離れの若者にも読みやすい。まさに、方言を楽しむものとして扱っている。なお、遠藤（2007）は、他の3冊が主にエッセイ集であったのに対し、上州弁の傾向や特徴ごとにまとめられており、後半には、「上州のことば」という題で約5000語が50音順に掲載され、学術的色彩が濃い。

一方、学術研究の面では、新井小枝子や篠木れい子による語彙調査・研究が盛んに行われており、新井（2010）は養蚕語彙に関する研究成果の集大成である。また、2006年には、方言の分布を地図に描き、それを解釈して「ことばの歴史」を明らかにしていこうとする「言語地理学（言語層位学）」を専門とする高橋顕志が広島大学から群馬県立女子大学に教授として赴任した。群馬県方言において、社会言語学的研究や計量言語学的な視点の研究が今後広がっていくことが期待される。

5.2　2000年以降の新方言研究

2002年には、日本方言研究会編（2002）、江端編（2002）、馬瀬監修、佐藤・小林・大西編（2002）が発行され、新たな方言研究の幕開けを感じさせた。新方言研究でも、この年、1970年から30年間の新方言研究の集大成ともいえる井上・鑓水（2002）が出版された。また、2006年には、『言語』において「若者ことば大研究」と題する特集が、『日本語学』において「若者の「方言」」と題する特集が組まれた。

2000年以降、表立って新方言を名乗る研究は少なくなったが、沢木（2002）が述べるように、新方言研究がもたらした日本方言研究会への社会言語学的視点や手法はすっかり根付き、新たな方言研究の中に新方言が自然な存在となっている。1980年以降新しい視点を示し方言研究を先導してきた新方言であるが、今後の新方言研究の課題は、21世紀の現代にあっても、新しく新鮮な方言研究

の視点を提示し続けることであり、本研究が示す新方言研究の経年調査は、その一手段であると考える。

5.3　2000年以降の群馬県の新方言研究

　2008年9月から2011年2月までの間に本研究の第3回調査が行われた。その第3回調査の最初に前橋市立前橋高校で実施した調査結果と考察を、佐藤（2009a）にまとめた。佐藤（2009a）では、群馬県前橋市において、若年層で使用が認められる新しい「方言」（新方言）がどのように変容しているか、過去3回の調査を通して、その30年間の使用状況から考察する。本書の速報のような論文である。

　2000年以降、佐藤（2009a）を除き、群馬県の新方言研究においても、日本の新方言研究同様に表だった研究成果はほとんどない。その意味では、本研究の成果は期待されるべきものである。

5.4　2000年以降の新方言研究成果一覧

　以下、2000年以降の新方言に関する研究及び出版の主なものを年ごとに羅列する。

　2000年
- 井上史雄『東北方言の変遷』秋山書店
- 井上史雄「標準語・方言・新方言の一世紀（特集＝方言の一世紀）」『国文学解釈と鑑賞』65（1）
- 永瀬治郎「「若者言葉」の新語誕生と変化」『人文科学年報（専修大学）』30

　2001年
- 篠崎晃一「リレー連載　方言研究への招待（7）新たに生まれる方言を探る」『言語』30（7）
- 真田信治『方言は絶滅するのか』PHP新書

　2002年
- 井上史雄・鑓水兼貴編著『辞典〈新しい日本語〉』東洋書林
- 永瀬治郎「「若者言葉」の方言学」『21世紀の方言学』国書刊行会

- 三井はるみ「気づかない方言の方言学」『21世紀の方言学』国書刊行会
- 奥村真司「若者ことばを考える―湘南短期大学女子学生の若者言葉使用を通して」『湘南文学（神奈川歯科大学・湘南短期大学）』15
- 米川明彦「特集 ことばの卒業式―集団語 若者語から業界用語へ」『日本語学』21（3）
- 井上史雄「特集 日本語はみだれているか?!―言葉の変化と価値判断―方言とことばの乱れ イッコウエの普及」『言語』31（9）

2003年
- 井上史雄「文献初出年と方言分布重心にみる標準語の歴史」『國語學』54（2）
- 甲南大学総合研究所編『若者ことばの発生・伝播・浸透に関する社会言語学的研究〈甲南大学総合研究所叢書73〉』甲南大学総合研究所
- 桑本裕二「若者言葉の形態的および意味的考察に基づく諸特徴について」『東北大学言語学論集』12
- 佐藤祐希子「「気づかない方言」の意味論的考察―仙台市における程度副詞的な「イキナリ」」『國語学』54（1）
- 井上史雄・玉井宏児・鑓水兼貴編著『東北・北海道方言の地理的・年齢的分布―THグロットグラム』科学研究費基盤研究（B）「現代東北方言の地理的・社会的動態の研究」研究成果報告書

2004年
- 井上史雄・ロング ダニエル「対談 「新方言」て何？（方言の宇宙へようこそ）」『月刊日本語』17（12）
- 小林隆「〈ショートノート〉アクセサリーとしての現代方言」『社会言語科学（社会言語科学会）』7（1）

2005年
- 半沢康「東北地方南部若年層における非標準語形使用の要因分析―心理的特性とのかかわり」『国語学研究』44

- 井上史雄『鶴岡市山添地区の共通語化と新方言』学術振興会科学研究費補助金基盤研究（C）（1）「日本海新方言の地理的社会的動態の研究」研究成果報告書
- 都染直也「山陰地方における新しい方言形「〜（ダ）ヘン」「〜ガン」「〜ダンカ」について—JR山陰本線松江—和田山間グロットグラムをもとに」『甲南大学紀要　文学編』138

2006年
- 間健介「島根・鳥取県境周辺に見られる新方言「〜ヘン」」『高知大国文』37
- 吉岡泰夫「特集　若者ことば大研究—方言が若者ことばを活性化する」『言語』35（3）
- 久野真「特集　若者の「方言」—現代の「若者」が使う方言」『日本語学』25（1）
- 陣内正敬「特集　若者の「方言」—方言の年齢差」『日本語学』25（1）

2007年
- 有瀬尚子「日本語学習者のための肥筑方言談話例—佐賀県唐津市のアンケートを中心に」『佐賀大学留学生センター紀要』6
- 井上史雄『変わる方言動く標準語』ちくま新書

2008年
- 佐藤髙司「若者の方言にみる言語変化—群馬県の新方言を例に」『共愛学園前橋国際大学論集』8
- 井上史雄「新方言を考察する」『りびる』1（1）
- 本多真史「関東・東北方言接触地帯における新方言普及」『言文』56
- 呉婧雅「関西地域発の新方言—アンケート全国実態調査より」『徳島大学国語国文學』21

2009年
- 松尾弘徳「新方言としてのとりたて詩ゲナの成立—福岡方言における文法変化の一事例」『語文研究』107
- 佐藤髙司「前橋市における現代日本語方言の変容—2008年前橋市立前橋高等学校調査速報」『共愛学園前橋国際大学論集』9

- 松永修一「言語地図から見る宮崎県方言のいま」『論集』5
- 井上史雄「ことばの伝わる速さ―ガンポのグロットグラムと言語年齢学」『日本語の研究』5（3）
- 真田信治「井上史雄著『社会方言学論考―新方言の基盤』」『日本語の研究』5（4）

2010年
- 井上史雄「東京新方言の重力モデル」『明海大学外国語学部論集』22
- 小島聡子「研究ノート　岩手県で用いられる特徴的な言葉について」『Artes liberales』86

6. 群馬県の新方言研究から日本の社会言語学へ

　1980年以降の方言研究と新方言研究について、日本全国の研究史を視野に入れながら、群馬県の概要を見てきた。

　方言研究においては、第2次世界大戦後の群馬県では、上野勇、篠木れい子、古瀬順一、山県浩、佐藤髙司、高橋顕志、新井小枝子と脈々と研究が受け継がれている。20世紀後半から21世紀にかけて、日本の方言は「矯正されるべきもの」、「蔑視されるもの」の時代から「保護されるべきもの」、そして「楽しむもの」へと変化を遂げていったが、群馬県方言においてもその姿を出版物や研究に見ることができた。社会言語学的な研究スタイルも、1980年以降、群馬県方言研究の世界にも根付き、高橋顕志らにより新たな展開を迎えようとしている。本書もその一翼を担うものと期待できる。

　群馬県の新方言研究は、日本における新方言研究とほぼ足並みを揃えるように歩んできている。それは、本研究の第1回調査（1980年）、第2回調査（1992年）のそれぞれで調査結果及び考察を加えてきたことが大きい。2000年以降、新方言研究がもたらした社会言語学的視点や手法は日本の方言研究の世界にすっかり根付き、新たな方言研究の中に確固として存在している。そして、それは群馬県の新方言研究においても同様である。今後の新方言研究の課題は、21世紀の現代にあっても、新しく新鮮な社会言語学的研

究の視点を提示し続けることである。

　群馬県の新方言研究に端を発した本研究は、30年間に3回の調査及び研究報告を重ね、日本の方言研究における社会言語学的研究の進展と相まって、若年層における言語変化研究へと新たな展開を迎えている。本書が示す経年調査とそれによる若年層の言語変化に関する研究は、社会言語学的研究において重要な一研究手法であると同時に社会言語学的研究に新たな視点を示す研究である。本研究をもって、これからの日本の新方言研究をリードし、社会言語学的研究への新たな提言としたい。

＊1　上野（1948）は、昭和20年代前半に、群馬県の児童・生徒のために、方言を扱った国語教材である。片足跳びやお手玉など子どもの遊びにまつわる群馬県の方言分布について述べている。まえがきに「私たちのことばは、せまい國語教室にとじこめられて、きゆうくつな日を送って来ました。これからは青空の下で、明るい日の光をあびて、楽しくことばの勉強をしたいものです」とある。戦後間もない時期に地元の方言を知ることの面白さ、楽しさを子どもたちに知らしめようとする点で、群馬県における国語教育の歴史上、貴重な資料と言えよう。

＊2　都丸十九一は、群馬県内小・中学校に勤務する傍ら群馬県の民俗学・方言学の研究に取り組み、著書も多数ある。

＊3　佐藤髙司は、1979年の井上史雄の集中講義で新方言に関する講義を受講し大いに影響を受けた。その後、群馬の新方言をテーマに卒業論文をまとめた。それが佐藤・井上（1981）につながる。

＊4　1990年代の篠木れい子の藤岡市方言に関する論考には、篠木（1993）、篠木（1995b）、篠木（1996）がある。また、篠木の教え子である新井小枝子には、新井（1994）がある。

＊5　「面白かんべェ上州弁」シリーズは、筆者自身が編集・発行するタウン誌に連載した方言エッセーをまとめたものである。遠藤（2001）は116コラム、遠藤（2002）には95コラム、遠藤（2004）には92コラムが収録されている。

第4章
本研究における経年調査の概要

1. 調査地域

　篠木（2008:16）によれば、群馬県方言の大部分は、埼玉県北部・西部とともに関東方言の西北部方言に属し、群馬県の東南部の邑楽地区は埼玉県東部、千葉県、栃木県西部とともに関東方言の東南部方言に属する。中沢政雄と上野勇は、関東方言の西北部方言に属する群馬県の大部分をさらに北・西の山間部と中部の平坦部の2つに区画する。

　本研究では、これらの方言区画に行政区画を加味し、群馬県を5地域に区分し、利根沼田、吾妻、西毛、中毛、東毛と呼ぶ（図1参照）。

　利根沼田は、沼田市と利根郡（みなかみ町、片品村、川場村、昭和村）からなり、1市、1町、3村である。群馬県の北部に位置し、東京とは高崎を経由でJR上越線及び上越新幹線により結ばれる。北西に新潟県、北東に福島県、東に栃木県が隣接する。北に谷川岳を望み、地域の多くが山間部である。中心都市は沼田市で、水上温泉をはじめとする温泉による観光と農業、林業が産業の中心である。温泉地には他地域からの人の動きがある。

　吾妻は、吾妻郡（中之条町、草津町、長野原町、嬬恋村、東吾妻町、高山村）からなり、5町、1村である。群馬県の北西部に位置し、JR吾妻線が地域内を東から西に走る。東京とは高崎・渋川経由で結ばれる。北に新潟県、西に長野県が隣接する。西に白根山、浅間山を望み、地域の多くが山間部である。中心都市は中之条町で、草津温泉、四万温泉をはじめとする温泉による観光と農業、林業が産業の中心である。利根沼田と同様、温泉地には他地域からの人の動きがある。

西毛は、高崎市、安中市、藤岡市、富岡市、多野郡（神流町、上野村）、甘楽郡（下仁田町、甘楽町、南牧村）からなり、4市、3町、2村である。群馬県の南西部に位置する。高崎は交通の要地であり、高崎を中心に、西にJR信越線と長野新幹線が、北にJR上越線及び上越新幹線が、東にJR両毛線が、南にJR高崎線と八高線と上越新幹線が走る。東京とはJR高崎線と上越新幹線とで結ばれ、JRでは群馬県の中で東京に近い。西に長野県、南に埼玉県が隣接する。高崎市、藤岡市は関東平野の北端にあたるが、地域の多くは山間部である。中心都市は高崎市で、県庁所在地・前橋に並ぶ商業都市である。南西に県境の山脈を抱え、農業、林業、養蚕業が産業の中心である。

　中毛は、前橋市、渋川市、伊勢崎市、北群馬郡（吉岡町、榛東村）、佐波郡（玉村町）からなり、3市、2町、1村である。群馬県の中央部に位置し、前橋市が政治経済文化の中心である。JR両毛線が東西に地域内を走る。東京とは高崎経由で結ばれる。また、伊勢崎市は東武伊勢崎線で東京・浅草と結ばれている。南は埼玉県に

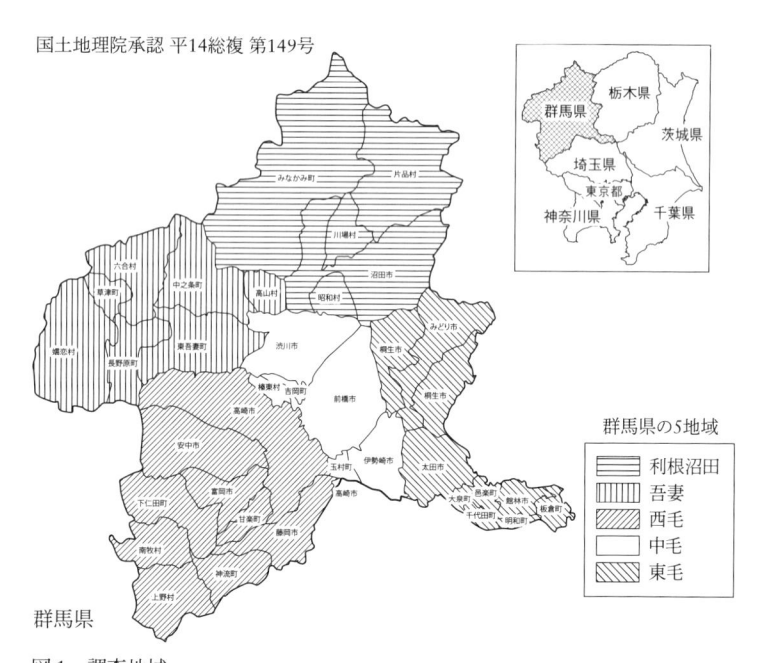

図1　調査地域

隣接する。地域のほとんどが平野で、関東平野の北端を占める。中心都市は県庁所在地・前橋市と伊勢崎市で、商業、工業が産業の中心である。他地域との人の動きは、利根沼田や吾妻に比べて激しい。

　東毛は、桐生市、太田市、館林市、みどり市、邑楽郡（板倉町、明和町、千代田町、大泉町、邑楽町）からなり、4市、5町である。群馬県東部に位置し、太田市が中心である。JR両毛線と東武伊勢崎線が東西に地域内を走る。東京とは東武伊勢崎線で結ばれ、近い関係にある。南は埼玉県に、北は栃木県に、東端は茨城県に隣接する。地域のほとんどが平野で、関東平野の北端を占める。産業は農業、工業が産業の中心である。他地域との人の動きは、利根沼田や吾妻に比べて激しく、外国人労働者も多い。

　図1は、群馬県の5地域と市町村である。

2．調査方法

　調査は、多人数にアンケート用紙を配布し記入してもらう方式である。調査実施の了解を得た高等学校及び高等専門学校に依頼し、アンケートを配布及び回収していただいた。アンケート調査を実施したことにより、比較的短い期間で多数の回答を得ることができ、また、統計処理でデータをカテゴリー別に集計することが可能となった。

　本研究の調査は、1980年10月から2011年2月までの30年間に3回の経年調査である。最初の調査は1980年10〜11月に実施し、第1回調査（1980年）と呼ぶ。2回目の調査は、1991年11月〜1992年3月に実施し、第2回調査（1992年）と呼ぶ。3回目の調査は、2008年9月〜2011年2月に実施し、第3回調査（2010年）と呼ぶ。

　経年調査という手法の意義は、同一地域において、同一年齢の調査対象者に対し、同一の質問が可能なことから、求めようとする言語変化の様相を実時間で観察することにより、言語変化の過程を詳細にまた確実に観察できることにある。また、ある程度の言語外の要因を統一することができるため、使用状況の変容の要因を探りや

すくなるという点も、経年調査の有意義な面である。本研究においては、経年調査を用いることにより、群馬県における若年層の言語使用の変容に限定して、30年間という実時間のタイムスパンで、30年前、18年前、現在、という間隔で、言語使用の様相の変化を観察することが可能になる。また、変化の要因やメカニズムへのアプローチも容易になるのである。

調査の対象は、群馬県内の高校生及び高等専門学校の学生とその保護者である。保護者にも同様のアンケート調査を依頼した理由は、若年層に対しての同時代の中高年層の使用実態を把握するためである。保護者層は年齢に大きな開きが生じる関係から、参考データの位置づけである。

調査実施学年は、調査協力校の教育課程の関係上、調査協力校に委ねることにした。高等専門学校での調査は第3回調査のみであるが、高校生に対応するよう3年生以下での実施を依頼した。なお、第1回調査（1980年）と第2回調査（1992年）には、群馬県に隣接する栃木県足利市でも調査を行い、そのデータを東毛に含めている。栃木県足利市の大部分は、群馬県方言の大部分と同様に関東方言の西北部方言に属すること、足利市の広い範囲で東毛地域に隣接すること、東毛と足利市は同じ生活圏であること、通学圏も東毛地域と足利市は同一であることなどから、東毛に栃木県足利市のデータを含めて扱うこととした。

以下に各調査について詳述する。

3. 第1回調査（1980年）

3.1 予備調査の概要

第1回調査（1980年）では、北関東の西部における新方言の発見に調査の目的をおいた。調査項目選定にあたり、予備調査として、1980年8月に、高年層と若年層に面接調査を行った。

予備調査の調査項目の選定では、「国立国語研究所（1966–1974）、大橋（1974）、手塚邦一郎（1973）、上野勇（1941）、文化庁（1974–1980）等を参考に選出した項目」、「当時、井上史雄

の東京地方において実施した新方言調査項目から群馬県においても使用される可能性のある項目」、「当時、群馬県において新方言の可能性があると判断した項目」の3つの方法により168の調査項目を選定した。

　予備調査の方法は、若年層及び高年層への面接調査である。

　予備調査の若年層インフォーマントは、当時の群馬大学生を中心とした19歳から23歳の男性18名である。18名は、群馬県（及び栃木県足利市）の出身者で、出身地が群馬県全域を広く網羅するよう配慮した。表7に、若年層インフォーマントの当時の年齢と出身地を調査地域ごとに表に示す。

表7　第1回調査（1980）の予備調査若年層インフォーマント

調査地域	年齢	出身地
利根沼田	21	利根郡多那
	20	沼田市
吾妻	21	吾妻郡高山村
	22	吾妻郡長野原町
西毛	21	群馬郡倉淵村
	19	高崎市
	22	安中市
	21	甘楽郡下仁田町
	20	藤岡市
	19	多野郡万場町
中毛	21	渋川市
	23	前橋市
	21	伊勢崎市
	21	佐波郡境町
東毛	21	新田郡新田町
	21	館林市
	21	桐生市
	21	栃木県足利市

＊年齢は当時

予備調査の高年層インフォーマントは、群馬県（及び栃木県足利市）各地の当時の52歳から81歳の男女20名である。20名は、群馬県（及び栃木県足利市）の出身者で、できる限り若年層インフォーマントの出身地の近くの方にお願いし、若年層同様に群馬県全域を広く網羅するよう配慮した。表8に、高年層インフォーマントの性別、当時の年齢、出身地、職業を調査地域ごとに表に示す。

表8　第1回調査（1980）の予備調査高年層インフォーマント

調査地域	年齢	出身地	性別	職業
利根沼田	74	利根郡水上町	女性	民俗資料館経営
	68	利根郡利根村	男性	酪農
	72	沼田市	男性	自営業
吾妻	81	吾妻郡高山村	男性	農業
	78	吾妻郡長野原町	男性	元小学校長
西毛	63	群馬郡倉淵村	女性	自営業
	71	高崎市	男性	農業
	78	安中市	男性	農業
	72	甘楽郡下仁田町	男性	無職
	70	藤岡市	男性	農業
	76	多野郡万場町	男性	養蚕業
中毛	59	渋川市	男性	自営業
	68	前橋市	男性	農業
	58	伊勢崎市	男性	市職員
	77	佐波郡境町	男性	無職
東毛	80	新田郡新田町	男性	農業
	64	館林市	男性	農業
	52	桐生市	女性	主婦
	62	勢多郡東村	男性	無職
	63	栃木県足利市	男性	無職

＊年齢は当時

3.2　第1回調査（1980）の概要

　第1回調査は、1980年10〜11月に実施した。調査高校は、群馬県立高校19校、栃木県立高校1校の計20校である。調査方法は、アンケート用紙に記入する方式で、実施については各校の担当教員に依頼した。

　調査項目は、予備調査の168項目の中から、高年層インフォーマントにはあまり使用が見られず若年層インフォーマントに使用が見られる傾向のある項目を中心に、質問項目及び選択肢を決定した。

　アンケートは、該当表現に対して、家とテレビの2場面ごとに、「よく使う言い方」、「ときどき使う言い方」、「昔使った言い方」のいずれかのマークをつけるというもので、いずれでもない場合はノーマークとなる。使用率はマークのあったものの総計で算出している。

　本研究で使用するデータは、男子高校生のデータで、有効数は610（無効数を含む総数は655）である。なお、男子高校生が所属する地域は、男子高校生が生活した小・中学校のある地域である。小・中学校時代に転校等で移動があった場合、有効データから除外している。また、参考として、調査高校生の保護者にも同様の調査を依頼し、回答のあったものを保護者のデータとして使用している。

　アンケート調査を男子若年層に限定した理由は、第1回調査が東京以外の関東である群馬県における新方言の発見を最大の目的としていたからである。当時の方言調査の認識として、男性の方が女性に比べ方言を使用する傾向が強いということがあったため、新方言においても、男性若年層を対象にするべきであると判断した。

3.3　第1回調査校一覧

表9　第1回調査校一覧

NO	学校名	実施学年	生徒数（　）は女子	保護者数	高校の位置する地区
1	群馬県立武尊高等学校	2年	42	33	利根沼田
2	群馬県立沼田高等学校	2年	45	34	利根沼田
3	群馬県立中之条高等学校	2年	47	37	吾妻
4	群馬県立長野原高等学校	2年	24	16	吾妻
5	群馬県立渋川高等学校	2年	41	28	中毛
6	群馬県立高崎高等学校	1年	46	38	西毛
7	群馬県立高崎女子高等学校	2年	（女子34）	30	西毛
8	群馬県立藤岡高等学校	2年	26	22	西毛
9	群馬県立安中高等学校	2年	35	27	西毛
10	群馬県立富岡高等学校	2年	25	23	西毛
11	群馬県立万場高等学校	2年	38	39	西毛
12	群馬県立松井田高等学校	2年	22	20	西毛
13	群馬県立下仁田高等学校	2年	44	41	西毛
14	群馬県立前橋高等学校	2年	31	18	中毛
15	群馬県立伊勢崎東高等学校	2年	44	43	中毛
16	群馬県立桐生高等学校	2年	44	43	東毛
17	群馬県立桐生女子高等学校	1年	（女子16）	18	東毛
18	群馬県立太田高等学校	2年	29	29	東毛
19	群馬県立館林高等学校	1年	44	18	東毛
20	栃木県立足利高等学校	2年	28	22	東毛
総数（無効数を含む）			計 705　男子 610（女子 50）	579	

3.4 第1回調査票

北関東方言アンケート・説明書

　以下には、北関東で人によりさまざまな言い方のある「ことば」をあげています。北関東の若者の使う共通語・標準語と方言の問題について、考えるために皆さんが実際に使っている言い方を記入していただきたく存じます。よろしくお願いいたします。

〈記入方法〉
・「家」のらんには、家族や友人と何のきがねもなく話す時のくだけた言い方を記入してください。
・「テレビ」のらんには、もしテレビに出てアナウンサーと話すことになったときのあらたまった言い方を記入してください。
・その他の言い方がある時は、他（　）の所に記入したうえ、◎、○、△をつけてください。
　　◎……よく使う言い方
・　○……時々使う言い方
　　△……今は使わないが昔使った言い方

〈記入例〉

	家	テレビ	
		◎	カタツムリ
	◎		デンデンムシ
			マイマイ
	△		ツノンデロ
	○		他（デーロ）

・テレビに出ると「カタツムリ」と言う
・家族や友人と話すときは　よく「デンデンムシ」と言う
・家族や友人と話すとき、今は使わないが　昔は「ツノンデロ」と言った
・家族や友人と話すとき　時々、「デーロ」とも言う

群馬大学教育学部4年　佐藤髙司　1980.10.1

（アンケート説明書）　　　　　　　　注）原本は手書きである。

(生徒用)

1 ( ) 県立 ( ) 高校 ( ) 年
2 氏名 ( ) 男 ( ) 歳
      女
3 出身小学校 ( ) 立
4 出身中学校 ( ) 立
4 現住所（できるだけくわしく）
  市
  ( ) 部
5 生育地（できるだけくわしく）
  ( )歳〜( )歳 場所（   ）
  ( )歳〜( )歳 場所（   ）
  ( )歳〜( )歳 場所（   ）
6 父親の生育地（   ）
7 母親の生育地（   ）

1 片方の足だけでとびはねるあそび

票 №		
1	シンケン	
2	ケンケン	
3	コンコ	
4	センギョ	
5	キンギョ	
6	ケンコ	
7	他（ ）	

2 ゴムを引いて小石などを乗せてあおちゃ

票 №		
1	ゴムカン	
2	ゴムジュウ	
3	ゴムピン	
4	パチンコ	
5	インプチ	
6	他（ ）	

3 裏運子と勝ちとる選びで ボール紙でできた円形方形のもの

票 №		
1	メンコ	
2	ブッタ	
3	ペッタン	
4	パー	
5		
6	キー	
7	他（ ）	

4 かけっこ（トビッコ）のとき一番さいごにニューする昔のこと

票 №		
1	ビリ	
2	ダビ	
3	ゲッツビ	
4	ケツ	
5	ドベ	
6	ドン	
7	他（ ）	

5 片方の手でジャンケン・チョキ・パーをつくり勝ち負けを決めるときのかけ声

票 №		
1	ジャンケン	
2	チッケ	
3	チッチ	
4	オッチ	
5	アッチ	
6	セ（ ）	
7		
8	他（ ）	

6 プラスチック製で15〜18cm

票 №		
1	ジョーギ	
2	センチキ	
3	モノサシ	
4	他（ ）	

7 ころんでしまった友達に「おい、〜」

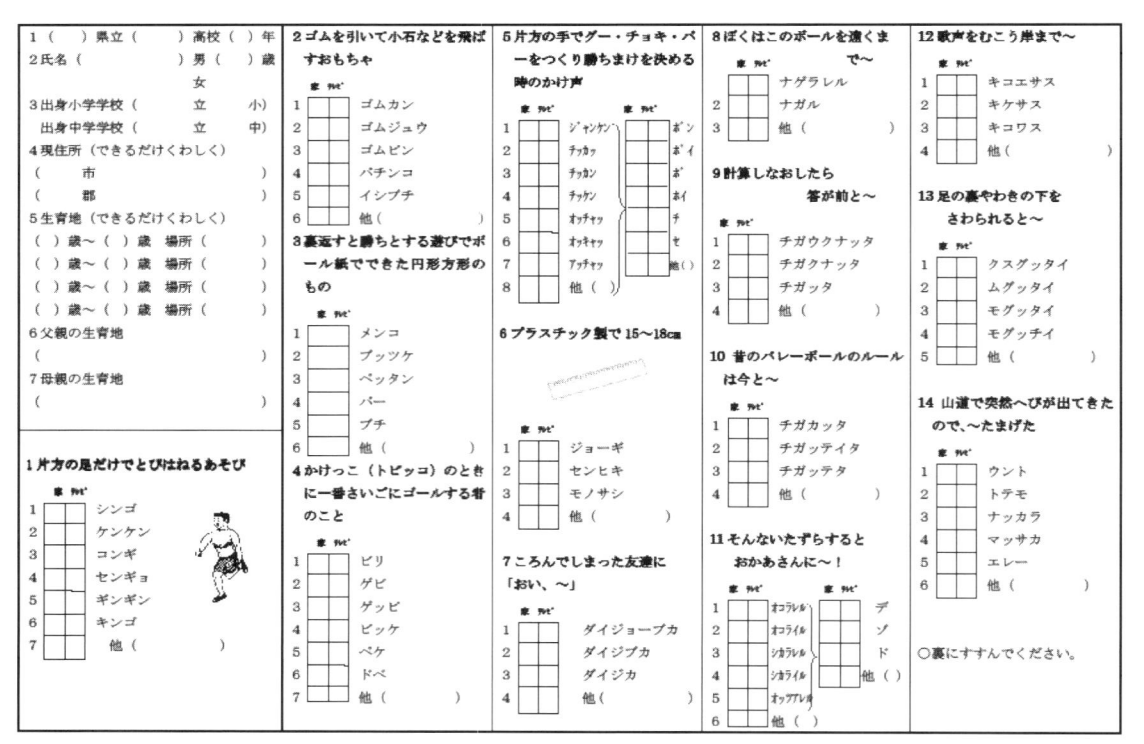

票 №		
1	ダイジョーブカ	
2	ダイジブカ	
3	ダイジカ	
4	他（ ）	

8 ぼくにそのボールを選ってま〜で〜

票 №		
1	ナゲラレル	
2	ナゲル	
3	他（ ）	

9 計算しなおしたら〜答がおなじだ〜

票 №		
1	チガカッタナッタ	
2	チガットナッタ	
3	チガッタ	
4	他（ ）	

10 昔のバレーボールのルールは今と〜

票 №		
1	チガカッタ	
2	チガッタイタ	
3	チガッタ	
4	他（ ）	

11 そんないたずらすると おかあさんにおこられんに〜！

票 №		
1	オラレル	
2	オラレル	
3	シカレル	
4		
5	オッカラレル	
6	他（ ）	

12 寒気をたつ岸まで〜

票 №		
1	キコエサス	
2	キナガス	
3	キコクス	
4		
5		
6	他（ ）	

13 足の裏やわきの下をさわられると〜

票 №		
1	クスグッタイ	
2	ムズッタイ	
3		
4	モガッタイ	
5	他（ ）	

14 山道で突然へびが出てきたので、〜てしまった

票 №		
1	ゲンド	
2	トドモ	
3	ナツカラ	
4	マツカラ	
5	エレー	
6	他（ ）	

○裏にすすんでください。

注）原本は手書きである。

| 15 歯をつづける時に | 19 今日のおかずは「これしか | 23 そんなことは「知らない」 | 26 はやく「行こう」 | 29 あの人はきっと「来るだろう」 |

15 歯をつづける時に
　　　楽 普
1 ソレチサー
2 ソイチサー
3 ソンチサー
4 ホイチサー
5 他（　　）

16 （年のように）口をうごかす
　　　楽 普
1 キミタイニ
2 キミタク
3 キミチョーニ
4 キミトーニ
5 他（　　）

17 つりをしている友達に
　　　楽 普
1 ツレルカイ
2 ツレッキャア
3 他（　　）

18 不思議な形をしたものを指し
て「それは〜？」
　　　楽 普
1 ナンダイ
2 ナンディア
3 他（　　）

19 今日のおかずは「これしかないの？」
　　　楽 普
1 コレンカ
2 コレッキャア
3 コレキン
4 コレキリ
5 他（　　）

20 そんなこと「するな」
しかられるぞ！
　　　楽 普
1 スルナ
2 スット
3 他（　　）

21 はやくごはんを〜（誘に）
　　　楽 普
1 タベナサイ
2 タベリー
3 他（　　）

22 ボールがポーンと「はねた」
　　　楽 普
1 ポーント
2 ポーンテ
3 ポーンラ
4 ポーンリ
5 他（　　）

23 そんなことは「知らない」
　　　楽 普
1 シラナイヨ
2 シラネーヨ
3 シンナイヨ
4 シンネーヨ
5 他（　　）

24 友達にむかって部屋の中に
「はいりなさい」
　　　楽 普
1 ハイリナヨ
2 ハイナヨ
3 ハイリー
4 ハイレー
5 他（　　）

25 友達にむかって部屋の中に
「はいるな」
　　　楽 普
1 ハイルナヨ
2 ハイナヨ
3 ハイルナ
4 ハイーナ
5 他（　　）

26 はやく「行こう」
　　　楽 普
1 イコー
2 イコーヨ
3 イグベー
4 イグンベー
5 他（　　）

27 映画を「見よう」
　　　楽 普
1 ミヨー
2 ミヨーヨ
3 ミルベー
4 ミンベー
5 他（　　）

28 ここにゴミを「捨てよう」
　　　楽 普
1 ステヨー
2 ステヨーヨ
3 ステルベー
4 ステンベー
5 他（　　）

29 あの人はきっと「来るだろう」
　　　楽 普
1 クルダロー
2 クルベー
3 クルダンベー
4 クルンベー
5 他（　　）

30 いっしょにスキーを「しよう」
　　　楽 普
1 ショー
2 スベー
3 スルベー
4 スンベー
5 他（　　）

31 この本は「おもしろいだろう」
　　　楽 普
1 オモシロイダロー
2 オモシロイベー
3 オモシロカンベー
4 オモシロカランベー
5 オモシレンベー
6 他（　　）

どうもありがとうございました。

（保護者用（家庭用））

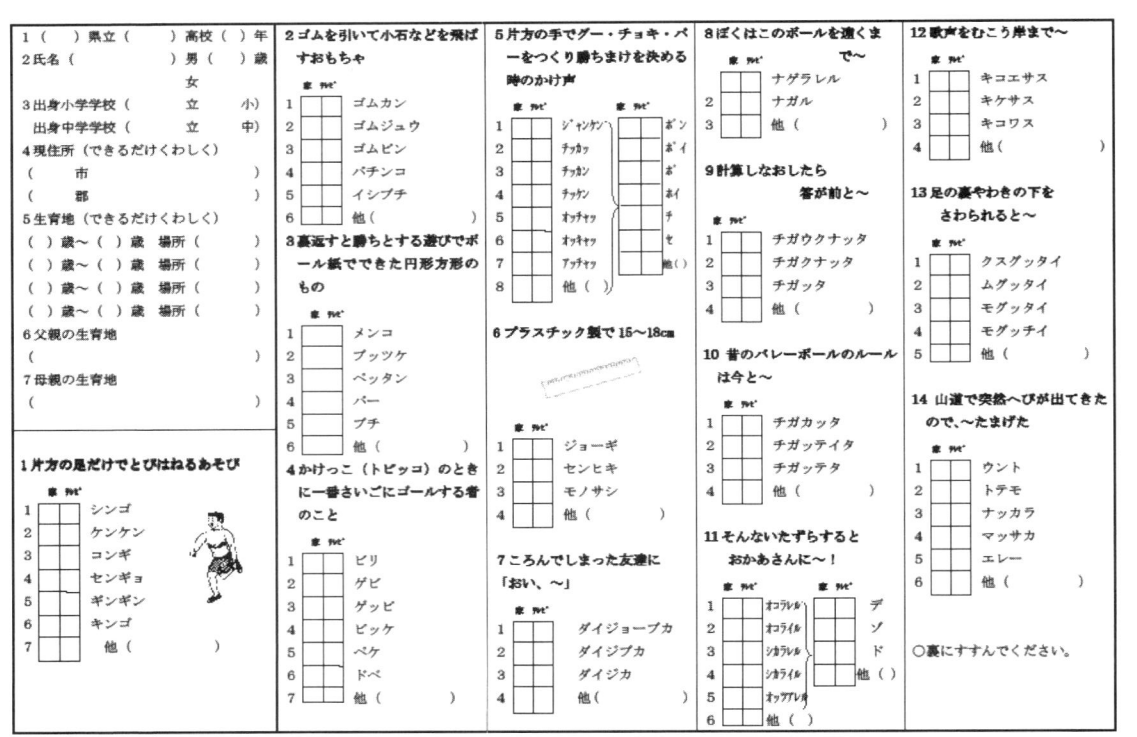

注）原本は手書きである。

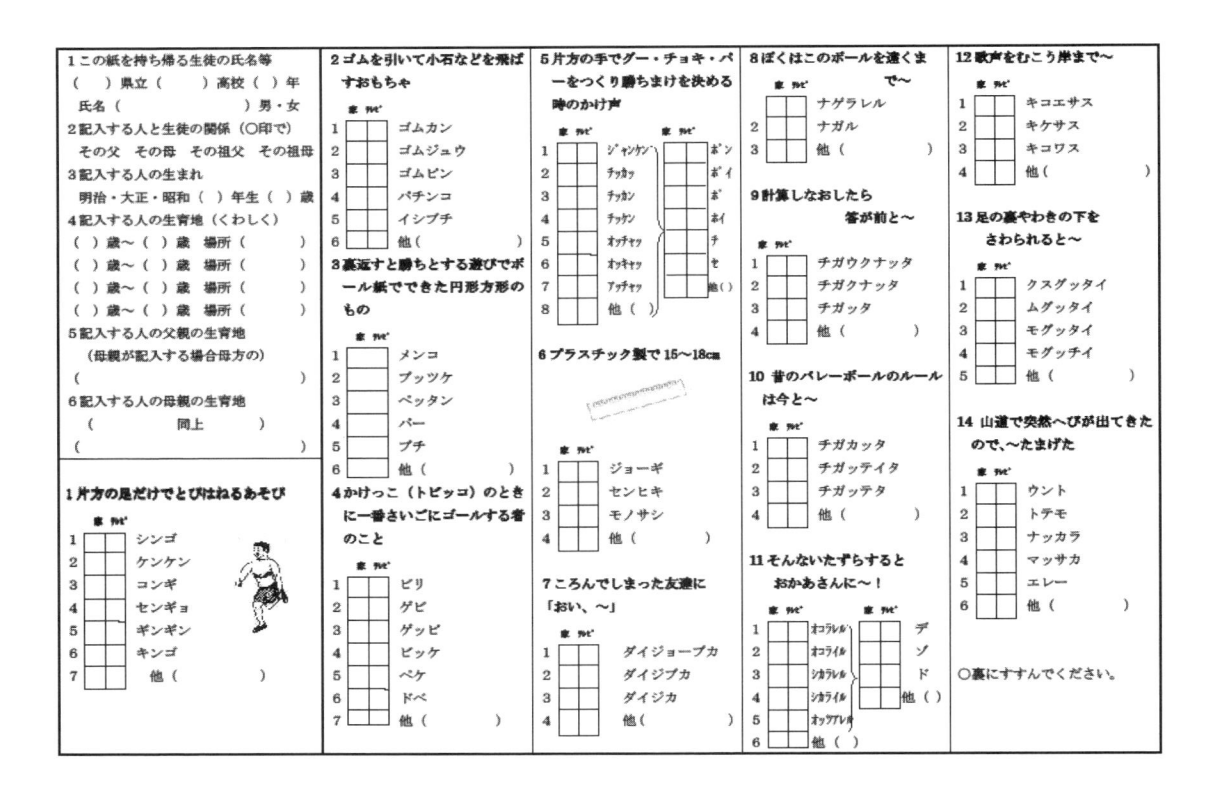

※ 画像は90度回転したアンケート用紙のため、内容を文字起こしします。

1 この紙を持ち帰る生徒の氏名等
  ( )県立 ( )高校 ( )年
  氏名 ( ) 男・女
2 記入する人と生徒の関係 (○印で)
  その父 その母 その祖父 その祖母
3 記入する人の生まれ
  明治・大正・昭和 ( )年 ( )歳
4 記入する人の生育地 (くわしく)
  ( )歳～( )歳 場所 ( )
  ( )歳～( )歳 場所 ( )
  ( )歳～( )歳 場所 ( )
5 記入する人の父親の生育地
  (母親が記入する場合は母方の)
  ( )歳～( )歳 場所 ( )
6 記入する人の母親の生育地
  同上
  ( )

---

1 片方の足だけでとびはねるあそび
□ 年 □ 才
1 シンコ
2 ケンケン
3 コンコ
4 センキョ
5 キンキン
6 キンコ
7 他 ( )

2 ゴムを引いておはじきなどを乗せすおもちゃ
□ 年 □ 才
1 ゴムカン
2 ゴムジュウ
3 ゴムピン
4 パチンコ
5 インプチ
6 他 ( )

3 凧を飛ばそうとする遊びでボール紙でできた円形方形のもの
□ 年 □ 才
1 メンコ
2 ブッタ
3 ペッタン
4 パー
5 ブチ
6 他 ( )

4 かけっこ(トビッコ)のときに一番さいごにゴールする者のこと
□ 年 □ 才
1 ビリ
2 タビ
3 ダンビ
4 ドンケツ
5 ベケ
6 ドベ
7 他 ( )

5 片方の手でグー・チョキ・パーをつくり勝ち負けを決める時のかけ声
□ 年 □ 才
1 ジャンケン
2 チッケッタ
3 チッケタ
4 オチャラカ
5 オチャケッタ
6 イッケッタ
7 他 ( )
8 他 ( )

6 プラスチック製で15〜18cm
□ 年 □ 才
1 ジョーギ
2 センヒキ
3 モノサシ
4 他 ( )

7 ころんでしまった友達に「おい、〜!」
□ 年 □ 才
1 ダイジョーブカ
2 ダイジブカ
3 ダイジョブカ
4 他 ( )

---

8 ぼくはこのボールを速くまで〜
□ 年 □ 才
1 ナゲラレル
2 ナゲル
3 他 ( )

9 計算しなおしたら答が前と〜
□ 年 □ 才
1 チガウケナッタ
2 チガウナッタ
3 チガッタ
4 他 ( )

10 軍のバレーボールのルールは今と〜
□ 年 □ 才
1 チガウカッタ
2 チガッテイタ
3 チガッタ
4 他 ( )

11 そんないいかたするとおかあさんに〜!
□ 年 □ 才
1 オコラレル
2 オコル
3 ソラレル
4 オッコル
5 他 ( )
6 他 ( )

---

12 股をひっろ辺まで〜
□ 年 □ 才
1 キコエサス
2 キクサス
3 キコサス
4 他 ( )

13 足の裏やひざの下をさわられると〜
□ 年 □ 才
1 クスグッタイ
2 ムズグッタイ
3 モゾッタイ
4 モゾッタイ
5 他 ( )

14 山道で突然へびが出てきたのでへ上げました
□ 年 □ 才
1 タマゲタ
2 トテモ
3 ハックラ
4 マッサオ
5 ムレー
6 他 ( )

○裏にすすんでください。

4. 第2回調査（1992年）

4.1 第2回調査（1992）の概要

　第2回調査は、1991年11月～1992年3月に実施した。調査高校は、群馬県立高校26校、栃木県立高校2校の計28校である。調査方法は、アンケート用紙に記入する方式で、実施については各校の担当教員に依頼した。

　調査項目には、第一に、第1回調査をもとに群馬県において新方言の使用状況の推移がうかがえると考えられるものを選んだ。第二に、東京における新方言がどのように伝播しているのかをつかむために、当時、東京で新方言と思われているものを選んだ。選定には、当時普及し始めたと考えられるものから相当普及が進んでいると考えられるものまで、普及の程度を考慮に入れた。また、過去の新方言であり、当時では使用されなくなりつつあるものなども加えた。第三に、井上（1985b）で得られたような地方から東京への逆周圏論的伝播の可能性を求め、東京に限らず、東京周辺地域で新方言と考えられるものも選んだ。最後に、新方言以外の俗語と思われるものや流行語の傾向のあるもの、言葉の乱れなども含めた。そのほか、言語使用と言語意識に関する項目を設けた。

　アンケートの質問形式は2種類ある。一つは、該当表現に対して、親友（特に親しい友達）と話す場合、同級生（あいさつする程度の、それほど親しくはない同級生）と話す場合、同級生の親（それほど親しくはない同級生の親）と話す場合、NHKアナウンサーにインタビューされて話す場合の4場面ごとに、「使う」、「聞く」（自分では使わないが、他の人が使ったのを聞いたことがある。あるいは、他の人が使ってもおかしくはない）、「不使用」（使わない、使ったらおかしい）のどれかにマークをつけるというものである。もう一つは、先のアンケートから同級生の親（それほど親しくはない同級生の親）と話す場合を除いた3場面ごとに、「使う」、「不使用」のどちらかにマークをつけるものである。

　本研究で使用するデータは、高校生の有効数1104、保護者有効数467である。男女の内訳は、高校生男子600、高校生女子504、

保護者男性100、保護者女性367である。なお、高校生、保護者とも、所属する地域は高等学校が位置する地域である。

4.2 第2回調査校一覧

表10 第2回調査校一覧

NO	学校名	実施学年	生徒数 男子	生徒数 女子	保護者数 男性	保護者数 女性	高校の位置する地区
1	群馬県立武尊高等学校	2年	21	9	3	7	利根沼田
2	群馬県立沼田高等学校	2年	42		0	4	利根沼田
3	群馬県立沼田女子高等学校	2年		41	5	18	利根沼田
4	群馬県立中之条高等学校	2年	37	―	7	15	吾妻
5	群馬県立長野原高等学校	2年	19	19	―	8	吾妻
6	群馬県立渋川高等学校	2年	44		4	21	中毛
7	群馬県立渋川女子高等学校	2年		44	5	24	中毛
8	群馬県立高崎高等学校	2年	43		15	―	西毛
9	群馬県立高崎女子高等学校	2年		33	4	14	西毛
10	群馬県立藤岡高等学校	2年	42		4	12	西毛
11	群馬県立安中高等学校	2年	22	20	3	10	西毛
12	群馬県立富岡高等学校	2年	39		―	10	西毛
13	群馬県立富岡東高等学校	2年		39	1	21	西毛
14	群馬県立万場高等学校	2年	25	12	2	8	西毛
15	群馬県立前橋南高等学校	2年	7	16	3	11	中毛
16	群馬県立前橋女子高等学校	2年		37	5	25	中毛
17	群馬県立玉村高等学校	2年	29	7	―	8	中毛
18	群馬県立伊勢崎東高等学校	2年	42		9	17	中毛
19	群馬県立伊勢崎女子高等学校	2年		37	3	17	中毛
20	群馬県立桐生高等学校	2年	40		―	―	東毛
21	群馬県立桐生女子高等学校	2年		40	6	14	東毛
22	群馬県立太田高等学校	2年	44		6	8	東毛
23	群馬県立太田女子高等学校	2年		40	1	29	東毛
24	群馬県立西邑楽高等学校	2年	20	24	4	8	東毛
25	群馬県立館林高等学校	2年	40		―	―	東毛
26	群馬県立館林女子高等学校	2年		45	3	24	東毛
27	栃木県立足利高等学校	2年	44		6	20	東毛
28	栃木県立足利女子高等学校	2年		41	1	14	東毛
計			600	504	100	367	
			1104		467		

4.3　第2回調査票

(生徒用)

親子のことばアンケート (生徒用)

1992・1

上越教育大学 大学院生　佐藤高司

　この調査は、最近の言葉の状況を知り、将来の日本語や国語教育を考えるためのものです。
ご自分が下のA～Dの相手と話す時に、その言葉を使うかどうかを教えて下さい。
その言葉づかいについては、相手ごとに 1 2 3 のうちどれか<u>1つに</u>○をつけて下さい。

- A 親友　　　特に親しい友達と話す場合
- B 同級生　　あいさつする程度の、それほど親しくはない同級生と話す場合
- C 同級親　　B・同級生の母親と話す場合
- D NHK　　NHKのアナウンサーにインタビューされて話す場合

1 使　使う。
2 聞　自分では使わないが、他の人が使ったのを聞いたことがある。
　　　あるいは、他の人が使ってもおかしくはない。
3 不　使わない。使ったらおかしい。

親友	同級生	同級親	NHK	言葉づかい	意味・説明
使聞不	使聞不	使聞不	使聞不		
①2 3	①2 3	1②3	1 2③	(例)カタス	ものを片づける、整理する
1 2 3	1 2 3	1 2 3	1 2 3	1 チャリンコ	自転車
1 2 3	1 2 3	1 2 3	1 2 3	2 ドロボーケズリ	鉛筆を両側からけずったもの
1 2 3	1 2 3	1 2 3	1 2 3	3 ヨコハイリ	割り込み
1 2 3	1 2 3	1 2 3	1 2 3	4 ズルコミ	割り込み
1 2 3	1 2 3	1 2 3	1 2 3	5 ボンナイフ	かみそりの入った折りたたみのナイフ
1 2 3	1 2 3	1 2 3	1 2 3	6 シャーペン	シャープペンシル
1 2 3	1 2 3	1 2 3	1 2 3	7 アオタン	足や顔を打ちつけたときにできる青アザ
1 2 3	1 2 3	1 2 3	1 2 3	8 ビンタ	顔を平手で打つこと、ビンタ
1 2 3	1 2 3	1 2 3	1 2 3	9 ウチンチ	私の家
1 2 3	1 2 3	1 2 3	1 2 3	10 センヒキ	10～18cm位のプラスチック製のもの
1 2 3	1 2 3	1 2 3	1 2 3	11 スカス	気どったかっこうをする
1 2 3	1 2 3	1 2 3	1 2 3	12 キレル	着ることができる
1 2 3	1 2 3	1 2 3	1 2 3	13 逃ゲレル	逃げることができる
1 2 3	1 2 3	1 2 3	1 2 3	14 飲メレル	飲むことができる
1 2 3	1 2 3	1 2 3	1 2 3	15 飲メラレル	飲むことができる
1 2 3	1 2 3	1 2 3	1 2 3	16 見チッタ	見てしまった
1 2 3	1 2 3	1 2 3	1 2 3	17 残シチッタ	残してしまった
1 2 3	1 2 3	1 2 3	1 2 3	18 残シチマッタ	残してしまった
1 2 3	1 2 3	1 2 3	1 2 3	19 見シテクレ	見せてくれ
1 2 3	1 2 3	1 2 3	1 2 3	20 ズッコケル	急に調子がくるう、失敗する
1 2 3	1 2 3	1 2 3	1 2 3	21 キコワス	(遠くまで声を) きこえさせる
1 2 3	1 2 3	1 2 3	1 2 3	22 シンネー	知らない
1 2 3	1 2 3	1 2 3	1 2 3	23 タンナイ	足りない
1 2 3	1 2 3	1 2 3	1 2 3	24 コランナイ	来られない

- 1 -

親友	同級生	同級親	NHK	言葉づかい	意味・説明
使聞不	使聞不	使聞不	使聞不		
1 2 3	1 2 3	1 2 3	1 2 3	25 ハインナ	（目下の者に、部屋に）入りな（よ）
1 2 3	1 2 3	1 2 3	1 2 3	26 オコライル	怒られる
1 2 3	1 2 3	1 2 3	1 2 3	27 チガクナッタ	違うようになった
1 2 3	1 2 3	1 2 3	1 2 3	28 チガカッタ	違っていた
1 2 3	1 2 3	1 2 3	1 2 3	29 スキクナイ	好きでない
1 2 3	1 2 3	1 2 3	1 2 3	30 イクナイ	良くない
1 2 3	1 2 3	1 2 3	1 2 3	31 ダサイ	田舎くさい、泥くさい
1 2 3	1 2 3	1 2 3	1 2 3	32 ウザッタイ	めんどくさい、不快だ
1 2 3	1 2 3	1 2 3	1 2 3	33 カッタルイ	疲れた、だるい
1 2 3	1 2 3	1 2 3	1 2 3	34 タルイ	疲れた、だるい
1 2 3	1 2 3	1 2 3	1 2 3	35 ムグッチイ	くすぐったい
1 2 3	1 2 3	1 2 3	1 2 3	36 モグッチイ	くすぐったい
1 2 3	1 2 3	1 2 3	1 2 3	37 イイベ	いいだろう
1 2 3	1 2 3	1 2 3	1 2 3	38 ダメッポイ	ダメみたいだ、ダメのように見える
1 2 3	1 2 3	1 2 3	1 2 3	39 行クッポイ	行くみたいだ、行くように見える
1 2 3	1 2 3	1 2 3	1 2 3	40 ヤッパシ	やはり
1 2 3	1 2 3	1 2 3	1 2 3	41 ヤッパ	やはり
1 2 3	1 2 3	1 2 3	1 2 3	42 ミタク	（牛）みたいに
1 2 3	1 2 3	1 2 3	1 2 3	43 ミチョーニ	（牛）みたいに
1 2 3	1 2 3	1 2 3	1 2 3	44 ミトーニ	（牛）みたいに
1 2 3	1 2 3	1 2 3	1 2 3	45 ワリカシ	わりあいに
1 2 3	1 2 3	1 2 3	1 2 3	46 ナニゲニ	何気なく
1 2 3	1 2 3	1 2 3	1 2 3	47 ダイジ	だいじょうぶ
1 2 3	1 2 3	1 2 3	1 2 3	48 シテン	（何を）してるの
1 2 3	1 2 3	1 2 3	1 2 3	49 アンダカラ	（いっぱい）あるのだから
1 2 3	1 2 3	1 2 3	1 2 3	50 スット	（そんなこと）すると（おこられるぞ）
1 2 3	1 2 3	1 2 3	1 2 3	51 (おこられる)デ	（おこられる）ぞ
1 2 3	1 2 3	1 2 3	1 2 3	52 キャア	（釣れる）かい？
1 2 3	1 2 3	1 2 3	1 2 3	53 デイヤ	（それはなん）だい？
1 2 3	1 2 3	1 2 3	1 2 3	54 コレッキャ	これしか
1 2 3	1 2 3	1 2 3	1 2 3	55 ボーンリ	（ボールが）ポーンと（飛んだ）
1 2 3	1 2 3	1 2 3	1 2 3	56 ボーンラ	（ボールが）ポーンと（飛んだ）
1 2 3	1 2 3	1 2 3	1 2 3	57 食べリー	食べなさい（優しく）
1 2 3	1 2 3	1 2 3	1 2 3	58 イエテル	ぴったり当てはまっている
1 2 3	1 2 3	1 2 3	1 2 3	59 スルッキャナイ	（そう）するしかない
1 2 3	1 2 3	1 2 3	1 2 3	60 イイジャン	いいでしょう
1 2 3	1 2 3	1 2 3	1 2 3	61 イカナキャダカラ	行かなくてはならないから
1 2 3	1 2 3	1 2 3	1 2 3	62 オーイー	多い
1 2 3	1 2 3	1 2 3	1 2 3	63 オモシイ	おもしろい
1 2 3	1 2 3	1 2 3	1 2 3	64 シシアサッテ	あさっての次の次の日
1 2 3	1 2 3	1 2 3	1 2 3	65 ジブン	あなた
1 2 3	1 2 3	1 2 3	1 2 3	66 メンドッチイ	めんどうな

以下も同様ですが、「C同級親」はありません。
「使・使う」と「不・使わない」のどちらかで教えてください。「使・使う」には、いくつ○をつけても結構です。　また、別の言い方があれば、（　）にその言い方を書き、○をつけて下さい。

親友 使不	同級生 使不	NHK 使不	言葉づかい	意味・説明
1 3	1 3	1 3	1ダイガク	地面に田の字を描いてボールを受け渡す遊び
1 3	1 3	1 3	2ゲンバク	
1 3	1 3	1 3	3大高中小	
1 3	1 3	1 3	4他（　　）	
1 3	1 3	1 3	5ケンケン	片足だけで飛びはねる遊び
1 3	1 3	1 3	6シンゴ	
1 3	1 3	1 3		
1 3	1 3	1 3	9他（　　）	
1 3	1 3	1 3	10ジャンケンポン	グーチョキパーで勝ち負けを決めるときのかけ声
1 3	1 3	1 3	11ジャンケンポイ	
1 3	1 3	1 3	12チッケッタ	
1 3	1 3	1 3	13チッカンホイ	
1 3	1 3	1 3	14オッチャッチ	
1 3	1 3	1 3	15他（　　）	
1 3	1 3	1 3	16ビリ	競争などでいちばん最後になること
1 3	1 3	1 3	17ペケ	
1 3	1 3	1 3	18ビッケ	
1 3	1 3	1 3	19ゲビ	
1 3	1 3	1 3	20ゲッピ	
1 3	1 3	1 3	21他（　　）	
1 3	1 3	1 3	22メンコ	裏返ると勝ちとする遊びでボール紙でできた円形方形のもの
1 3	1 3	1 3	23パー	
1 3	1 3	1 3	24ペッカン	
1 3	1 3	1 3	25ブッツケ	
1 3	1 3	1 3	26ペッタン	
1 3	1 3	1 3	27他（　　）	
1 3	1 3	1 3	28ソンデ	それで
1 3	1 3	1 3	29ソイデ	
1 3	1 3	1 3	30ホンデ	
1 3	1 3	1 3	31ホイデ	
1 3	1 3	1 3	32ンデ	
1 3	1 3	1 3	33他（　　）	

1 3	1 3	1 3	34スゴイ	とても早い・すごく早い
1 3	1 3	1 3	35チョー	
1 3	1 3	1 3	36ナカラ	
1 3	1 3	1 3	37エレー	
1 3	1 3	1 3	38スゲー	
1 3	1 3	1 3	39ハゲシイ	
1 3	1 3	1 3	40モノスゲー	
1 3	1 3	1 3	41モノゲー	
1 3	1 3	1 3	42モンゲー	
1 3	1 3	1 3	43他（　　）	
1 3	1 3	1 3	44イヌダンベー	犬だろう（べ・ぺをつけて）
1 3	1 3	1 3	45イヌダベ	
1 3	1 3	1 3	46イヌダッペ	
1 3	1 3	1 3	47他（　　）	
1 3	1 3	1 3	48イグ(イク)ベー	行こう（べ・ぺをつけて）
1 3	1 3	1 3	49イグ(イク)ンベー	
1 3	1 3	1 3	50イグ(イク)ビャー	
1 3	1 3	1 3	51イグ(イク)ッペ	
1 3	1 3	1 3	52他（　　）	
1 3	1 3	1 3	53ミベー	いっしょに映画を見よう（べ・ぺをつけて）
1 3	1 3	1 3	54ミルベー	
1 3	1 3	1 3	55ミンベー	
1 3	1 3	1 3	56ミルンベー	
1 3	1 3	1 3	57ミビャー	
1 3	1 3	1 3	58ミッペー	
1 3	1 3	1 3	59ミルッペー	
1 3	1 3	1 3	60他（　　）	
1 3	1 3	1 3	61クルダンベー	いつ来るのだろう（べ・ぺをつけて）
1 3	1 3	1 3	62クルベー	
1 3	1 3	1 3	63クルンベー	
1 3	1 3	1 3	64クンダベー	
1 3	1 3	1 3	65クンダヘ	
1 3	1 3	1 3	66クンベー	
1 3	1 3	1 3	67クンダッペ	
1 3	1 3	1 3	68他（　　）	
1 3	1 3	1 3	69オモシロイダンベー	この本は面白いだろう（べ・ぺをつけて）
1 3	1 3	1 3	70オモシロカンベー	
1 3	1 3	1 3	71オモシレーダンベー	
1 3	1 3	1 3	72オモシレンベー	
1 3	1 3	1 3	73オモシロイベー	
1 3	1 3	1 3	74オモシレーベー	
1 3	1 3	1 3	75オモシレッペ	
1 3	1 3	1 3	76他（　　）	

あなたのことについて少し教えて下さい。あてはまるものを**3つ以内**で○でかこんでください。

1 新しい言い方やはやりの言葉を一番多く使ったり聞いたりするのは、どこにいるときですか。
　①家　②登下校　③クラス　④部活動　⑤塾　⑥生徒会・委員会　⑦その他（　　　　　）

2 新しい言い方やはやりの言葉を一番多く使ったり聞いたりするのは、だれといっしょにいるときですか。
　①親しい同級生　②ただの同級生　③同じ学校の先輩後輩　④転校生　⑤他校の生徒
　⑥兄姉　⑦弟妹　⑧親や祖父母　⑨先生　⑩その他（　　　　　）

3 新しい言い方やはやりの言葉を使うのは、どんな感じがするからですか。
　①都会的な　②派手な　③標準語に近い　④歯切れがいい　⑤わかりやすい
　⑥やわらかい　⑦素朴な　⑧おもしろい　⑨良い　⑩かっこいい　⑪その他（　　　　　）

4 以前の新しい言い方やはやりの言葉を使わなくなるのは、それがどんな感じがするからですか。
　①古い　②地味な　③標準語に遠い　④言いづらい　⑤わかりづらい
　⑥乱暴な　⑦きびしい・きつい　⑧つまらない　⑨悪い　⑩その他（　　　　　）

5 くだけた場面で親友と話すときの言葉は、ただの同級生と話す言葉よりも、どんな感じがしますか。
　①都会的な　②派手な　③標準語に近い　④歯切れがいい　⑤わかりやすい
　⑥やわらかい　⑦素朴な　⑧おもしろい　⑨良い　⑩親しい　⑪うちとけた
　⑫古い　⑬地味な　⑭標準語に遠い　⑮言いづらい　⑯わかりづらい　⑰乱暴な
　⑱きびしい・きつい　⑲つまらない　⑳悪い　21その他（　　　　　）

6 出身小中学校の違う同級生と話すときは、自分の地域の言葉をどうしますか。
　①使わないようにする　②気にせず使う　③使うようにする

7 あなたのふだんの言葉はどちらかと言うと、どこの言葉ですか。　①東京　②埼玉　③群馬　④新潟　⑤その他
（　　　　　）

8 あなたは共通語（標準語）と自分の地域の言葉との使い分けができますか。①できる　②できない　③わからない
9 あなたのふだん言葉は共通語（標準語）とくらべるとどうですか。①近い　②遠い　③近いか遠いかわからない

10 共通語（標準語）と自分の地域の言葉とどちらが好きですか。①共通語　②自分の地域の言葉　③わからない

11 満　・　・歳　　性別　・男・女・

12 現住所に住んでから　・　・年になる。

13 卒業した小学校　　東京都・埼玉県・群馬県・新潟県・　　・区・市・町・村立・　　・小学校
　　　　　　　　　　他（　　　　　）
14（高校生のみ記入）
　卒業した中学校　　東京都・埼玉県・群馬県・新潟県・　　・区・市・町・村立・　　・中学校
　　　　　　　　　　他（　　　　　）
15 お父さんが育ったところ　　・　　・都・道・府・県・　　・市・区・町・村

16 お母さんが育ったところ　　・　　・都・道・府・県・　　・市・区・町・村

17 学校・クラス　　東京都・埼玉県・群馬県・新潟県
　　　　　　・　　・県・区・市・町・村　立・　　・中学校・高等学校　・　・年・　・組
　　　　　　　　・・・どうもありがとうございました。・・・

- 4 -

(保護者用)

親子のことばアンケート (保護者用)

1992・1

上越教育大学 大学院生 佐藤高司

　この調査は、最近の言葉の状況を知り、将来の日本語や国語教育を考えるためのものです。
ご自分が下のA～Dの相手と話す時に、その言葉を使うかどうかを教えて下さい。
その言葉づかいについては、相手ごとに 1 2 3 のうちどれか1つに○をつけて下さい。

　　A 親友　　　特に親しい友達と話す場合
　　B 近所　　　あいさつする程度の、それほど親しくはない近所の方と話す場合
　　C 町会長　　年輩の町会長と話す場合
　　D NHK　　 NHKのアナウンサーにインタビューされて話す場合

　　　　　　　　　　　　1 使　使う。
　　　　　　　　　　　　2 聞　自分では使わないが、他の人が使ったのを聞いたことがある
　　　　　　　　　　　　　　　あるいは、他の人が使ってもおかしくはない。
　　　　　　　　　　　　3 不　使わない。使ったらおかしい。

親友	近所	町会長	NHK	言葉づかい	意味・説明
使聞不	使聞不	使聞不	使聞不		
①2 3	①2 3	1②3	1 2③	(例)カタス	ものを片づける、整理する
1 2 3	1 2 3	1 2 3	1 2 3	1 チャリンコ	自転車
1 2 3	1 2 3	1 2 3	1 2 3	2 ドロボーケズリ	鉛筆を両側からけずったもの
1 2 3	1 2 3	1 2 3	1 2 3	3 ヨコハイリ	割り込み
1 2 3	1 2 3	1 2 3	1 2 3	4 ズルコミ	割り込み
1 2 3	1 2 3	1 2 3	1 2 3	5 ボンナイフ	かみそりの入った折りたたみのナイフ
1 2 3	1 2 3	1 2 3	1 2 3	6 シャーペン	シャープペンシル
1 2 3	1 2 3	1 2 3	1 2 3	7 アオタン	足や顔を打ちつけたときにできる青アザ
1 2 3	1 2 3	1 2 3	1 2 3	8 ビンタ	顔を平手で打つこと、ビンタ
1 2 3	1 2 3	1 2 3	1 2 3	9 ウチンチ	私の家
1 2 3	1 2 3	1 2 3	1 2 3	10 センヒキ	10～18cm位のプラスチック製のもの
1 2 3	1 2 3	1 2 3	1 2 3	11 スカス	気どったかっこうをする
1 2 3	1 2 3	1 2 3	1 2 3	12 キレル	着ることができる
1 2 3	1 2 3	1 2 3	1 2 3	13 逃ゲレル	逃げることができる
1 2 3	1 2 3	1 2 3	1 2 3	14 飲メレル	飲むことができる
1 2 3	1 2 3	1 2 3	1 2 3	15 飲メラレル	飲むことができる
1 2 3	1 2 3	1 2 3	1 2 3	16 見チッタ	見てしまった
1 2 3	1 2 3	1 2 3	1 2 3	17 残シチッタ	残してしまった
1 2 3	1 2 3	1 2 3	1 2 3	18 残シチマッタ	残してしまった
1 2 3	1 2 3	1 2 3	1 2 3	19 見シテクレ	見せてくれ
1 2 3	1 2 3	1 2 3	1 2 3	20 ズッコケル	急に調子がくるう、失敗する
1 2 3	1 2 3	1 2 3	1 2 3	21 キコワス	(遠くまで声を) きこえさせる
1 2 3	1 2 3	1 2 3	1 2 3	22 シンネー	知らない
1 2 3	1 2 3	1 2 3	1 2 3	23 タンナイ	足りない
1 2 3	1 2 3	1 2 3	1 2 3	24 コランナイ	来られない

- 1 -

親友	近所	町会長	NHK	言葉づかい	意味・説明
使聞不	使聞不	使聞不	使聞不		
1 2 3	1 2 3	1 2 3	1 2 3	25 ハインナ	(目下の者に、部屋に)入りな(よ)
1 2 3	1 2 3	1 2 3	1 2 3	26 オコライル	怒られる
1 2 3	1 2 3	1 2 3	1 2 3	27 チガクナッタ	違うようになった
1 2 3	1 2 3	1 2 3	1 2 3	28 チガカッタ	違っていた
1 2 3	1 2 3	1 2 3	1 2 3	29 スキクナイ	好きでない
1 2 3	1 2 3	1 2 3	1 2 3	30 イクナイ	良くない
1 2 3	1 2 3	1 2 3	1 2 3	31 ダサイ	田舎くさい、泥くさい
1 2 3	1 2 3	1 2 3	1 2 3	32 ウザッタイ	めんどくさい、不快だ
1 2 3	1 2 3	1 2 3	1 2 3	33 カッタルイ	疲れた、だるい
1 2 3	1 2 3	1 2 3	1 2 3	34 タルイ	疲れた、だるい
1 2 3	1 2 3	1 2 3	1 2 3	35 ムグッチイ	くすぐったい
1 2 3	1 2 3	1 2 3	1 2 3	36 モグッチイ	くすぐったい
1 2 3	1 2 3	1 2 3	1 2 3	37 イイベ	いいだろう
1 2 3	1 2 3	1 2 3	1 2 3	38 ダメッポイ	ダメみたいだ、ダメのように見える
1 2 3	1 2 3	1 2 3	1 2 3	39 行クッポイ	行くみたいだ、行くように見える
1 2 3	1 2 3	1 2 3	1 2 3	40 ヤッパシ	やはり
1 2 3	1 2 3	1 2 3	1 2 3	41 ヤッパ	やはり
1 2 3	1 2 3	1 2 3	1 2 3	42 ミタク	(牛)みたいに
1 2 3	1 2 3	1 2 3	1 2 3	43 ミチョーニ	(牛)みたいに
1 2 3	1 2 3	1 2 3	1 2 3	44 ミトーニ	(牛)みたいに
1 2 3	1 2 3	1 2 3	1 2 3	45 ワリカシ	わりあいに
1 2 3	1 2 3	1 2 3	1 2 3	46 ナニゲニ	何気なく
1 2 3	1 2 3	1 2 3	1 2 3	47 ダイジ	だいじょうぶ
1 2 3	1 2 3	1 2 3	1 2 3	48 シテン	(何を)してるの
1 2 3	1 2 3	1 2 3	1 2 3	49 アンダカラ	(いっぱい)あるのだから
1 2 3	1 2 3	1 2 3	1 2 3	50 スット	(そんなこと)すると(おこられるぞ)
1 2 3	1 2 3	1 2 3	1 2 3	51 (おこられる)デ	(おこられる)ぞ
1 2 3	1 2 3	1 2 3	1 2 3	52 キャア	(釣れる)かい?
1 2 3	1 2 3	1 2 3	1 2 3	53 ディヤ	(それはなん)だい?
1 2 3	1 2 3	1 2 3	1 2 3	54 コレッキャ	これしか
1 2 3	1 2 3	1 2 3	1 2 3	55 ポーンリ	(ボールが)ポーンと(飛んだ)
1 2 3	1 2 3	1 2 3	1 2 3	56 ポーンラ	(ボールが)ポーンと(飛んだ)
1 2 3	1 2 3	1 2 3	1 2 3	57 食ベリー	食べなさい(優しく)
1 2 3	1 2 3	1 2 3	1 2 3	58 イエテル	ぴったり当てはまっている
1 2 3	1 2 3	1 2 3	1 2 3	59 スルッキャナイ	(そう)するしかない
1 2 3	1 2 3	1 2 3	1 2 3	60 イイジャン	いいでしょう
1 2 3	1 2 3	1 2 3	1 2 3	61 イカナキャダカラ	行かなくてはならないから
1 2 3	1 2 3	1 2 3	1 2 3	62 オーイー	多い
1 2 3	1 2 3	1 2 3	1 2 3	63 オモシイ	おもしろい
1 2 3	1 2 3	1 2 3	1 2 3	64 シシアサッテ	あさっての次の次の日
1 2 3	1 2 3	1 2 3	1 2 3	65 ジブン	あなた
1 2 3	1 2 3	1 2 3	1 2 3	66 メンドッチイ	めんどうな

以下も同様ですが、「C町会長」はありません。「使・使う」と「不・使わない」のどちらかで教えてください。「使・使う」には、いくつ○をつけても結構です。 また、別の言い方があれば、（　）にその言い方を書き、○をつけて下さい。

親友 使/不	近所 使/不	NHK 使/不	言葉づかい	意味・説明
1 3	1 3	1 3	1ダイガク	地面に田の字を描いてボールを受け渡す遊び
1 3	1 3	1 3	2ゲンパク	
1 3	1 3	1 3	3大高中小	
1 3	1 3	1 3	4他（　　）	
1 3	1 3	1 3	5ケンケン	片足だけで飛びはねる遊び
1 3	1 3	1 3	6シンゴ	
1 3	1 3	1 3		
1 3	1 3	1 3	9他（　　）	
1 3	1 3	1 3	10ジャンケンポン	グーチョキパーで勝ち負けを決めるときのかけ声
1 3	1 3	1 3	11ジャンケンポイ	
1 3	1 3	1 3	12チッケッタ	
1 3	1 3	1 3	13チッカンホイ	
1 3	1 3	1 3	14オッチャッチ	
1 3	1 3	1 3	15他（　　）	
1 3	1 3	1 3	16ビリ	競争などでいちばん最後になること
1 3	1 3	1 3	17ペケ	
1 3	1 3	1 3	18ビッケ	
1 3	1 3	1 3	19ゲビ	
1 3	1 3	1 3	20ゲッピ	
1 3	1 3	1 3	21他（　　）	
1 3	1 3	1 3	22メンコ	裏返ると勝ちとする遊びでボール紙でできた円形方形のもの
1 3	1 3	1 3	23パー	
1 3	1 3	1 3	24ペッカン	
1 3	1 3	1 3	25ブッツケ	
1 3	1 3	1 3	26ペッタン	
1 3	1 3	1 3	27他（　　）	
1 3	1 3	1 3	28ソンデ	それで
1 3	1 3	1 3	29ソイデ	
1 3	1 3	1 3	30ホンデ	
1 3	1 3	1 3	31ホイデ	
1 3	1 3	1 3	32ンデ	
1 3	1 3	1 3	33他（　　）	

1 3	1 3	1 3	34スゴイ	とても早い・すごく早い
1 3	1 3	1 3	35チョー	
1 3	1 3	1 3	36ナカラ	
1 3	1 3	1 3	37エレー	
1 3	1 3	1 3	38スゲー	
1 3	1 3	1 3	39ハゲシイ	
1 3	1 3	1 3	40モノスゲー	
1 3	1 3	1 3	41モノゲー	
1 3	1 3	1 3	42モンゲー	
1 3	1 3	1 3	43他（　　）	
1 3	1 3	1 3	44イヌダンベー	犬だろう（べ・ベをつけて）
1 3	1 3	1 3	45イヌダベ	
1 3	1 3	1 3	46イヌダッペ	
1 3	1 3	1 3	47他（　　）	
1 3	1 3	1 3	48イグ(ク)ベー	行こう（べ・ベをつけて）
1 3	1 3	1 3	49イグ(ク)ンベー	
1 3	1 3	1 3	50イグ(ク)ビャー	
1 3	1 3	1 3	51イグ(ク)ッペ	
1 3	1 3	1 3	52他（　　）	
1 3	1 3	1 3	53ミベー	いっしょに映画を見よう（べ・ベをつけて）
1 3	1 3	1 3	54ミルベー	
1 3	1 3	1 3	55ミンベー	
1 3	1 3	1 3	56ミルンベー	
1 3	1 3	1 3	57ミビャー	
1 3	1 3	1 3	58ミッペー	
1 3	1 3	1 3	59ミルッペー	
1 3	1 3	1 3	60他（　　）	
1 3	1 3	1 3	61クルダンベー	いつ来るのだろう（べ・ベをつけて）
1 3	1 3	1 3	62クルベー	
1 3	1 3	1 3	63クルンベー	
1 3	1 3	1 3	64クンダベー	
1 3	1 3	1 3	65クンダヘ	
1 3	1 3	1 3	66クンベー	
1 3	1 3	1 3	67クンダッペ	
1 3	1 3	1 3	68他（　　）	
1 3	1 3	1 3	69オモシロイダンベー	この本は面白いだろう（べ・ベをつけて）
1 3	1 3	1 3	70オモシロカンベー	
1 3	1 3	1 3	71オモシレーダンベー	
1 3	1 3	1 3	72オモシレンベー	
1 3	1 3	1 3	73オモシロイベー	
1 3	1 3	1 3	74オモシレーベー	
1 3	1 3	1 3	75オモシレッペ	
1 3	1 3	1 3	76他（　　）	

あなたのことについて少し教えて下さい。あてはまるものを<u>3つ以内</u>で○でかこんでください。

1 新しい言い方やはやりの言葉を一番多く使ったり聞いたりするのは、どこにいるときですか。
　　①家　②通勤中　③仕事場　④買い物　⑤趣味・習い事　⑥立ち話　⑦その他（　　　　）

2 新しい言い方やはやりの言葉を一番多く使ったり聞いたりするのは、だれといっしょにいるときですか。
　　①親友　②ただの近所の人　③同じ趣味の先輩後輩　④移住者　⑤隣町の人
　　⑥年上の肉親　⑦年下の肉親　⑧子や孫　⑨先生　⑩その他（　　　　）

3 新しい言い方やはやりの言葉を使うのは、どんな感じがするからですか。
　　①都会的な　②派手な　③標準語に近い　④歯切れがいい　⑤わかりやすい
　　⑥やわらかい　⑦素朴な　⑧おもしろい　⑨良い　⑩かっこいい　⑪その他（　　　　）

4 以前の新しい言い方やはやりの言葉を使わなくなるのは、それがどんな感じがするからですか。
　　①古い　②地味な　③標準語に遠い　④言いづらい　⑤わかりづらい
　　⑥乱暴な　⑦きびしい・きつい　⑧つまらない　⑨悪い　⑩その他（　　　　）

5 くだけた場面で親友と話すときの言葉は、ただの近所の人と話す言葉よりも、どんな感じがしますか。
　　①都会的な　②派手な　③標準語に近い　④歯切れがいい　⑤わかりやすい
　　⑥やわらかい　⑦素朴な　⑧おもしろい　⑨良い　⑩親しい　⑪うちとけた
　　⑫古い　⑬地味な　⑭標準語に遠い　⑮言いづらい　⑯わかりづらい　⑰乱暴な
　　⑱きびしい・きつい　⑲つまらない　⑳悪い　21その他（　　　　）

6 出身地の違う近所の人と話すときは、自分の出身地の言葉をどうしますか。
　　①使わないようにする　②気にせずに使う　③使うようにする

7 あなたのふだんの言葉はどちらかと言うと、どこの言葉ですか。　①東京　②埼玉　③群馬　④新潟　⑤その他
　　（　　　）

8 あなたは共通語(標準語)と自分の地域の言葉との使い分けができますか。①できる　②できない　③わからない

9 あなたのふだん言葉は共通語(標準語)とくらべるとどうですか。①近い　②遠い　③近いか遠いかわからない

10 共通語(標準語)と自分の地域の言葉とどちらが好きですか。①共通語　②自分の地域の言葉　③わからない

11 満・　・歳　性別・男・女・

12 現住所に住んでから・　・年になる。

13 卒業した小学校　東京都・埼玉県・群馬県・新潟県・　　　・区・市・町・村立・　　　・小学校
　　　　　　　　　　他（　　　）

14 卒業した中学校　東京都・埼玉県・群馬県・新潟県・　　　・区・市・町・村立・　　　・中学校
　　　　　　　　　　他（　　　）

15 お父さんが育ったところ　　　　・　　　・都・道・府・県　　　・市・区・町・村

16 お母さんが育ったところ　　　　・　　　・都・道・府・県　　　・市・区・町・村

17 学校・クラス　東京都・埼玉県・群馬県・新潟県
　　(お子さんの)・　　　・県・区・市・町・村立・　　　・中学校・高等学校・　　　・年・　　・組
　　　　　　　　　・・・どうもありがとうございました。・・・

- 4 -

第4章　本研究における経年調査の概要　　67

5．第3回調査（2010年）

5.1 第3回調査（2010）の概要

　第3回調査は、2008年9月～2011年2月に実施した。調査高校は、前橋市立前橋高校1校、群馬県立高校7校、国立群馬工業高等専門学校1校の計9校である。調査方法は、第2回調査と同様で、アンケート用紙に記入する方式で、実施については各校の担当教員に依頼した。

　調査項目及びアンケートの質問形式は、第2回調査と同様である。

　本研究で使用するデータは、高校生の有効数691、保護者有効数271である。男女の内訳は、高校生男子328、高校生女子363、保護者男性44、保護者女性227である。なお、国立群馬工業高等専門学校生（3年生）は、高校生（3年生）として扱い（以下同様）、高校生、保護者とも、所属する地域は高等学校及び高等専門学校が位置する地域である。

5.2 第3回調査校一覧

表11 第3回調査校一覧

NO	学校名	調査年月	実施学年	生徒数 男子	生徒数 女子	保護者数 男性	保護者数 女性	高校高専の位置する地区
1	群馬県立沼田高等学校	2009.11〜12	1年	77	/	7	49	利根沼田
2	群馬県立沼田女子高等学校	2011.1	3年	/	68	—	—	利根沼田
3	群馬県立中之条高等学校	2009.12	1年	35	4	16	38	吾妻
			2年	31	8			
4	群馬県立吾妻高等学校	2011.1〜2	1年	/	40	—	—	吾妻
			2年	/	36			
5	前橋市立前橋高等学校	2008.9	1年	—	78	14	87	中毛
			2年	25	50			
6	国立群馬工業高等専門学校	2009.7	3年	71	5	2	8	中毛
7	群馬県立藤岡中央高等学校	2009.10〜11	2年	37	26	4	23	西毛
8	群馬県立桐生南高等学校	2011.1	1年	41	35	—	—	東毛
9	群馬県立西邑楽高等学校	2009.6〜7	1年	11	13	1	22	東毛
	小計			328	363	44	227	
	計			691		271		

5.3 第3回調査票

第3回調査票は、第2回調査票（4.3節を参照）と同一である。

II 群馬県における 30 年間の新方言の動態

第 1 章
東京型新方言と地方型新方言の
30 年間の動態

1. はじめに

　第Ⅰ部第 2 章で述べたとおり、新方言は、「若い世代に向けて使用者が多くなりつつある非共通語形で、使用者自身も方言扱いしているもの」(井上（2008: 45))である。その研究価値は、現在進行中の眼前に起こる言語変化を観察し得ること、また、その言語変化を言語内的要因と言語外的要因から考察することができることである。

　第Ⅱ部では、新方言という言語変化の要因として、東京という大都市の影響に焦点を当てる。東京という大都市が若い世代の言語変化にどのような影響を与えるのか、群馬県における新方言の使用に関して東京での使用の有無を指標とし、その相違を見ることで解明を試みる。具体的には、群馬県における新方言について、東京でもある地域（ここでは群馬県）でも新方言の傾向を示す表現と東京では使用されず地方（ある地域）でのみ新方言の傾向を示す表現とを抽出し、それぞれの伝播の特徴について考察する。それにより、群馬県の若年層における言語変化に大都市東京が与える影響を浮き彫りにしようとする。

　本章では、第 1 回調査当時、東京でも群馬県でも新方言の傾向を示していた表現を東京型新方言、群馬県でのみ新方言の傾向を示していた表現を地方型新方言とし、第 1 回調査（1980 年）から第 2 回調査（1992 年）の 12 年間の新方言の変化を足掛かりに、それぞれの型の 30 年間の変化の様相を考察する。

2. 1980年からの12年間における東京型と地方型の新方言の変化

　佐藤（1994）では、群馬県における新方言の12年間（第1回調査～第2回調査）での使用状況の推移を社会言語学的な立場から考察した。そこでは、地方における新方言から東京型と地方型を抽出し、それぞれの伝播の特徴について述べた。

　東京型の新方言とは、東京でもある地域（ここでは群馬県）でも新方言の傾向を示す表現を指し、地方型の新方言とは、東京では使用されず地方（ここでは群馬県）でのみ新方言の傾向を示す表現を指す。東京型、地方型という二つの型としてのまとまりの視点は、ある時点での東京での使用状況にあり、発生地域や伝播元については問題にしない。ただし、地方の新方言には、東京型とも地方型とも言えないものがある。例えば、東京で使用されるが東京新方言ではなく、地方では新方言の傾向を示すものなどはその典型である。

　12年間での群馬県における新方言の伝播の特徴の第一は、東京型の新方言にはどの語形にも、12年間で同程度の使用率の増加傾向が同様に認められ、若年層に広がり続ける傾向があることであった。一方、地方型の新方言には、使用率の増減とその程度に語形による異なりが見られた。

　第二の特徴として、東京型の新方言には、群馬県のほぼ全域で広く使用され、ほとんどの地点で使用が伸びる傾向があった。地方型の新方言の使用域は、群馬県をさらに細かく区分した方言区画内を中心としたものであり、使用地域内においても若年層全成員に広まるほどではなく、ある段階で使用率の低下を示す表現もあった。

　第三の特徴として、中高年齢層の使用率の変化から、東京型の新方言は、全域の若年層で高い使用率を得、中高年層にまで普及する傾向にあった。地方型の新方言は、中高年層へは東京型ほど広くは普及せず、その普及の程度も表現により差があり、型として明確な傾向を示さなかった。

　以上のような両型の新方言の伝播・分布の特徴の対照的な違いは、両型を分かつ視点から生じていると考えられる。つまり、それが東

京の新方言でもあるか地方独自のものであるかということである。したがって、東京型の新方言の伝播は、東京語（東京の話しことば）が全国共通語化とは異なった意味で地方に広まっている現象―「東京語化」、「東京弁化」といわれる現象―と極めて近いものと考えられ、その背景には、東京での若年層の使用がプレステージとして北関東西部における使用に影響しているととらえることができよう。また、地方型の新方言の伝播の様子は、共通語化の進む地方において、依然として地域に密着して方言が生まれゆっくりと広まり消えていくという日本語が繰り返してきたことばの歴史が、現在もなお繰り返されていることを示すものと考えられるのである。

3. 東京型新方言の30年

3.1 東京型新方言

　前節では、第1回調査（1980年）から第2回調査（1992年）までの12年間での、群馬県における東京型と地方型の新方言の伝播の特徴について述べた。ここでは、東京型の新方言について、30年間の変容を検討する。1980年からの12年間では、東京型の新方言にはどの語形にも同程度の使用率の増加傾向が同様に認められ、若年層に広がり続ける傾向があった。また、東京型の新方言には、群馬県のほぼ全域で広く使用され、ほとんどの地点で使用が伸びる傾向にあった。その背景には、東京での若年層の使用がプレステージとして群馬県の若年層の使用に影響しているのではないかと考えられた。それでは、第1回調査（1980年）から第3回調査（2010年）の30年間では、これらの東京型新方言にはどのような変化が起こり、どのように群馬県に広がっているのであろうか。

　ここでは、言語的な影響力が強いと考えられる東京・首都圏の北側に隣接する群馬県において、30年間の新方言の使用状況の変容を指標に、若い世代の方言使用と東京での使用との関係を考察したい。そこで、まず、東京型の新方言の約30年間の使用率の動きを観察する。次に、各表現の約30年間の5地域での使用状況の変化をみる。最後に、まとめとして、東京型新方言の約30年間の変容

を考察する。

　ここで扱う東京型新方言は、第1回調査（1980年）の項目で、当時、群馬県で新方言の傾向を示していた表現で、井上編（1983）、井上・荻野（1984）、井上（1985b）、井上（1987）などの資料を参考に、東京における使用状況を把握した結果、東京でも新方言にあたると考えられた10表現（表12）である。

3.2　東京型新方言の使用率の変化
3.2.1　各表現の使用率とその変化

　図2は、東京型新方言10表現の3回の調査の男子の使用率と30年間のポイント差（［1980年調査の使用率］→［2010年調査の使用率］）を表したものである。横軸には、各表現を左から右に使用率のポイント差の少ないものから順にならべた。なお、使用率は、第1回調査では「よく使う言い方」、「ときどき使う言い方」、「昔使った言い方」の総計であり、第2・3回調査では「使う」及び「聞

表12　群馬県における東京型新方言

NO	東京型新方言	共通語	意味
1	ケンケン	カタアシトビ	片足飛び
2	センヒキ	ジョウギ	プラスチック製の定規
3	ペケ	ビリ	最下位
4	チガカッタ	チガッタ チガッテイタ	「違う」の過去形、「違っていた」、動詞を形容詞のように活用させた連用形
5	チガクナッタ	チガッタ	「違った、同じでなくなった」、動詞を形容詞のように活用させた連用形
6	ミタク	ミタイニ	「のように、みたいに」、形容動詞「みたいだ」の語幹「みたい」を形容詞として活用させた時の連用形
7	シンネー	シラナイ	「知る」の否定形、ラ行音の撥音化
8	ハインナ	ハイリナ	「入る」の命令形、ラ行音の撥音化
9	ソンデ	ソレデ	「それで」、ラ行音の撥音化
10	コレッキャ	コレシカ	「これしか」、係助詞「しか」のくだけた言い方

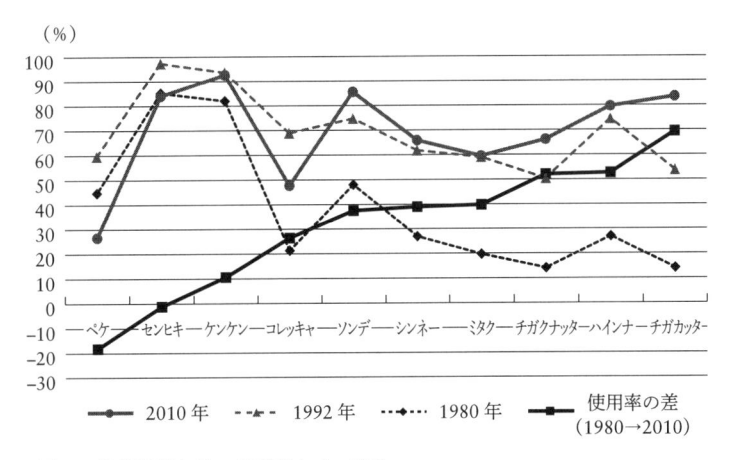

図2 東京型新方言の使用率とその変化

く」(自分では使わないが、他の人が使ったのを聞いたことがある。あるいは、他の人が使ってもおかしくはない)の総計である。「聞く」については、インフォーマントの周辺で使用されていると判断されることから使用率に含めている。

まず、第3回調査(2010年)における東京型の新方言の使用率を見てみよう。ペケの使用率が30％程度、コレッキャの使用率が50％程度であるが、他の8表現はかなり使用率が高く、東京型の新方言が群馬県内の男子若年層に広まって使用されていることが確認できる。

次に、第1回調査(1980年)、第2回調査(1992年)、第3回調査(2010年)の使用率を表す折れ線を見比べてみよう。第1回調査(1980年)の使用率を示す折れ線と第2回調査(1992年)の使用率を示す折れ線とは交わらずその空間も広いが、第2回調査(1992年)と第3回調査(2010年)の折れ線は交差することもあり似たような軌跡を描いている。このことから、東京型の新方言の群馬県における使用は、使われ始めてからは急速に広まり、その後は使用率の伸びが緩やかになるということが読み取れる。

さらに、第1回調査(1980年)から第3回調査(2010年)の使用率の差を表す折れ線を見てみよう。群馬県における若年層での30年間での使用率の変化において、東京型の新方言は、8表現で

増加傾向が認められる（ペケとセンヒキは使用率が低下している）。30年というタイムスパンで使用率を見た場合、増加が認められる8表現ではあるが、第2回調査（1992年）以前と以後という視点を加えて観察してみると、その増加の様相は一様ではなく、次のような3種類に分けることができる。

（1）第1回調査（1980年）から第2回調査（1992年）を経て第3回調査（2010年）まで使用率が伸び続けるグループで、チガカッタ、チガクナッタ、ソンデがこれにあたる。

第1回調査（1980年）
↓（＋）
第2回調査（1992年）
↓（＋）
第3回調査（2010年）

（2）第1回調査（1980年）から第2回調査（1992年）まで使用率は伸びるものの第2回調査（1992年）から第3回調査（2010年）まではほとんど使用率が変わらないグループで、ハインナ、ミタク、シンネー、ケンケンがこれにあたる。

第1回調査（1980年）
↓（＋）
第2回調査（1992年）
↓（±）
第3回調査（2010年）

（3）第1回調査（1980年）から第2回調査（1992年）まで使用率は伸びるものの第2回調査（1992年）から第3回調査（2010年）まで使用率がわずかに低下するグループで、コレッキャ、センヒキ、ペケがこれにあたる。

第1回調査（1980年）
↓（＋）
第2回調査（1992年）
↓（－）
第3回調査（2010年）

以上のことから、群馬県における東京型の新方言は、30年間で若年層に使用され続けある程度以上に広まること、その広まり方ははじめは急速であること、その後使用率が伸び続けるものとそうでないものがあることとまとめることができる。

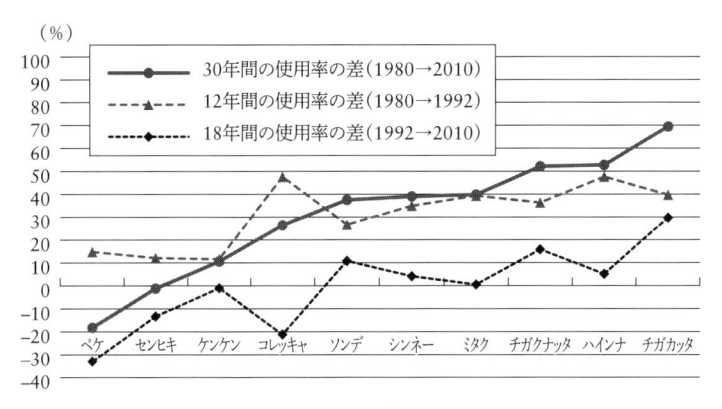

図3 東京型新方言の使用率の差とその変化

3.2.2 各表現の使用率の差とその変化

前項で、東京型の新方言の使用率の伸び方は一様ではないものの、第1回調査（1980年）から第2回調査（1992年）にかけて使用率が急減に伸びていることは見て取れた。ここではそれを各調査間のポイント差から確認する。

図3は、東京型の新方言10表現の30年間のポイント差（［第1回調査（1980年）の使用率］→［第3回調査（2010年）の使用率］）に、各調査間のポイント差（12年間、18年間）を加えて表したものである。横軸には、各表現を左から右に使用率のポイント差の少ないもの（30年間）から順にならべた。

第1回調査（1980年）から第2回調査（1992年）までの12年間の折れ線と第1回調査（1980年）から第3回調査（2010年）までの折れ線は似通っていることが分かる。これは、第1回調査（1980年）からの29年間の使用率の伸びが、実はその前半の12年間が支えていることを意味していると言えよう。

3.3 各表現の30年間の5地域における使用状況の変化
3.3.1 チガカッタ

図4は、チガカッタの3回の調査の使用率を地域ごとに表したグラフである。第1回調査（1980年）の使用率は全域で20％以下だった。しかし、第2回調査（1992年）になると、東京に近い東毛

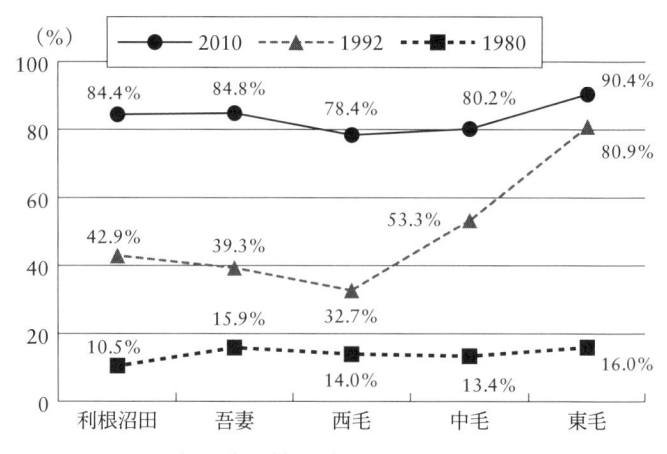

図4 チガカッタ（男子高校生）の変化

で爆発的に使用率を伸ばし80％を超え、中毛でも使用率が50％を超えている。また、そのほかの地域でも軒並み使用率を伸ばし、12年間で若年層に急速に広まっている様子が確認できる。第3回調査（2010年）には、すべての地域でほぼ80％を超える使用率を示し、18年間で群馬県の男子若年層全体に使用がいきわたったことが確認できる。

　東京においても新方言の傾向を示していたチガカッタは、東京に近い東毛、中毛にまず普及し、その後群馬県全県に広まっていったと考えられる。

3.3.2 チガクナッタ

　図5は、チガクナッタの3回の調査の使用率を地域ごとに表したグラフである。第1回調査（1980年）の使用率は、利根沼田、吾妻、西毛では10％以下と低いものの、東毛で超30％、中毛で20％弱と、東京に近い東部ほど高い。同時期のチガカッタの使用と比較すると、チガクナッタの方が早く群馬県東部に広まったことが分かる。第2回調査（1992年）になると、第1回調査（1980年）の折れ線を30～40％上方へ平行移動した形となり、チガカッタ同様、12年間で若年層に急速に広まっている様子が確認できる。同時期のチガカッタの使用率から、この段階ではチガカッタの方が使用を

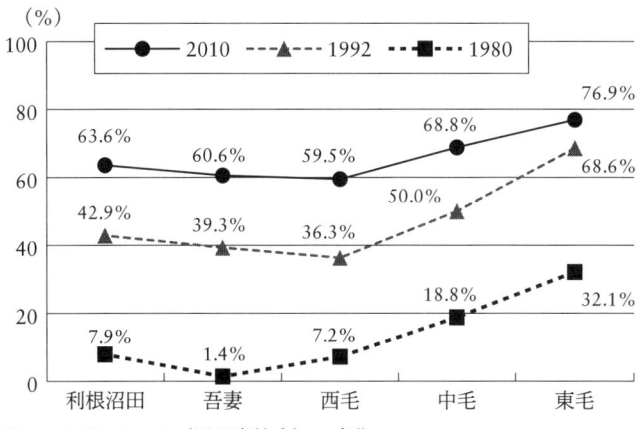

```
(%)
100                 ● 2010  ── ▲── 1992  ─■─ 1980
 80                                                    76.9%
                                              68.8%
 60    63.6%   60.6%   59.5%                          68.6%
       42.9%                                  50.0%
 40            39.3%   36.3%
 20                                           18.8%   32.1%
        7.9%    1.4%    7.2%
  0
       利根沼田  吾妻    西毛    中毛    東毛
```

図5　チガクナッタ（男子高校生）の変化

リードしていると考えられる。第3回調査（2010年）には、すべての地域で60％を超える使用率を示し、チガカッタと同様、18年間で群馬県の若年層全体に使用がいきわたったことが確認できる。

　チガカッタ同様にチガクナッタも、東京に近い東毛、中毛にまず普及し、その後群馬県全県に広まっていったと考えられる。なお、チガカッタとチガクナッタとを比較すると、普及は東毛でチガクナッタが先行したものの、その後は、チガカッタが普及をリードしているようである。

3.3.3　ハインナ

　図6は、ハインナの3回の調査の使用率を地域ごとに表したグラフである。第1回調査（1980年）の使用率は東京に近い東毛で50％に近く、他の地域は20％前後である。第2回調査（1992年）になると、全域の使用率が急速に伸び、特に中毛、西毛ではその伸びが著しく、12年間で若年層に急速に広まっている様子が確認できる。第3回調査（2010年）には、すべての地域で若干の伸びを示している。

　ハインナの場合、チガカッタやチガクナッタと同様に、東京に近い東毛や中毛から広まり群馬県全域へという広まり方は同様と考えられるが、チガカッタやチガクナッタよりも群馬県全域への広まり

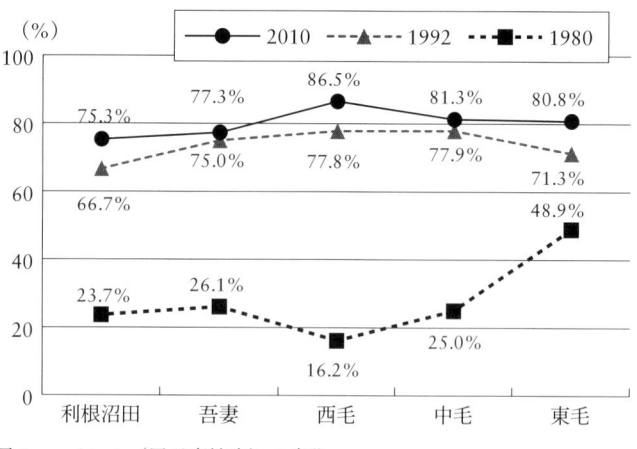

図6　ハインナ（男子高校生）の変化

が早かったようである。その背景には、群馬方言の音韻上の特徴である撥音化が盛んに行われることが影響していると考えられる。東京から新方言が広まってきたとき、その言語変化がもともと群馬県方言に一致する変化であったために、より早く全域に広まったのである。

3.3.4　ミタク

　図7は、ミタクの3回の調査の使用率を地域ごとに表したグラフである。第1回調査（1980年）の使用率は、東京に近い東毛で60％以上、他の地域は10％にも満たない。東毛では第1回調査（1980年）より以前に使用が始まっていたことが予想される。第2回調査（1992年）になると、使用は全域に広がり、使用率も急速に伸びている。使用の早かった東毛の使用率は依然として高いが、他の地域も12年間で30〜40％使用率を伸ばしている。ミタクでも、12年間で若年層に急速に広まっている様子が確認できた。第3回調査（2010年）では、東毛を除き、使用率が若干伸びており、群馬県内の多くの地域で18年間で緩やかに伸びていることが分かる。しかし、使用率をリードしてきた東毛では、第2回調査よりも使用率が低下している。

　ミタクにおいても、今まで見てきたチガカッタ、チガクナッタ、

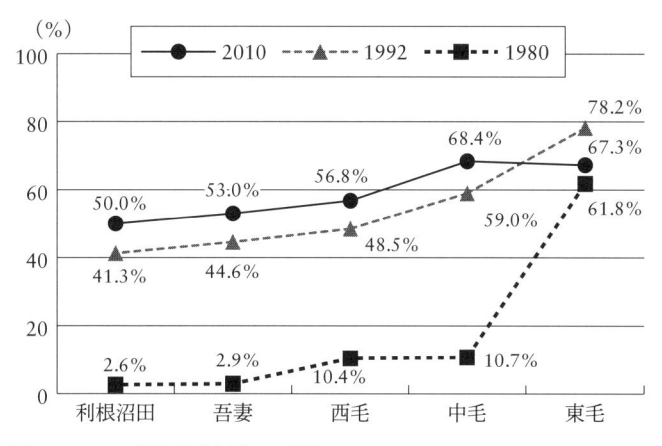

図7　ミタク（男子高校生）の変化

ハインナ同様に、東京に近い東毛、中毛から群馬県全域に広まっていった様子がうかがえる。ただし、ミタクは、第3回調査（2010年）で使用率を下げている点が今までの3表現とは異なる点である。この理由は不明であるが、第3回調査（2010年）の女子の使用率を参照すると、77.1％を示しており、第2回調査（1992年）の男子とほぼ同程度となる。男子、女子ともに高校生の使用率の値が70％前後を示していることから、少なくとも東毛においてミタクが衰えているとは考えにくい。

3.3.5　ソンデ

図8は、ソンデの3回の調査の使用率を地域ごとに表したグラフである。第1回調査（1980年）の使用率は、西毛、中毛、吾妻で50％以上、利根沼田、東毛はそれに比べてやや低い。第2回調査（1992年）になると、使用は全域に広がり、使用率もすべての地域で60〜70％に伸びている。使用の低かった利根沼田と東毛は使用率の伸びが著しい。第3回調査（2010年）になると、群馬県全域でさらに使用率が伸びている。ハインナ同様に、群馬方言の音韻上の特徴である撥音化が盛んに行われることが影響していると考えられる。

ソンデは、これまで見てきた東毛、中毛が先行で群馬県全域に広

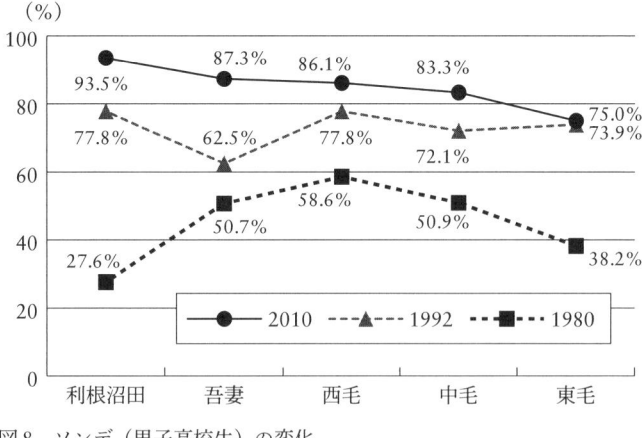

```
(%)
100
      93.5%       87.3%    86.1%    83.3%
 80          77.8%       77.8%              75.0%
                  62.5%          72.1%    73.9%
 60                      58.6%
         50.7%                  50.9%
 40                                       38.2%
         27.6%
 20
          ─●─ 2010  ─▲─ 1992  ─■─ 1980
  0
        利根沼田  吾妻    西毛    中毛    東毛
```

図8　ソンデ（男子高校生）の変化

がるパターンとは異なり、西毛が群馬県全域への広がりをリードしているように見られる。東京型新方言が群馬県に広がるパターンがあるとすれば、東毛先行パターンと西毛先行パターンがあることになる。東毛先行パターンは、東毛と東京とを直接つなぐ東武鉄道を伝って東毛の館林市、太田市、桐生市などに広がりそこから中毛へというパターンが推測される。西毛先行パターンは、西毛と東京とをつなぐJR高崎線・上越線や上越新幹線を伝って西毛の高崎市、藤岡市などに広がりそこから中毛へというパターンが推測される。利根沼田での使用率が高いことは、JR高崎線・上越線や上越新幹線が西毛から次に直接、利根沼田に乗り入れていることと関係があるためと考えられる。

3.3.6　シンネー

図9は、シンネーの3回の調査の使用率を地域ごとに表したグラフである。第1回調査（1980年）の使用率は、東京に近い東毛で50％程度、他の地域は20％前後である。東毛での使用は第1回調査（1980年）より以前に使用が始まっていたことが予想される。第2回調査（1992年）になると、使用は全域に広がり、使用率も急速に伸びている。使用の早かった東毛の使用率は依然として高いが、他の地域も12年間で20〜30％使用率を伸ばしている。第3

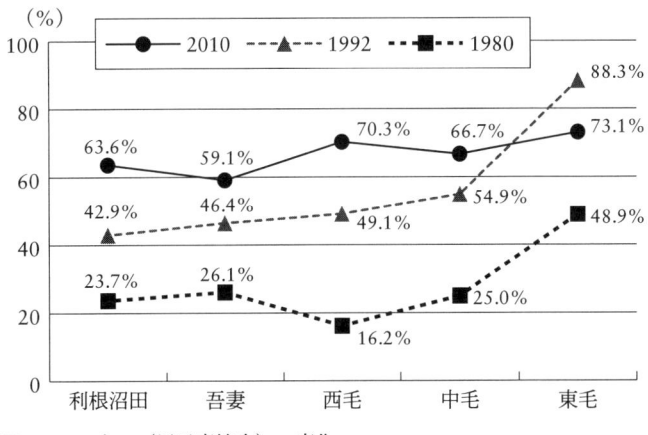

(%)
100 ―●― 2010 ‥‥▲‥‥ 1992 ‥‥■‥‥ 1980

88.3%
80
 73.1%
 70.3%
 63.6% 66.7%
60 59.1%
 54.9%
 46.4% 49.1% 48.9%
40 42.9%

26.1% 25.0%
23.7%
20 16.2%

0
利根沼田　吾妻　西毛　中毛　東毛

図9　シンネー（男子高校生）の変化

回調査（2010年）には、東毛を除いて使用率はさらに伸びている。シンネーも、ハインナやソンデ同様に、群馬方言の音韻上の特徴である撥音化が盛んに行われることが影響していると考えられる。

シンネーは、東毛から使用が始まり群馬県全域に広がり続けている点、第3回調査（2010年）で使用の始まりの地域と考えられる東毛においてなぜか使用率が第2回調査（1992年）を下回る点が、ミタク（図7）に酷似している。

3.3.7　コレッキャ

図10は、コレッキャの3回の調査の使用率を地域ごとに表したグラフである。第1回調査（1980年）の使用率は、利根沼田、吾妻で40〜30％程度と高く、東に向かうほど使用率は下がる。第2回調査（1992年）になると、使用は全域に急速に広がり、使用率もすべての地域で30〜40％に伸びている。しかし、第3回調査（2010年）になると、第1回調査（1980年）の使用率は上回っているものの、すべての地域で第2回調査（1992年）の使用率を下回り、衰退傾向がうかがえる。

コレッキャは、利根沼田や吾妻が先行して全域に広まっているが、この点は他の東京型新方言にはない特徴である。また、第2回調査（1992年）から第3回調査（2010年）にかけての18年間ですべて

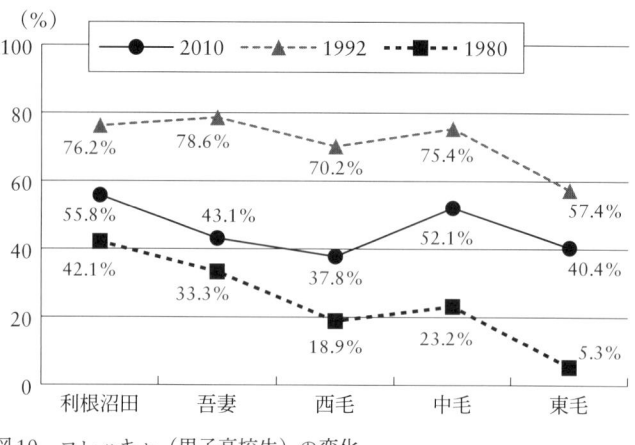

図10　コレッキャ（男子高校生）の変化

の地域で使用率を下げるという点も他の東京型新方言には見られない点である。コレッキャが利根沼田や吾妻で先行して広まった要因は、もともとこれらの地域には、疑問を表す「カイ」（終助詞「か」の口語体）の方言形式である「カヤ」があり、それがさらに転じた「キャア」（「釣れるキャア？」のように使う）という方言形式が使われていたため、他地域に比べて「キャ」という特徴的な発音に耳慣れており、より早く受け入れられたためではないかと考えられる。また、使用率の下降について見た場合、コレッキャを1980年当時東京型の新方言と考えたが、新方言ではなくコーホート語*1であった可能性が高い。

3.3.8　ケンケン

図11は、ケンケンの3回の調査の使用率を地域ごとに表したグラフである。第1回調査（1980年）の使用率は、すでに全域で高く、他地域に比べて使用率が低い西毛、中毛でも70％を超えている。1992年になると、全域で90％を超え、2010年になっても高い使用率を維持している。

ケンケンの群馬県における広がり方については、若年層世代の3回の調査結果からは判断できない。しかし、第1回調査（1980年）と第2回調査（1992年）の男性保護者世代の結果（表13）が（女

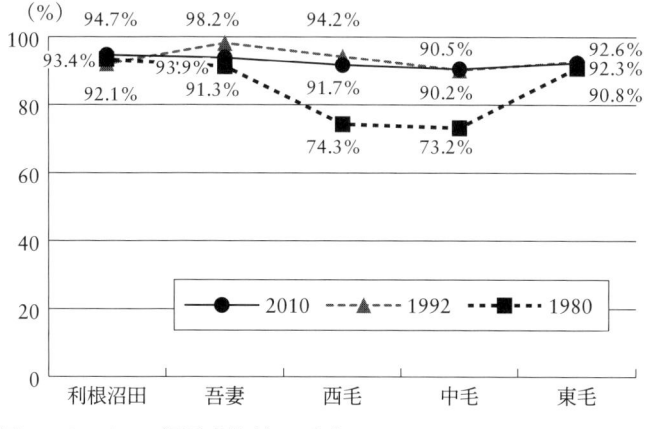

図11 ケンケン（男子高校生）の変化

性保護者世代はすべての地域で80％を超えており地域差がない）参考になる。表13からは、利根沼田あるいは東毛が先行し、中毛から群馬県全域へと広がったという広がり方が推測されるが、これ以上は他の資料にあたる必要がある。いずれにしても、30年前から現在まで広い世代で使用されていることが分かった。

表13 ケンケン保護者世代（1980・1992年）の使用率

	利根沼田	吾妻	西毛	中毛	東毛
第1回調査（1980年）保護者全体	61.1 %	22.0 %	26.1 %	44.3 %	45.0 %
第2回調査（1992年）男性保護者	75 %	57.1 %	55.2 %	82.8 %	66.7 %

＊第1回調査（1980年）保護者のデータは、男女別集計がなされていないため保護者全体の値である。

3.3.9 センヒキ

図12は、センヒキの3回の調査の使用率を地域ごとに表したグラフである。第1回調査（1980年）の使用率は、すでに全域で80％を超えており高い。第2回調査（1992年）になると、さらに使用率を伸ばし、全域で100％に近い。第3回調査（2010年）になると、依然として高い使用率を維持しているものの、第2回調査

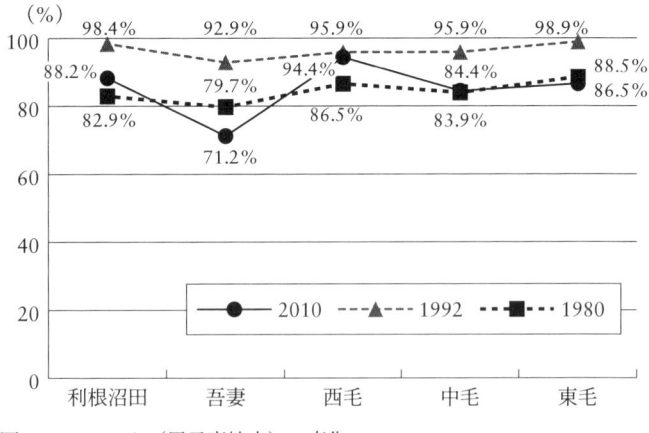

図12 センヒキ（男子高校生）の変化

（1992年）時よりもすべての地域で使用率を下げ、その下がり幅に差があったため、第3回調査（2010年）の結果として地域差が生じた。吾妻が最も使用率が低く80％を下回る。

　センヒキの群馬県における動態は、第1回調査（1980年）から第2回調査（1992年）にかけて使用率が増加するものの、第2回調査（1992年）から第3回調査にかけては使用率が低下するというもので、使用が伸び続けるとする新方言の理論には一致しない結果となった。使用率は現在でもほとんどの地域で80％を超えているものの、第2回調査（1992年）当時の高校生世代に比較し使用率が低下していることを見れば、コーホート語とも考えられる。また、センヒキの群馬県への広まり方は、若年層世代の3回の調査結果からは判断できず、また、第1回調査（1980年）の保護者世代の結果からでも各地域で50％前後と、世代別の地域での使用率からは推測ができない。なお、センヒキについては、女子の使用率も考察に加え、別の視点で第4部4章で述べる。

3.3.10　ペケ

　図13は、ペケの3回の調査の使用率を地域ごとに表したグラフである。第1回調査（1980年）の使用率は、東毛で81.7％と突出して高く、吾妻、西毛、中毛が30〜40％程度、利根吾妻が10％

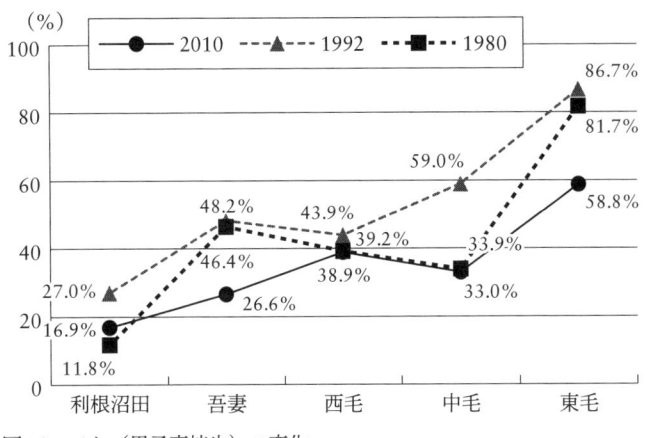

図13 ペケ（男子高校生）の変化

程度と低い。第2回調査（1992年）になると第1回調査（1980年）の値をすべての地域で上回り、東毛が先行する形で群馬県全域での使用を伸ばしている様子がうかがえた。しかし、第3回調査（2010年）になると、すべての地域で第2回調査（1992年）の値から大幅に下げ、第1回調査（1980年）の値と同程度、あるいは下回るほど使用率を下げた。ただし、依然として東毛では使用率は高い。

　ペケの群馬県における動態は、東毛が先行して、第1回調査（1980年）から第2回調査（1992年）にかけて使用率が増加するものの、第2回調査（1992年）から第3回調査にかけては使用率が低下するというものである。この動態は、使用が伸び続けるとする新方言の理論には一致しない結果となった。この背景には、二つの要因が考えられる。一つは、共通語「ビリ」の普及である。表14は、第1回調査（1980年）と第3回調査（2010年）の男子高校生のビリの使用率を示したものであるが、すべての地域で使用率

表14　ビリの男子高校生使用率（1980・2010年）

男子高校生使用率	利根沼田	吾妻	西毛	中毛	東毛
第1回調査（1980年）	76.3 %	88.4 %	80.6 %	75.9 %	84.0 %
第3回調査（2010年）	96.2 %	96.9 %	100.0 %	96.9 %	94.0 %

を伸ばしている。群馬県全域での使用率も96.6％と圧倒的に普及しており、群馬県全域で共通語化が進行していることが分かる。

　もう一つは、バラエティーの一つとしての吸収である。もともと群馬県の各地域には、ビッケ（表15）、ゲッピ（表16）、ゲビ（表17）など、様々な形式がバラエティーとして存在し、共存し続けていた。そのため、東毛で優勢なペケが各地域に新形式として侵入して行ったときも、バラエティーの一つとしては受け入れられその新鮮さからある程度使用率を伸ばしたものの、その後その新形式（ペケ）に統一するという動きにまでは至らず、バラエティーの一つとして吸収されてしまったために、その後の使用率は伸びなかったと考えられるのである。言い方を変えれば、ペケには、従来のバラエティーを消滅させるだけの言語的な威光がなかったということである。

表15　ビッケの男子高校生使用率（1980・2010年）

男子高校生使用率	利根沼田	吾妻	西毛	中毛	東毛
第1回調査（1980年）	34.2％	26.1％	41.9％	46.4％	12.2％
第3回調査（2010年）	16.7％	10.9％	28.6％	29.8％	15.7％

表16　ゲッピの男子高校生使用率（1980・2010年）

男子高校生使用率	利根沼田	吾妻	西毛	中毛	東毛
第1回調査（1980年）	6.5％	4.3％	59.4％	50.9％	6.1％
第3回調査（2010年）	3.9％	1.6％	38.9％	17.2％	2.0％

表17　ゲビの男子高校生使用率（1980・2010年）

男子高校生使用率	利根沼田	吾妻	西毛	中毛	東毛
第1回調査（1980年）	5.2％	5.8％	17.6％	50.0％	3.8％
第3回調査（2010年）	11.7％	7.8％	28.6％	51.6％	7.8％

3.4　東京型新方言のまとめ

　以上、第1回調査において群馬県の新方言であるとした表現のうち第2回調査（1992年）までの12年間で東京でも新方言の傾向を

示す表現を東京型新方言として、10 表現の 30 年間の動態を見てきた。これら 10 表現の使用率の動態を次の二つの視点からまとめることとする。

(1) 使用率は 30 年間伸び続けたか
(2) 先行地域がどこか

　まず、使用率が伸び続けなかったコレッキャ、センヒキ、ペケは、第 1 回調査（1980 年）から第 2 回調査（1992 年）の 12 年間では使用率を伸ばしたが、第 2 回調査（1992 年）から第 3 回調査（2010 年）の 18 年間では使用率を下げたため、1980 年から 30 年を経過した時点で新方言とは認定できない。コレッキャとセンヒキはコーホート語の可能性が高く、ペケは最後尾を表す方言形式のバラエティーの一つとなったと言えよう。
　次に、使用が伸び続けたと判断された表現は、1980 年から 30 年後においても定義に一致し、新方言と判断してよい。チガカッタ、チガクナッタ、ハインナは、全域で使用率が伸び続け、東毛が先行した表現である。ソンデは、全域で使用率が伸び続け、西毛が先行した表現である。
　なお、使用が伸び続けたと判断された表現には、第 2 回調査（1992 年）から第 3 回調査（2010 年）の 18 年間において一部地域で使用率を下げたものもある。これらは下げ幅がごくわずかで誤差

表18　30 年間の使用率の動態で分類した東京型新方言

(1) \ (2)	広まり始めた地域		
	東毛	東毛以外	不明
使用率が伸び続けた　全域で	チガカッタ チガクナッタ ハインナ	ソンデ	
使用率が伸び続けた　一部を除き	ミタク シンネー		ケンケン
使用率が伸び続けなかった	ペケ	コレッキャ	センヒキ

第 1 章　東京型新方言と地方型新方言の 30 年間の動態　　91

程度のものであったり、使用率が下がった地域が 1 地域であったりと、1980 年から 30 年後においても相対的に勢力を伸ばすか維持しているものと判断され、新方言と認定してよい。ケンケンは、東毛あるいは利根沼田が先行して全域で使用を伸ばした新方言である。第 2 回調査（1992 年）の段階で、すでに全域で 100 ％近い使用率を示し第 3 回調査（2010 年）においても使用率は誤差程度の上下で、高使用率を維持している。ミタクとシンネーは、使用率が伸び続け、東毛が先行した表現である。第 2 回調査（1992 年）後、一部（東毛）で使用率の低下が見られたが、相対的には勢力を維持していると見てよい。以上を表に整理したものが表 18 である。

　第 1 回調査（1980 年）において新方言と判断し、東京における 12 年間の使用率の動向から東京型の新方言とした表現について、30 年間というタイムスパンで判断しなおして見ると、新方言であり続けるものとそうではないもの（例えばコーホート語）とに分かれることが分かった。そして、30 年間で新方言であり続けた表現は、まずその多くは東毛から使用が始まり、やがて中毛、西毛へ使用が広がっていく様子が確認できた。また、広まりの初め（第 1 回調査～第 2 回調査）には、群馬県全域に急速に広がり、その後（第 2 回調査～第 3 回調査では）、さらに広まり続けるものもあれば、高い使用率で安定することもあるということが確認できた。

　以上、群馬における若年層での約 30 年間の使用率の変化の様相から、1992 年当時東京型新方言と判断した表現について、若年層に使用され続けある程度以上に広まること、その広まり方ははじめは急速であること、一旦広まった後の使用率の動きは多様であると指摘することができる。

4. 地方型新方言の 30 年

4.1　地方型新方言

　ここでは、関東圏内にあり方言的特色の薄い群馬県という地方において、共通語とは異なる若い世代の独自のことばの動向を考察する。井上（2008: 140）では、言語史上連綿と続いてきた変化を

「統合」と「分岐」と分け、「統合は共通語化・標準語化（または外来語・借用語）に対応し、分岐は新方言（または言語純化運動）に対応する」とする。そこで、言語史上の分岐にあたる新方言、とりわけ東京の若い世代の言葉の影響ではなく、地方独自の新方言である地方型新方言の30年後の使用状況の推移から、「分岐」に向かう変化がどのように進むのかを考察する。

ここでの地方型新方言とは、第1回調査（1980年）において群馬県の新方言と判断した表現のうち、第2回調査（1992年）までの12年間で、東京では新方言の傾向を示していないと考えられた表現である。これらの地方型の新方言には使用率の増減とその程度に語形による異なりが見られた。また、地方型の新方言の使用域は、群馬県をさらに細かく区分した方言区画内を中心としたものであり、使用地域内においても若年層全成員に広まるほどではなく、ある段階で使用率の低下を示す表現もあった。

ここでは、これらの特徴が第1回調査（1980年）からの30年間にも当てはまるか否かを検討するなかで、地方型の新方言の特徴をより明確にすることを目的とする。そこで、まず、地方型新方言の30年間の使用率の動きを観察する。次に、各表現の約30年間の5地域での使用状況の変化を概観し、グループ化を試みる。最後に、まとめとして、30年間の地方型の新方言の変容について、グループ化作業の知見から地方型の新方言の特徴を探る。

ここで扱う地方型新方言は、1980年調査の項目で、当時、群馬県で新方言の傾向を示していた表現で、井上編（1983）、井上・荻野（1984）、井上（1985b）、井上（1987）などの資料を参考に、東京における使用状況を把握した結果、東京では新方言の傾向を示していないと考えられた16表現（表19）である。

4.2 地方型新方言の使用率の変化

4.2.1 各表現の使用率とその変化

図14は、地方型の新方言16表現の3回の調査の使用率と30年間のポイント差（［1980年調査の使用率］→［2010年調査の使用率］）を表したものである。横軸には、各表現を左から右に使用率

表19　群馬県における地方型新方言

NO	地方型新方言	共通語	意味	利根沼田	吾妻	西毛	中毛	東毛
1	ゲッピ	サイゴ	最下位				○	○
2	ゲビ	サイゴ	最下位			○	○	○
3	ビッケ	サイゴ	最下位	○	○	○	○	○
4	ダイジ	ダイジョウブ	大丈夫、転んだ友達に「大丈夫？」という意味で「ダイジ？」と使う					○
5	ミチョーニ	ミタイニ	「のように、みたいに」	○	○	○		
6	ミトーニ	ミタイニ	「のように、みたいに」	○	○	○		
7	キャア	カイ	疑問の終助詞「か」＋表現を和らげる終助詞「い」	○	○	○	○	
8	ディヤ	ダイ	断定の助動詞「だ」＋表現を和らげる終助詞「い」	○	○	○		
9	デ	ゾ	強意の終助詞「ぞ」	○	○	○	○	○
10	（ポーン）ラ	（ポーン）ト	引用を表す「と」で「ボールがポーンと飛んだ」を「ポーンラ飛んだ」と使う				○	
11	（ポーン）リ	（ポーン）ト	引用を表す「と」で「ボールがポーンと飛んだ」を「ポーンリ飛んだ」と使う				○	○
12	イグンベー	イコウ	行く＋ベー（意志・勧誘）	○	○	○	○	○
13	ミンベー	ミヨウ	見る＋ベー（意志・勧誘）	○	○	○	○	○
14	ミルンベー	ミヨウ	見る＋ベー（意志・勧誘）	○	○	○	○	○
15	クルンベー	クルダロウ	来る＋ベー（推量）	○	○			
16	オモシレンベー	オモシロイダロウ	面白い＋ベー（推量）	○	○		○	○

のポイント差の少ないもの（30年間）から順にならべた。なお、使用率には「使う」、「聞く」の両方の回答を含めている。

　群馬県における若年層での30年間での使用率の変化において、

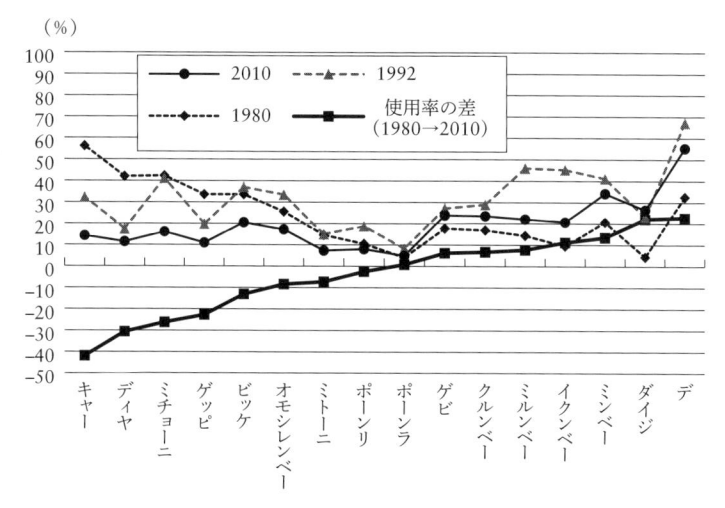

図14 地方型新方言の使用率とその変化

　地方型の新方言は、8表現に増加傾向、8表現に減少傾向が認められた。また、使用率の増減に関しても、-41.9から+22.7ポイントと様々であった。1980年から1992年までの12年間での地方型の新方言には使用率の増減とその程度に語形による異なりが見られたが、30年間のタイムスパンにおいても同様の傾向であることが分かった。
　また、30年間のポイント差（[1980年調査の使用率]→[2010年調査の使用率]）で±10ポイント以内に7表現が入っていること、使用率が増加した8表現のうち10ポイント以上増加した表現は4表現でそのうち上位2表現は22ポイント程度であることから、30年間で使用率の変動がわずかであるという傾向もうかがえる。

4.2.2　各表現の使用率の差とその変化

　図15は、地方型の新方言16表現の30年間のポイント差（[1980年調査の使用率]→[2010年調査の使用率]）に各調査間のポイント差（12年間、18年間）を加えて表したものである。横軸には、各表現を左から右に使用率のポイント差の少ないもの（30年間）から順にならべた。

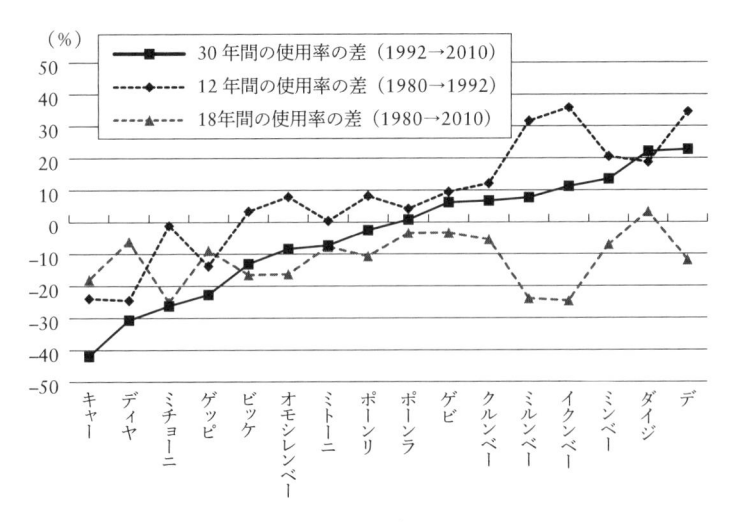

図15 地方型新方言の使用率の差とその変化

　ほとんどの表現で1980年から1992年までの12年間の折れ線が1992年から2010年までの18年間の折れ線を上回って描かれ、しかも2010年までの18年間の折れ線は、ダイジを除きマイナス域にポイントされている。これは、多くの地方型の新方言が、1980年からの12年間では使用率が伸びたものの、その後の18年間では使用率を減少させたことを示している。

4.3　各表現の30年間の5地域における使用状況の変化による分類

4.3.1　地方型新方言の分類

　各表現の30年間の5地域での使用状況とその変化を概観し、分類（グループ化）を試みる。便宜上、A〜Dの記号を付け、4グループ（表20）とする。

　Aグループは、第1回調査（1980年）から第2回調査（1992年）までの12年間で使用率を伸ばし、その後の第3回調査（2010年）までの18年間でも使用率を伸ばすあるいは維持している表現である。

Bグループは、第1回調査（1980年）から第2回調査（1992年）までの12年間で使用率を伸ばしたが、その後の第3回調査（2010年）までの18年間では使用率をやや下げ、第3回調査（2010年）の段階では新方言とは言えないものの、使用率を維持して現在も使用され続けている表現である。

　Cグループは、第1回調査（1980年）から第2回調査（1992年）までの12年間で使用率を伸ばしたが、その後の第3回調査（2010年）までの18年間では使用率を下げ、30年間で見た場合は使用率が下がってしまった表現で、今後は衰退が予想される表現である。

　Dグループは、第1回調査（1980年）から第2回調査（1992年）までの12年間でもその後の第3回調査（2010年）までの18年間でも使用率を下げた表現で、衰退していると考えられる表現である。

表20　使用率の変動をもとにした地方型新方言の分類

		第1回調査 （1980年） ↓ 第2回調査 （1992年）	第2回調査 （1992年） ↓ 第3回調査 （2010年）	第1回調査 （1980年） ↓ 第3回調査 （2010年）
グループ	A	上昇	上昇	上昇
	B	上昇	下降	上昇
	C	上昇	下降	下降
	D	下降	下降	下降

4.3.2　Aグループ（使用率を伸ばし続ける地方型新方言）

　第1回調査（1980年）から第2回調査（1992年）までの12年間で使用率を伸ばし、その後の第3回調査（2010年）までの18年間でも使用率を伸ばすあるいは維持している表現は、地方の若い世代で使用率を伸ばし続けている新方言であり、現在も活力のある地方型の新方言と考えられる。このグループには、ダイジ（図16）がある。

　ダイジは、大丈夫の意で、転んでしまった友人に「大丈夫か？」

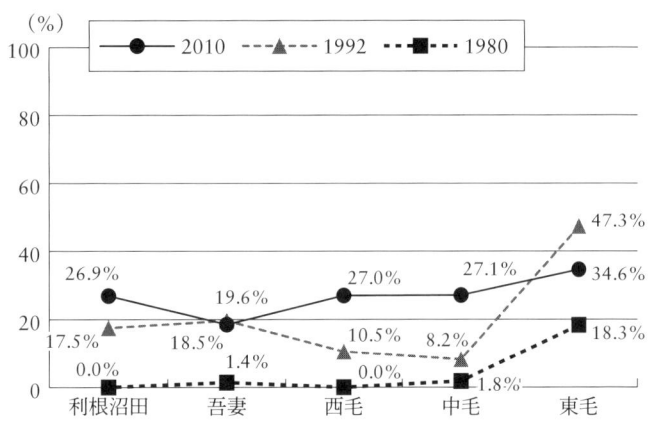

図16 ダイジ（男子高校生）の変化

と問いかけるときなどに「ダイジか？」と言う。東に隣接する栃木県では若者も盛んに使用する。大学生になってから他県の若者との交流する中で、初めてダイジが方言であったと気づく栃木県出身者も多い。栃木県の気づかない方言である。

　群馬県で最も栃木県に近く、両毛地域として栃木県と一つの生活圏を形成する東毛に、第1回調査（1980年）当時の高校生世代にこのダイジが伝播し、その後もじわじわと若い世代に広まっていると考えられる。第3回調査（2010年）調査の結果を見る限りでは、東毛から中毛、西毛あるいは群馬全域への伝播が現在も進行中のように読み取れる。ただし、群馬県にとっては発信元である東毛では使用率は第2回調査（1992年）より減少しており、今後も使用者が急激に増えるとは考えにくい。第1回調査結果を見ると30年前には東毛以外では使用率がほとんど認められなかったことが読みとれるが、東毛から侵入したダイジは、じわじわと極めてゆっくり群馬県全域にその使用を広げていったと考えられる。

4.3.3　Bグループ（使用され続けている地方型新方言）

　第1回調査（1980年）から第2回調査（1992年）までの12年間で使用率を伸ばしたが、その後の第3回調査（2010年）までの18年間では使用率をやや下げ、第3回調査（2010年）の段階では

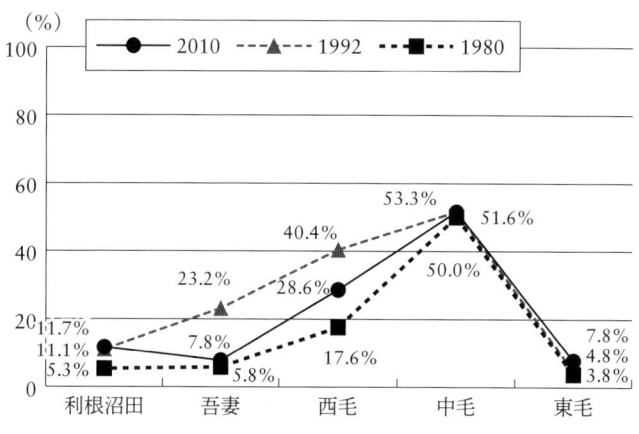

(%)
100 ―●― 2010 ----▲---- 1992 ……■…… 1980
80
60
          53.3%
        40.4%   51.6%
40   23.2% 28.6% 50.0%
20 11.7%   17.6%   7.8%
  11.1% 7.8%   4.8%
   5.3% 5.8%   3.8%
 0
   利根沼田 吾妻 西毛 中毛 東毛

図17 ゲビ（男子高校生）の変化

　新方言とは言えないもの、使用率を維持して現在も使用され続けている表現がある。このグループには、ゲビ（図17）、デ（図18）、ミンベー、イクンベー、ミルンベー、クルンベーがある。（ミンベー、イクンベー、ミルンベー、クルンベーの新方言ンベーについては、本章では触れず、第3部で詳しく述べる。）

　ゲビは、徒競争などで最後の者を指す言葉で、「僕のクラスはリレーでゲビだった」のように使う。第1回調査（1980年）時にすでに中毛で50％の使用率があり、1980年以前に中毛の若い世代で使用され始めていたと考えられる。その後の約30年間でも使用率を維持している。第2回調査（1992年）には西毛や吾妻に伝播がうかがわれたが、第3回調査（2010年）では使用率を下げていることから、中毛の若年層に定着して使われている表現と言えよう。

　前掲のペケで述べた通り、群馬県内では「ビリ」という共通語形が普及する一方、様々な方言形式が存在する。中毛においては、そのバラエティの中で有力な形式がゲビであり、第2回調査（1992年）ごろには勢力を拡大する様相を見せたものの、その動きは広まらず、有力形式であり続けているということである。

　デ（図18）は、終助詞の「ぞ」にあたる言葉で、「そんな事をするとしかられるデ」のように使う。第1回調査（1980年）時にすでに群馬県全域で使用されており、利根沼田で50％近い使用率が

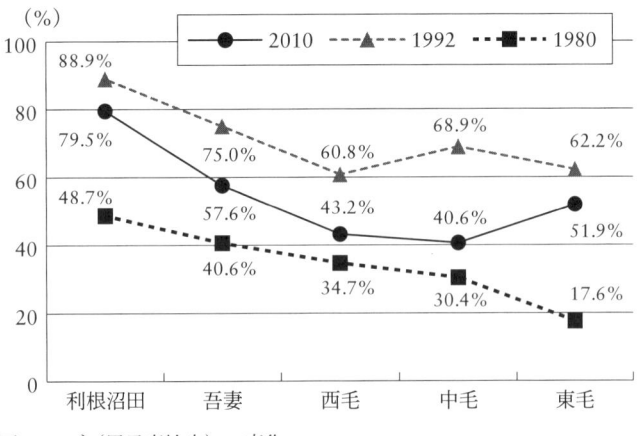

図18 デ（男子高校生）の変化

あり東に向かうほど使用率は低かった。第2回調査（1992年）ではすべての地域で使用率を急激に伸ばし、12年間で急激な普及の様子がうかがわれ、依然として地方型の新方言であると考えられた。第3回調査（2010年）では、すべての地域で第1回調査（1980年）の値を上回るものの第2回調査（1992年）の使用率を下回った。第3回調査（2010年）の時点では新方言とは言えないが、デは利根沼田や吾妻など、群馬県の北部を中心に依然として使用率は高い。

4.3.4　Cグループ（衰退が予想される地方型新方言）

第1回調査（1980年）から第2回調査（1992年）までの12年間で使用率を伸ばしたが、その後の第3回調査（2010年）までの18年間では使用率を下げ、30年間で見た場合は使用率が下がってしまった表現で、今後は衰退が予想される表現である。第3回調査（2010年）の段階では新方言とは呼びがたい。このグループには、ポーンリ（図20）、ビッケ（図21）、ポーンラ、ミチョーニ、ミトーニ、オモシレンベーがある。ここではポーンリ、ポーンラ、ビッケについて述べる。ミチョーニとミトーニについては次章で詳しく検討し、オモシレンベーの新方言ンベーについては、本章では触れず、第3部で詳しく述べる。

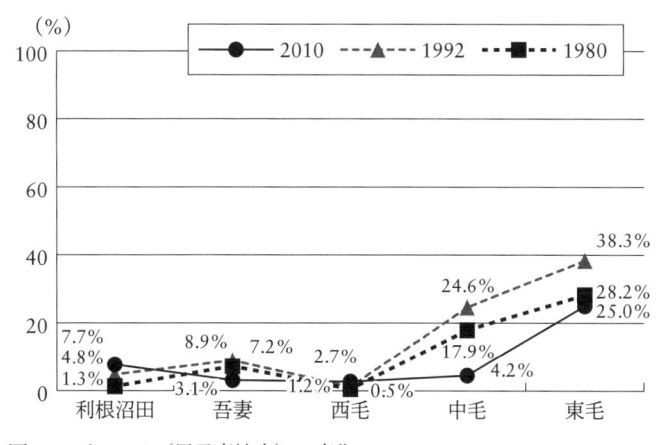

図19 ポーンリ（男子高校生）の変化

　ポーンリ（図19）は、引用の「と」にあたる言葉で、「ボールがポーンと飛んできた」という場合、「ポーンリ飛んできた」のように使う。第1回調査（1980年）時に東毛で28.2％使用されており、12年後の第2回調査（1992年）には使用率を10ポイント伸ばした。また、隣接する中毛でも使用率の伸びが認められたことから第2回調査（1992年）時においても地方型の新方言と考えられた。しかし、その18年後の第3回調査（2010年）では第1回調査（1980年）時よりも使用率を下げていることから、すでに新方言と

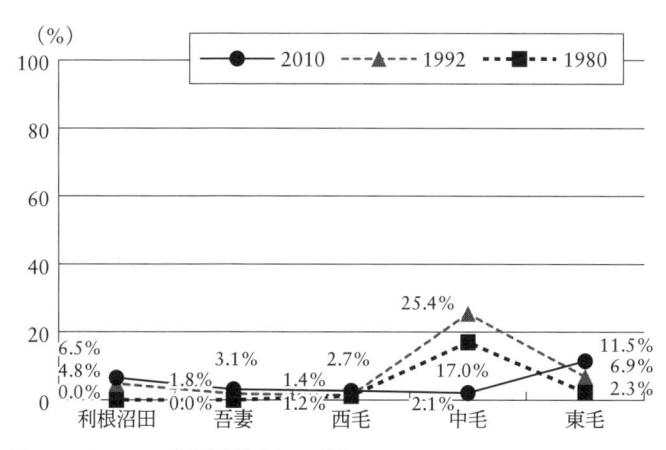

図20 ポーンラ（男子高校生）の変化

第1章　東京型新方言と地方型新方言の30年間の動態　101

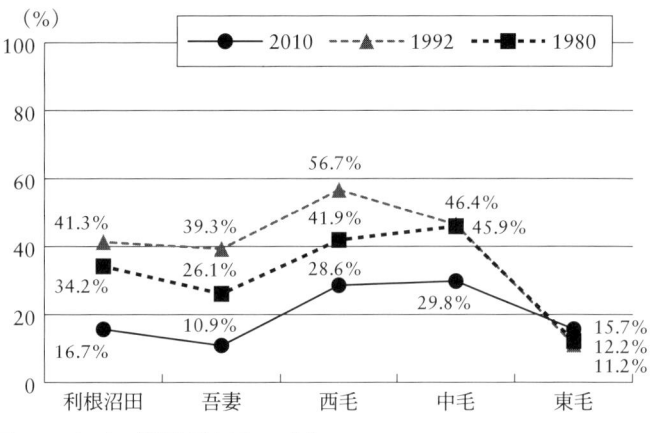

図21 ビッケ（男子高校生）の変化

は言えない。第2回調査（1992年）時に伝播がうかがわれた中毛でもほとんど使用が認められない。第3回調査（2010年）の時点では衰退が予想される。

　ポーンラ（図20）もポーンリと同様の使われ方で、第1回調査（1980年）から第2回調査（1992年）にかけて中毛での広がりがうかがわれ、地方型の新方言と考えられた。しかし、ポーンリ同様、第3回調査（2010年）の結果では中毛をはじめにほかの地域においても使用率は極めて低く、この時点で新方言ではなく、衰退が予想される表現と判断される。

　ビッケ（図21）は、ゲビ（図17）と同じ意味で使われる。ゲビは中毛において現在でも依然として勢力を持つ方言形式であった。ビッケは、第1回調査（1980年）から第2回調査（1992年）にかけて、東毛を除く群馬県の広い地域で使用を伸ばしており、地方型の新方言であり続けていると考えられた。しかし、第3回調査（2010年）では第1回調査（1980年）時の値さえも下回るほど大きく使用率を下げている。新方言とは呼べず、今後は衰退が予想される表現である。

4.3.5　Dグループ（衰退している表現）

　第1回調査（1980年）から第2回調査（1992年）までの12年

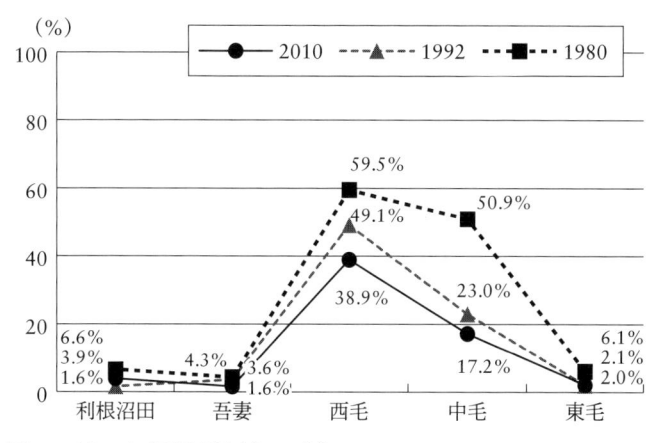

図22　ゲッピ（男子高校生）の変化

間でもその後の第3回調査（2010年）までの18年間でも使用率を下げた表現で、衰退していると考えられる表現である。現段階では新方言とは呼べない。このグループには、ゲッピ（図22）、キャア（図23）、ディヤ（図24）がある。

　ゲッピは、ゲビ（図17）、ビッケ（図21）と同じ意味で使われる。第1回調査（1980年）当時、西毛、中毛で50％以上の使用率があり、特に西毛で有力であった。西毛、中毛の地方型の新方言と判断した。第2回調査（1992年）では、中毛で大幅に使用率を下げたものの西毛での使用率の低下がわずかであると判断し、西毛では依然として地方型の新方言であると考えた。第3回調査（2010年）では、勢力の中心となる西毛では依然として40％近い使用率を示すものの、中毛、西毛ともに第2回調査（1992年）の使用率をさらに下げ、第1回調査（1980年）から続く緩やかな衰退を示した。30年間のタイムスパンで眺めた時、第2回調査（1992年）時点ですでに新方言ではなかったことが判明したことになる。1980年代に西毛や中毛で使用されたゲッピは、30年間の期間で次第に、その使用地域を西毛に絞り込む形で残る最下位を表す一つの方言形式となったことになる。この勢力の衰えは、ビリの共通語化の影響によるところが大きいと考えられる。

　キャア（図23）は、疑問を表す「かい」（終助詞「か」の口語

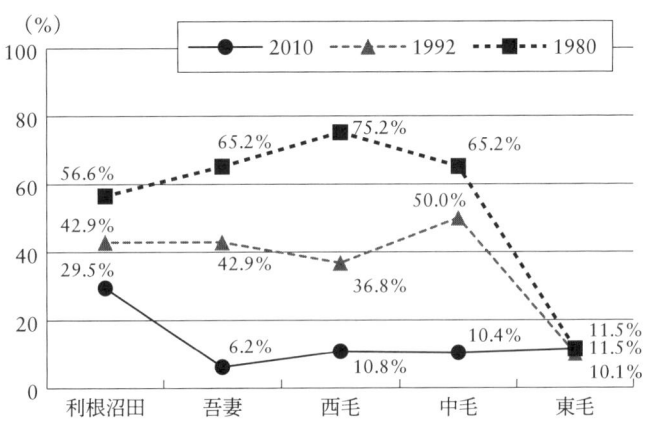

```
(%)
100                ─●─ 2010  ‑‑▲‑‑ 1992  ‑‑■‑‑ 1980
 80
                              75.2%
         56.6%       65.2%             65.2%
 60
                                  50.0%
         42.9%       42.9%
 40                          36.8%
    29.5%
 20
                                              11.5%
          6.2%              10.4%             11.5%
  0              10.8%                        10.1%
       利根沼田   吾妻    西毛    中毛    東毛
```

図23　キャア（男子高校生）の変化

　体）の群馬県における方言形式である「かや」がさらに転じた形式であり、「釣れるかい？」が「釣れるキャア？」となる。第1回調査（1980年）当時、東毛を除く群馬県の若年層で盛んに使われ地方型の新方言と判断した。第2回調査（1992年）では、使用率の低下が見られたが、50％近い使用率がある。第3回調査（2010年）では、利根沼田に使用率が30％近くあるものの、それ以外の地域で第2回調査（1992年）の使用率を大幅に下げ、第1回調査（1980年）から衰退し続けていることが分かった。30年間のタイムスパンで眺めた時、第2回調査（1992年）時点ですでに新方言ではなかったことが判明したことになる。利根沼田に残る使用も今後さらに衰退していくであろうことが予測され、群馬県における衰退は明らかである。

　ディヤ（図24）は、断定の助動詞「だ」に表現を和らげる終助詞「い」が接続した「だい」にあたる。「何だい？」と疑問を表す場合、群馬県方言では「何ダヤ？」となることから、ダヤがさらに転じた形式がディヤである。

　第1回調査（1980年）では東毛を除き、中毛を中心に群馬県の若年層において使用される傾向があり、地方型の新方言と判断した。第2回調査（1992年）では、すでに大幅な使用率の低下がみられる。第3回調査（2010年）では、さらに使用率を下げ、第1回調

（%）

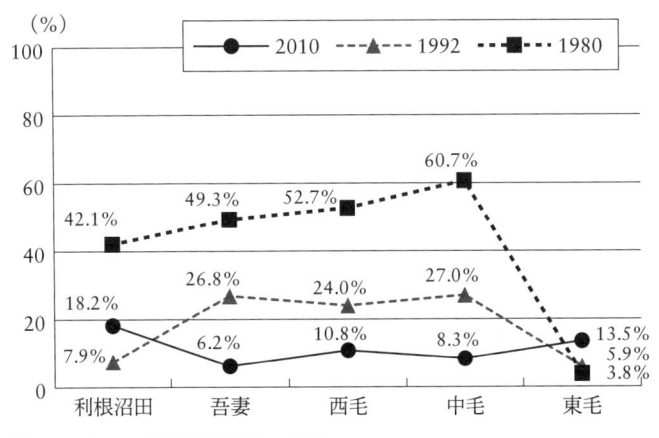

```
            2010  ----▲---- 1992  ----■---- 1980
```

	利根沼田	吾妻	西毛	中毛	東毛
1980	42.1%	49.3%	52.7%	60.7%	13.5%
1992	7.9%	26.8%	24.0%	27.0%	5.9%
2010	18.2%	6.2%	10.8%	8.3%	3.8%

図24　ディヤ（男子高校生）の変化

査（1980年）から衰退し続けていることが分かる。30年間のタイムスパンで眺めた時、第2回調査（1992年）時点ですでに新方言ではなかったことが判明したことになる。キャア同様、衰退は明らかである。

4.4　地方型新方言のまとめ

　第1回調査（1980年）当時、群馬県における若年層で地方型の新方言であると判断した表現について、約30年間の使用率の変化の様相を見てきた。東京型新方言のまとめと同様に二つの視点からまとめよう。

　まず、東京型の新方言と同様に、使用率は30年間伸び続けたかという視点からまとめると次のようになる。

(1) 地方型の新方言として、30年間、群馬県内で使用を伸ばし続ける表現があった。ダイジである。隣県である栃木県の気づかない方言が東毛から侵入し、極めて緩やかに群馬県の若年層に広まり続けていることを確認できた。

(2) 地方型の新方言の中には、その勢力を地方の方言区画内で若年層の使用を伸ばし続けないまでも（つまり、新方言ではなくなってしまってはいるが）、勢力を群馬県内の一部の

地域で維持し続ける表現があることを確認した。ゲビ、デ、（ンベー）である。
(3) 地方型新方言の中には、使用率を次第に低下させ、衰退が予想されたり衰退していくことが明らかであったりする表現がある。ポーンリ、ポーンラ、ビッケ、ミチョーニ、ミトーニ、ゲッピ、キャア、ディヤなどである。

次に、先行地域の視点であるが、使用を伸ばし続けたダイジが東毛から、伸ばし続けないまでも、勢力を維持し続けているゲビが中毛、デが利根沼田、吾妻ということで、まさに地方型は群馬県内の各地様々と言えよう。

第1回調査（1980年）において新方言と判断し、東京における12年間の使用率の動向から地方型の新方言とした表現について、30年間というタイムスパンで判断しなおして見ると、東京型新方言と同様に、新方言であり続けるものとそうではないものとがあることが分かった。30年間で新方言であり続けた表現は、1表現であったが、その広がりの様子は極めて緩やかであった。地方型新方言のように、大都市で使用されているというような威光を伴わない場合、地方において使用を広げていくには長い年月がかかるということであろう。一方、30年間で、使用率が下がってしまうものも多かった。一つの表現が地方で独自に発生し使用を広げて末永く使用され続けていくのには様々な困難が多く、多くは発生しても消滅することを繰り返しているということである。これは、地方においても新方言は数多くのものが発生していて、緩やかに広まり緩やかに消滅していることを繰り返していることを物語っているのである。

5．おわりに

第1回調査（1980年）において群馬県の新方言であるとした表現を、第2回調査（1992年）までの資料から東京において新方言であるか否かを視点に東京型と地方型とに分け、それぞれの30年間の動態を見てきた。第1回調査（1980年）当時、群馬県におい

て新方言の傾向を示していても、30年間、その傾向を維持し新方言であり続ける表現、途中で使用率は伸びなくなってしまうが勢力を維持する表現、次第に使用率を下げ勢力を弱めていく表現など、様々であった。

　東京型新方言とした表現では、30年間新方言であり続けた表現は、東毛から使用が始まるものが多く、中毛、西毛へ使用が広がっていく様子が確認できた。また、群馬県全域に急速に広がる様子が特徴的であった。最終的には、若年層において使用率が高度安定であることが共通していた。地方型新方言とした表現では、30年間新方言であり続けた表現は今回調査した中では1表現だけで、また、その表現の30年間での使用率の伸びはわずかであった。この意味において、30年間の経年調査結果は、地方において新方言が生き残ることの難しさを感じさせるものだった。

　ここに現われた東京型と地方型との差異は、両者を分ける視点、すなわち、その表現が1980年から1992年にかけての東京での若年層における新方言か否かから生じると、考えることが最も合理的であろう。隣接する首都圏の中心である東京において新方言であれば、群馬県の若年層にも急速に広まるということであり、そうではなく群馬県独自のものであれば広まるには時間がかかるということである。そのため、東京型の新方言は、東京に地理的に、また交通機関の関係から近い東毛から広まるものが必然的に多くなるのである。群馬県内においては、東毛から広まった新方言は、文化の中心・前橋を擁する中毛、交通の要所・高崎を擁する西毛を経て群馬県全域へと広まっていくのである。一方、東京での新方言という後ろ盾がなく群馬県内で独自に発生、使用を広げようとする表現は、群馬県内の一部の地域で、ある程度の勢力を維持することはあっても、勢力を伸ばし続けたり、群馬県全域に広まったりするような表現は数少なく、発生して緩やかに周囲に広まりやがて緩やかに消滅するという動きを数多く繰り返しているのである。

*1　井上（2008: 51）は、若者語の4分類として、新方言と一時的な流行語、若者世代語、コーホート語の分類について述べている。その中で、コーホート語は、若者が老いても使うが後の若者は使わない語となっている。また、「コーホート語は流行語のうち例外的に普通のことばとして長らえたもので、使用時には流行意識がある」（井上（2008: 52））とある。加えて、新方言と他の3者との違いを見るには将来の使用状況までも考えなければならないとしており、30年後の将来である第3回調査の結果から、新方言ではなくコーホート語であったとする判断もあり得る。

第2章
東京型新方言と地方型新方言の接触

1. はじめに

　本章では、群馬県における「〜のように」（比況）を表す3表現の使用状況とその推移を報告し、地方における東京型の新方言と地方型の新方言の言語接触及び東京型の新方言の地方への普及過程を観察、考察する。

　本章で検討する群馬県における比況を表す3表現は、〜ミタク、〜ミチョーニ、〜ミトーニ（以下「〜」は省略）である。ミタクは東京型の新方言であり、ミチョーニとミトーニは地方型の新方言である。約30年間で、地方型と東京型の新方言は、言語接触により使用状況にどのような変化が生じるのか、東京型の新方言は地方へ普及するのか、普及するとすれば東京型の新方言がどのように地方に普及するのか、これらの疑問を明らかにすることが本章の目的である。

　東京型の新方言とは、新方言を東京での使用が認められるか否かに着目し、東京でも地方（群馬県）でも使用が認められそれぞれで新方言の傾向を示す表現をいう。一方、東京では使用されず地方（群馬県）でのみ新方言の傾向を示す表現は地方型の新方言という（3章を参照）。新方言が東京という言語的な威光を背景に持つ場合、地方においてその使用状況は次第に勢力を拡大してくことが予想される。

2. 比況を表す3表現

2.1　ミタク

　ミタクは、形容動詞「みたいだ」の語幹「みたい」を形容詞化し

た新方言である。形容動詞「みたいだ」の語幹「みたい」を形容詞のように活用させたときの連用形である。「ミタクなる」「ミタクない」というように使われる。形容動詞の終止形から「だ」を省略する動きは単純化に向かう変化であり、語幹「みたい」を形容詞化しそれを活用させて使うという動きは、新しい一つの表現から活用することが可能な新たな形容詞を誕生させるという、品詞・活用体系を整えようとする言語変化であるととらえることができる。

　図25は、井上（1998:73）に示されている図で、1982年の全国中学校調査において中学生の保護者から得られた回答（ミタクを聞いたことがある）を日本地図に示したものである。1980年代前半の中年層で、東日本においてのミタクの使用が確認できる。井上（1998:73）では、東京でのミタクの使用について、東北から東京の下町と呼ばれる東京東部への進入と想定している。

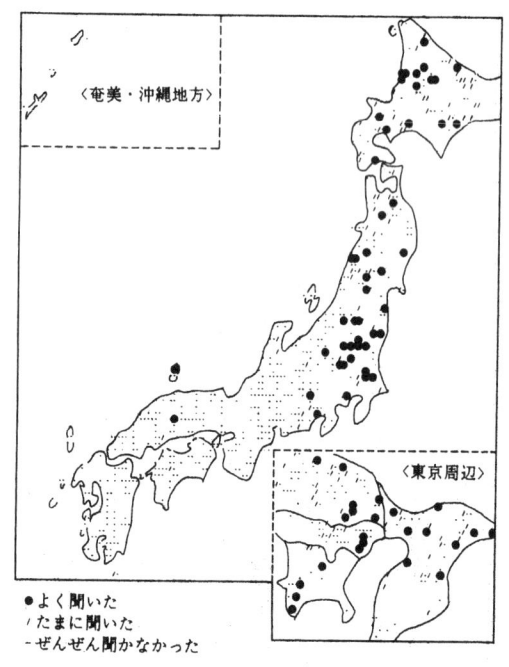

図25　1982年の全国中学校調査（井上（1998:73）より）

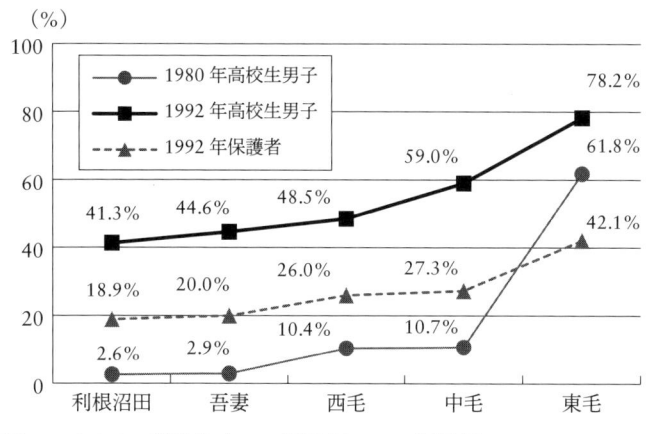

図26 ミタクの使用率（1980年調査と1992年調査）

　図26は、第1回調査（1980年）の男子高校生の使用率と第2回調査（1992年）の男子高校生とその保護者の使用率を示したものである。第1回調査（1980年）の男子高校生の使用率からは、群馬県内では東毛地域から使用が始まったことが確認できる。地理的に、また交通機関の関係から東京に近い東毛からミタクが群馬県に広がり始めたと考えられる。第2回調査（1992年）になると、保護者世代の使用率をはるかに超え、他の4地域の男子高校生へも使用が広まっている。この動きは品詞・活用体系を整えようとする言語変化、並びにことばを単純化しようとする変化が東毛から広まっているととらえることができる。第2回調査（1992年）に行った東京・新潟間の中学生調査において、ミタクは、東京においても使用が認められたことから、東京型の新方言と判断した。

2.2　ミチョーニ

　群馬県方言に関する随筆集である遠藤（2002: 211）には、「「〜の様に」や「〜みたいに」の意で「〜ミチョウ」が山間部の一部に見られるのだ」とある。また、遠藤（2007: 200）には、「ミチョウ」の用例として、「雨が降ってきたミチョウ、風が出てきたミチョウ」が採られている。
　インターネット上では、「全国方言WEBほべりぐ」（http://

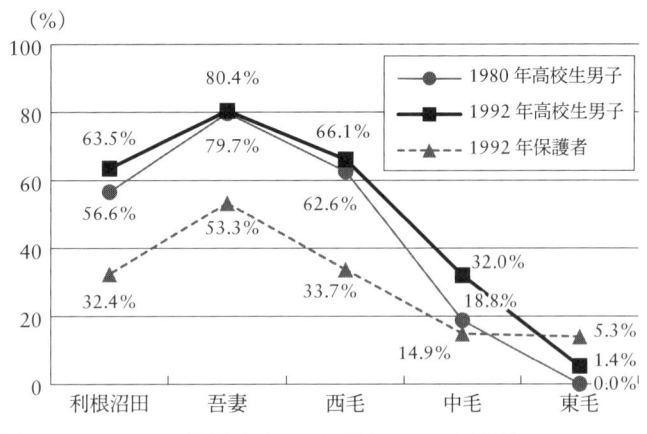

図27 ミチョーニの使用率（1980年調査と1992年調査）

hougen.atok.com/（現在はサービスを終了している））の「みちょ」に、「意味：〜のようだ、〜みたい（「みと」と同義）」「用例など：「あんた みちょォに 歌がうんまい人に 今まで会ったことが ねんよ。」」とある。また、「あがつま語☆実用会話講座」（http://www.kirara.ne.jp/kaiwa/）には、「鳥みちょうだ」という用例がある。

　図27は、第1回調査（1980年）の男子高校生の使用率と第2回調査（1992年）の男子高校生とその保護者の使用率を示したものである。利根沼田、吾妻、西毛においては、第2回調査（1992年）の保護者世代の使用率をはるかに凌ぎ、第1回調査（1980年）、第2回調査（1992年）の男子高校生ともに盛んに使用されていることが確認できる。しかも、その勢力は拡大傾向さえうかがえた。一方、東毛ではほとんど使用されていない。1992年に行った東京・新潟間の中学生調査において、ミチョーニは群馬県でのみ使用が確認され、東京では使用が認められなかったことから、地方型の新方言と判断した。

2.3　ミトーニ

　ミトーニについては、文献上の資料は少なく、インターネット上の「全国方言WEBほべりぐ」に、「みと」として「意味：様だ、

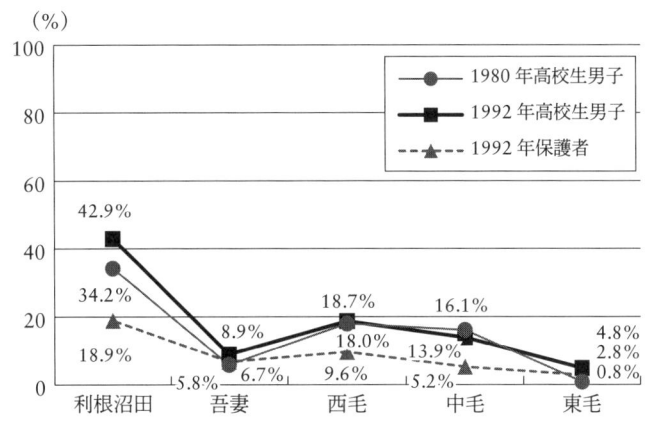

```
(%)
100
 80                    ● 1980年高校生男子
                       ■ 1992年高校生男子
 60                    ▲ 1992年保護者
      42.9%
 40
      34.2%                   18.7%  16.1%
 20           8.9%            18.0%  13.9%
      18.9%                                    4.8%
                    6.7%      9.6%   5.2%      2.8%
  0         5.8%                               0.8%
     利根沼田  吾妻    西毛    中毛    東毛
```

図28 ミトーニの使用率（1980年調査と1992年調査）

みたい」「用例など：俺みとにやってみな」とあるのみである。

　図28は、第1回調査（1980年）の男子高校生の使用率と第2回調査（1992年）の男子高校生とその保護者の使用率を示したものである。利根沼田においては、第1回調査（1980年）から第2回調査（1992年）にかけて使用率が伸び1992年の高校生保護者世代の使用率を超えていることが確認できる。1992年に行った東京・新潟間の中学生調査において、ミトーニは群馬県でのみ使用が確認され、東京では使用が認められなかったことから、地方型の新方言と判断した。特に、利根沼田の地方型新方言と考えられた。

3. 3表現の使用状況の推移

3.1　3回の調査ごとの3表現の使用率

　3回（1980年、1992年、2010年）の調査時ごとに、3表現が各地域の男子高校生の間でどの程度使用されているかを使用率のグラフで示し、その推移を見ることにする。

　図29は、第1回調査（1980年）の男子高校生の3表現の使用率である。ミタクは東毛地域でのみ使用され、ミチョーニは利根沼田、吾妻、西毛で、ミトーニは利根沼田で使用されていることが確認できる。

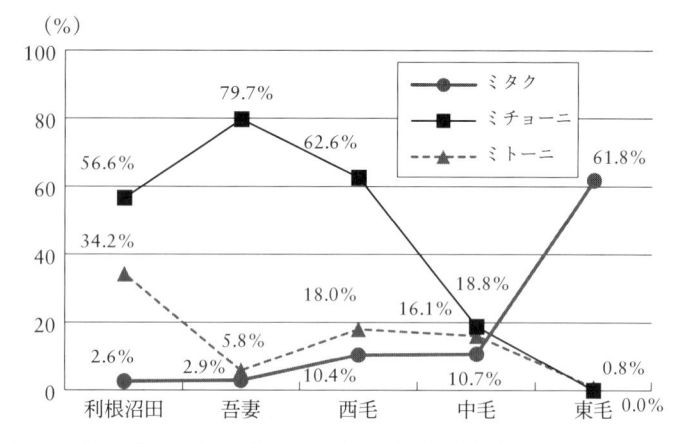

図29 第1回調査（1980年）における3表現の使用率

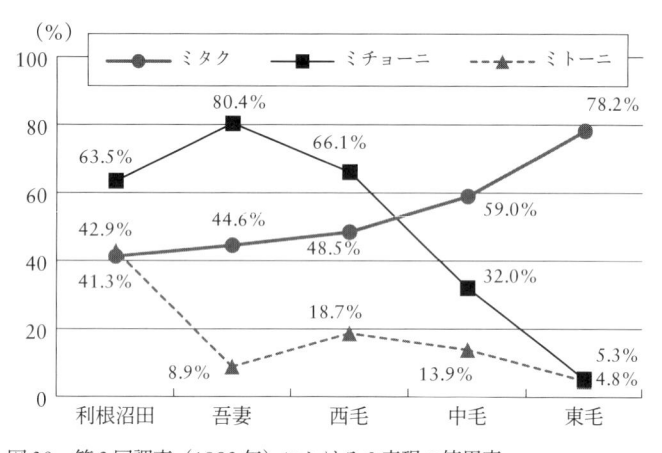

図30 第2回調査（1992年）における3表現の使用率

　図30は、第2回調査（1992年）の男子高校生の3表現の使用率である。ミタクが、東毛から中毛へ勢力を拡大し、利根沼田、吾妻、西毛へも広がる勢いを読み取ることができる。ミチョーニは、利根沼田、吾妻、西毛で依然として使用されていることが確認できる。ミトーニも利根沼田で依然として使用されている。

　図31は、第3回調査（2010年）の男子高校生の3表現の使用率である。ミタクは、東毛地域から群馬県全域で使用されるように使用地域が拡大したことが見て取れる。ミチョーニは、利根沼田、吾

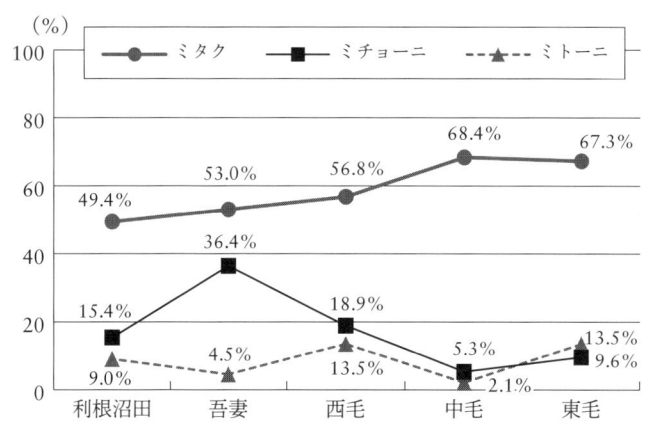

図31 第3回調査（2010年）における3表現の使用率

妻、西毛での使用から吾妻にのみに使用を残す様相で、使用地域が縮小傾向にあることが確認できる。ミトーニは利根沼田で使用されていたが消滅寸前であることがわかる。

3.2　3表現の使用状況の推移

　第1回調査（1980年）から第3回調査（2010年）までの調査結果を表に示したものが表21である。●は50％以上の使用率を示す地域、○は25％以上の使用率を示す地域である。

　ミタクは、第1回調査（1980年）から第3回調査（2010年）までの30年間で、東毛から中毛を経て全地域へと広がっていった様相が明らかである。

　ミチョーニは、第1回調査（1980年）ごろには利根沼田、吾妻、西毛で盛んに使用されていた。その12年後の第2回調査（1992年）ごろでも、ミタクが広まり始めたものの、依然としてその勢力は維持していた。しかし、ミタクが群馬全域で50％以上使用されるようになった第3回調査（2010年）には、その勢力は衰え、吾妻地域に使用を残すのみとなってしまった。

　ミトーニは、第1回調査（1980年）ごろから第2回調査（1992年）ごろにかけては利根沼田で使用が認められたが、ミチョーニ同

様、ミタクが群馬全域で50％以上使用されるようになった第3回調査（2010年）には、使用率を確認することが危ぶまれるほどにその勢力は衰えている。

　以上の3表現の使用状況の推移から、東京型の新方言と地方型の新方言の接触については、次のようにまとめられる。

> ミタクとミチョーニ・ミトーニの関係から、若年層において、東京型の新方言が各地域に進出する段階では、東京型の新方言と地方型の新方言は一時的に共存する。しかし、次第に東京型の新方言が各地域で勢力を拡大し地方の広範囲で使用されるようになると、地方型の新方言はその勢力を衰えさせていく。

表21　30年間でのミタク、ミチョーニ、ミトーニの広がり

	\multicolumn{4}{c	}{1980年調査}	\multicolumn{4}{c	}{1992年調査}	\multicolumn{4}{c	}{2010年調査}
	利根沼田	吾妻	西毛	中毛	東毛	利根沼田	吾妻	西毛	中毛	東毛	利根沼田	吾妻	西毛	中毛	東毛
ミタク						●	○	○	●	●	●	●	●	●	●
ミチョーニ	●	●	●			●	●	●	○		○				
ミトーニ		○					○								

（●は50％以上、○は25％以上、使用することを表す）

4. 東京型新方言・ミタクの普及過程

4.1　ミタクの普及過程

　30年間の群馬県における「〜ように」（比況）の3表現の使用状況の推移から、東京型の新方言ミタクの普及過程を整理する。

　図32は、第1回調査（1980年調査）、第2回調査（1992年調査）、第3回調査（2010年）の高校生のミタクの使用率を地区ごとに示したグラフである。場面は、第1回調査（1980年）が家で「よく使う言い方」、「ときどき使う言い方」、「昔使った言い方」と答えた回答数の割合で、第2回調査（1992年）及び第3回調査（2010年）が親友相手で「使う」または「聞く」と答えた回答数の

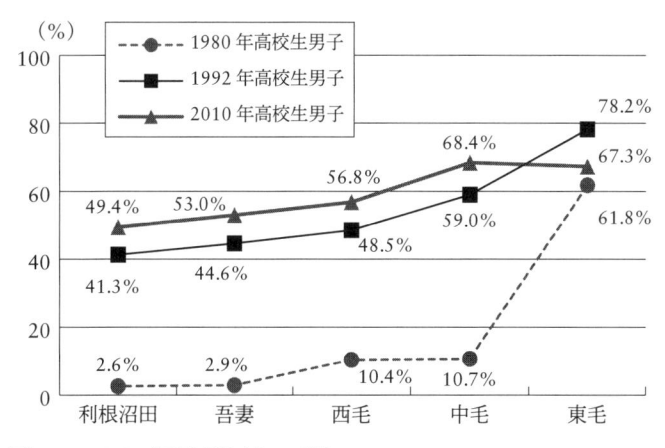

図32　ミタク（男子高校生）の変化

割合である。

　第1回調査（1980年）当時、使用率が60％を超える東毛地域を除き、群馬県内でほとんど使用が認められなかった。東武伊勢崎線で東京の東部（下町）と直結し、地理的にも東京に近い東毛は、東京型のミタクがいち早く伝播し受け入れられたと考えられた。

　第2回調査（1992年）になると、群馬県全域にミタクの使用が認められ、すべての若年層で使用される表現となったことが確認できる。東毛ではミタクがさらに勢力を伸ばし、他の4地域では、東毛に近い中毛から順に使用率が高くなっている。

　第1回調査（1980年）から30年後の第3回調査（2010年）では、すべての地域で使用率が50％を超え、5地域の地域差は目立たなくなった。東毛を除く4地域ではきれいに10％程度使用率を伸ばした。一方、東毛では使用率が第2回調査（1992年）を下回り、東毛がミタクの発信地である証拠を目立たせなくし、他の地域と足並みをそろえるような状況を呈した。

4.2　ミタクの東毛への普及

　ミタクは、群馬県内において東毛にいちはやく普及した。その要因は言語外的、言語内的にそれぞれ考えられる。
　まず、東毛でミタクを採用、普及させた言語外的要因は、東毛地

域の地理的環境及び交通環境が最も大きいと考えられる。東毛は、その南北を栃木県と埼玉県に挟まれ、さらにその東端は茨城県と接する。地理的環境として、群馬県全体から見ると東に向かって飛び出た位置にあり、群馬県というまとまりから最も離れた環境にある。つまり、東毛は西に位置する群馬県中央部からの影響を受けにくい地理的環境にあるのである。交通環境も東武伊勢崎線が東京（浅草、北千住）と直結しており、東京のことばや文化が比較的簡単に入ってくる環境にある。これら群馬県央部からの影響を受けにくい地理的環境及び東京に近い交通環境が、東毛でミタクをいち早く受け入れ普及させた言語外的要因と考えられる。

東毛でミタクを採用、普及させた言語内的要因は、文体的空白によるものが大きいと考えられる。なお、ここでの文体とは、第Ⅰ部と同様、話し言葉を「場」という観点から分類した場合の文章のスタイルのことで、改まりの高い文体を高文体、改まりが低く砕けた文体を低文体、その中間の文体を中文体とする。

利根沼田、吾妻、西毛、中毛の4地域にはミチョーニやミトーニという在来方言が存在し、低文体の言葉として使用されていたのに対し、東毛には「〜のように」にあたる低文体の表現が存在しなかった。そのため、低文体における比況表現の空白を埋める形で、東毛ではミタクを受け入れ普及させたのである。

東毛における「〜のように」という表現は、高文体で「〜のように」、中文体で「〜みたいに」である。低文体では「みたいに」を連母音融合させた「〜みてーに」があり、低文体の比況表現も一応は存在した。しかし、「〜みてーに」は低文体の中でも特に低く、ぞんざいで乱暴なニュアンスがあり、普段の会話では使用が控えら

表22　東毛地域における比況表現

	旧		新
高文体	ように	東京から	ように
中文体	みたいに	ミタクが進出	みたいに
低文体	×（みたいに）	→→→→→	**ミタク**
極めて低い文体	みてーに		みてーに

れたりためらわれたりする。また、特に女性は使いにくい。そこで、東毛では、低文体においても中文体の「～みたいに」を使用していたのである。この意味において、東毛の低文体は空白であり、この空白があったために、ミタクは東毛において急速に受け入れられたと考えられるのである。

　以上のような言語外的、言語内的要因をもって、ミタクは東毛にいちはやく普及したと考えられる。

4.3　群馬県全域への普及

　東京型の新方言ミタクは、東毛に進出後、30年間で群馬全域に伝播した。その間、地方型の新方言であるミチョーニとミトーニは、使用率を下げ使用地域を狭めていった。東京型の新方言ミタクは、群馬県全域の若年層において、地方型の新方言と交代する形で、進出していったのである。ここでは、この群馬県全域での東京型の新方言・ミタクの普及の様相を言語変化としてとらえ、「普及のＳ字カーブ」の適用を試みる。

　「普及のＳ字カーブ」とは、「普及の過程はいくつかのパターンがあるが、いずれもＳ字カーブを描き、普及率が30％を超えると急激に普及し、また、普及率が75％を超えるとそのカーブはゆるやかになる」(永瀬(2009: 289))という一定の規則性のことである。井上(2008: 114)では、現在のことばの変容を言語変化一般の中に位置づけて「普及のＳカーブ」*1 として示し、「社交ダンスのステップのようにスロー・クイック・クイック・スローと普及するというパターン」と説明している。ここでは、普及を始める1回の

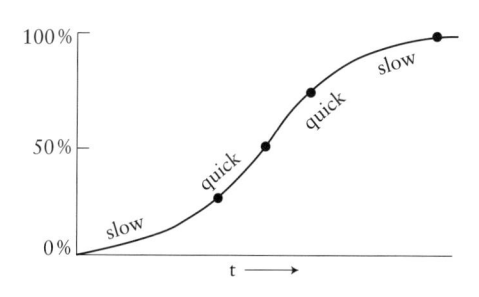

図33　普及のＳカーブ

「slow」、その後急速にひろまる「quick-quick」、最後に位置する 2 回目の「slow」がわかりやすく示されている井上（2008: 115）の「普及の S カーブと乱れ意識」の図の一部を引用、参照しつつミタクの普及を検証する。

　第 1 回調査（1980 年）時にはすでにミタクを盛んに使用していた東毛を除き、利根沼田から中毛の 4 地域では、第 1 回調査（1980 年）から第 2 回調査（1992 年）にかけて急激にミタクが進出した。第 2 回調査（1992 年）当時、この 12 年間は普及の S カーブにおける 1 回目の「quick」にあたるであろうと推測される。東毛における第 1 回調査（1980 年）から第 2 回調査（1992 年）の状況から、第 2 回調査（1992 年）以降に 2 回目の「quick」が訪れるであろうと考えられたからである。しかし、第 3 回調査（2010 年）を加えると、結果的にはこの 12 年間は「quick-quick」であったと判断される。そうすると、第 2 回調査（1992 年）から第 3 回調査（2010 年）の 18 年間は、東毛における第 2 回調査（1992 年）から第 3 回調査（2010 年）の使用状況の低下から推測して、普及の S カーブの終盤の「slow」の時期にあたるものと解釈すれば、東京型の新方言ミタクの群馬県への普及には、普及の S カーブの適用が可能であると考えられる。

　しかし、仮にこの解釈が正しいとすれば、ミタクの「普及の S 字カーブ」は、その縦軸については 70 ％から 80 ％程度の使用率が最大値ということになり、「普及率が 75 ％を超えるとそのカーブはゆるやかになる」（永瀬（2009: 289））とは、差が生じることになる。これについては、今後のさらなる経年調査の結果を待たなければならない。

　以上、東京型の新方言ミタクと地方型の新方言ミチョーニ、ミトーニとの交代を言語変化ととらえ、「普及の S 字カーブ」の適応を試みた。終盤の「slow」の期間及び最大値の問題については、今後の調査を待たなければならないが、「普及の S 字カーブ」適応の可能性があるという見通しは立つ。

5. まとめ

本章では、群馬県における比況を表す3表現の言語接触について、若年層における30年間の様相を報告した。東京型の新方言ミタクは、東京から侵入し、第1回調査（1980年）では、低文体が存在せず伝播元の東京にも近い東毛ですでに盛んに使用されていた。その後、東毛を発信元に12年間で群馬県全域に急速に広まり、地方型の新方言ミチョーニやミトーニと交代していった。さらに、第3回調査（2010年）までの18年間も緩やかに進んでいることを確認した。

今回の事例から、東京型の新方言と地方型の新方言の言語接触について、次の2点を指摘することができる。

- 東京型の新方言が各地域に進出する段階では、東京型の新方言と地方型の新方言は一時的に共存すること
- 次第に東京型の新方言が各地域で勢力を拡大し地方の広範囲で使用されるようになると交代が起こり、地方型の新方言はその勢力を衰えさせていくこと

また、東京型の新方言ミタクの群馬県への普及の様相から、次の2点を指摘できる。

- 東京型の新方言が地方における文体的空白を埋める表現であった場合、急速に普及する
- 地方への東京型の新方言の普及については「普及のS字カーブ」適応の可能性がある

---

*1　井上（2008: 114）の「普及のSカーブ」と「普及のS字カーブ」とは同義である。本書では、井上（2008: 115）の図を用いて説明する箇所では「普及のSカーブ」を用い、それ以外の箇所では「普及のS字カーブ」を用いる。

第3章
東京型新方言の普及

1. はじめに

　本章では、群馬県における東京型の新方言チガカッタ、チガクナッタの使用状況とその推移を報告し、地方における東京型の新方言の普及過程を観察、考察する。

　東京型の新方言として取り上げるチガカッタ、チガクナッタは、動詞「違う」の意味内容が形容詞の範疇に近いためにその語幹を形容詞のように活用させることから生じた新方言である。チガカッタ、チガクナッタという連用形から始まりチゲーという終止形の発生に至る使用状況の推移は、新しい形容詞の誕生を意味すると同時に、品詞・活用体系を整えようとする言語変化、並びに明晰化に向かう言語変化と見ることができる。

　過去の調査で普及の兆しが見えた東京型の新方言であるチガカッタ、チガクナッタは、30年間で、北関東の群馬県には普及したのであろうか、普及したとすればどのように普及したのであろうか、これらの疑問を明らかにすることが本章の目的である。

　本章では、まず、チガカッタ、チガクナッタについて、1980年代からの東京及び関東周辺での使用状況を確認するとともに、チガカッタの発生について言語内的要因から考察する。次に、群馬県における過去3回の調査結果から群馬県内での30年間の普及状況を見る。最後に、群馬県内での普及状況から東京型の新方言の地方における普及につい考察する。

2. チガカッタの発生と発生要因

2.1 チガカッタの発生

図 34 は、井上（1998: 67）に示されている東京におけるチガカッタの使用状況である。年齢差のグラフ（上）から、東京においてチガカッタが若い世代で徐々に使用が伸びていることが見てとれる。地域差のグラフ（下）からは下町といわれる東京の東端で使用率が高いことが確認できる。井上（1998）の調査が 1983 年であることから、チガカッタは 1980 年代の東京において使用されていたことが確認できる。

また、図 35 は、第 2 回調査（1992 年）当時の東京・新潟間の中学生におけるチガカッタの使用率を表すグラフ（佐藤 1997a:60）である。調査は、1991 年～1992 年に、東京・新潟間を走る JR 高

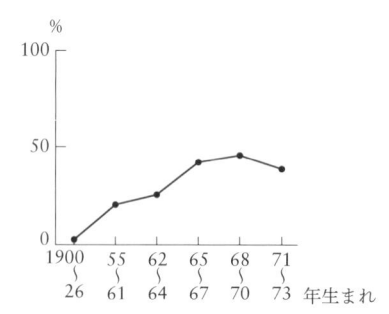

東京 8 地区の「ちがかった」の年齢差（1983 年）

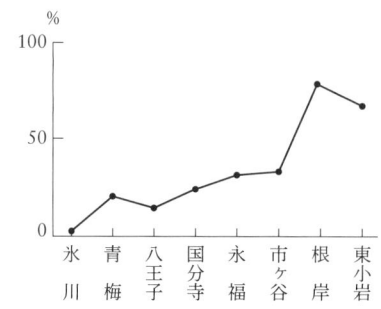

東京 8 地区の「ちがかった」の地域差（1983 年）

図 34　1983 年の東京におけるチガカッタの使用状況

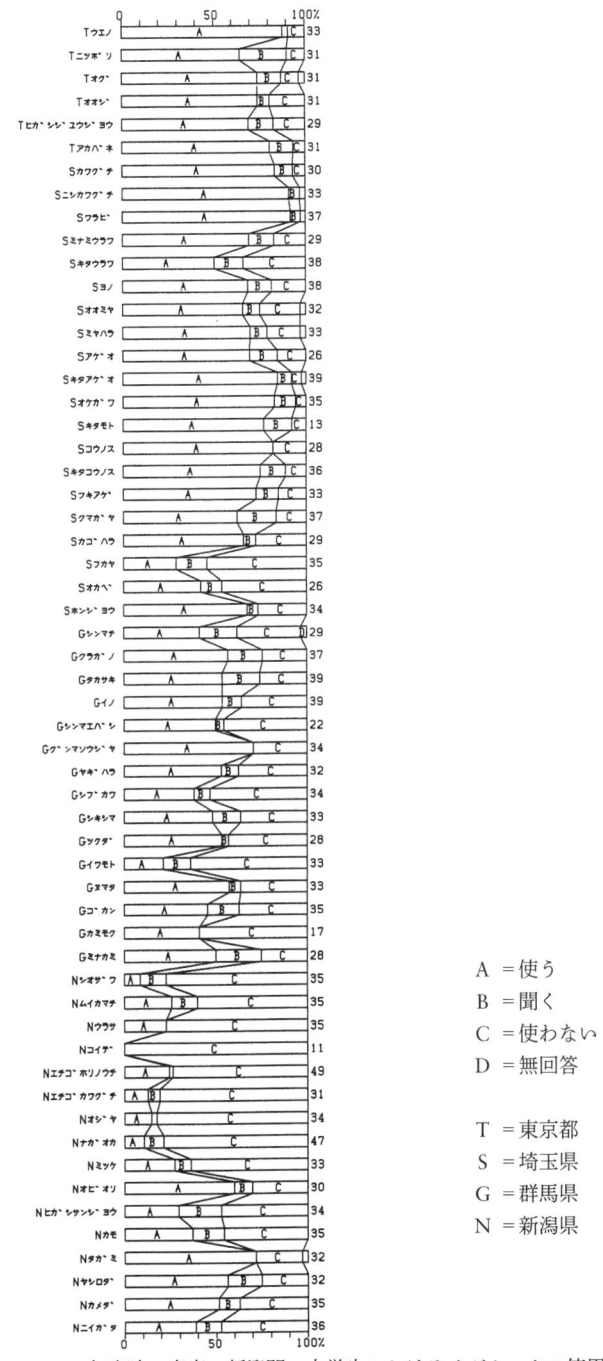

図35　1992年当時の東京・新潟間の中学生におけるチガカッタの使用率

A ＝使う
B ＝聞く
C ＝使わない
D ＝無回答

T ＝東京都
S ＝埼玉県
G ＝群馬県
N ＝新潟県

第3章　東京型新方言の普及　125

崎線・上越線沿線の各駅に近い中学校においてアンケート形式で実施したもので、第2回調査（1992年）当時、チガカッタは東京、埼玉の中学生にはかなりの使用が認められる。群馬県においてもほぼ半数の生徒に使用が確認できる。使用率の値を示すグラフ（A使う＋B聞く）は、東京から群馬県・新潟県の県境に向かって緩やかに下降しており、チガカッタが東京から地方へと普及していると読み取ることも可能である。

　以上から、1980年代に東京で、1990年代には埼玉県及び群馬県を中心とする北関東の西部でもチガカッタが若い世代に普及していったと認めることができる。

2.2　チガカッタの発生要因

　1990年以降、チガクナッタ、チガクナイ、チガクテ、チガケレバ等、「違う」という動詞をまるで「チガイ」という形容詞のように活用させて使用する事例が数多く見受けられるようになった。筆者は1993年から2000年まで群馬県太田市内の小学校に勤務したが、太田市の小学生が盛んに「チゲーよ」を使用するようになったのもこの頃である。

　チゲーは「チガイ」という新しい形容詞の終止形と考えられる。群馬県方言においては連母音の融合が盛んに起こり、形容詞終止形末尾のアイはエーと発音されることから、「高い」はタケー、「早い」はハエーとなるように、チゲーもチガイが連母音の融合によって生じたものと考えられる。チガカッタによって始まった新しい形容詞への変化は、終止形チゲーの誕生により、完結へと向かったと見ることができ、品詞・活用体系を整えようとする言語変化ととらえられる。

　動詞「違う」から新しい形容詞「チガイ」への変化は、言語内的要因から考えることができる。本来、動詞は動作や動きを表す品詞であるが、「違う」は事物の性質や状態を表す単語であり、むしろ形容詞に極めて近い単語と言える。単語の意味内容が形容詞的であるにもかかわらず、活用は動詞として運用されていることの複雑さを解消する方法として、形容詞化する変化はむしろ当然の変化であ

り、単語の持つ意味内容と品詞とを統一させるというと明晰化に向かう言語変化ととらえられるのである。

3. チガカッタ、チガクナッタの使用状況の推移

3回（1980年～2010年）の調査結果をもとに、チガカッタ、チガクナッタが各地域でどの程度使用されているかを使用率のグラフで示し、その推移を見ることにする。

3.1 第1回調査（1980年）

図36は、第1回調査（1980年）において、男子高校生のチガカッタの使用率である。質問文は「昔のバレーボールのルールは今と～」で、「～」の部分の選択肢としてチガカッタ、チガッテイタ、チガッテタ、その他（自由記述）をあげた。場面は「家で」とし、くだけた表現を聞いている。チガカッタは、どの地域でも20％以下で、群馬県に東京型の新方言が広まっているとは言えない。

図37は第1回調査（1980年）において、男子高校生のチガクナッタの使用率である。質問文は「計算しなおしたら答えが前と～」で、「～」の部分の選択肢としてチガクナッタ、チガウクナッタ、

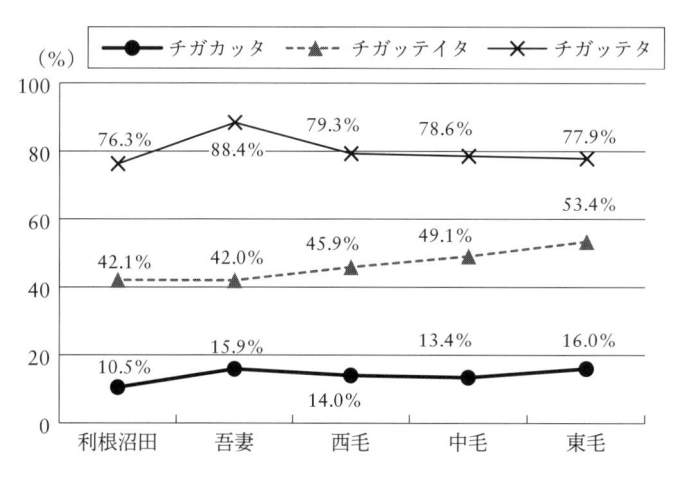

図36 第1回調査（1980年）の男子高校生における「昔のバレーボールのルールは今と～」の使用率

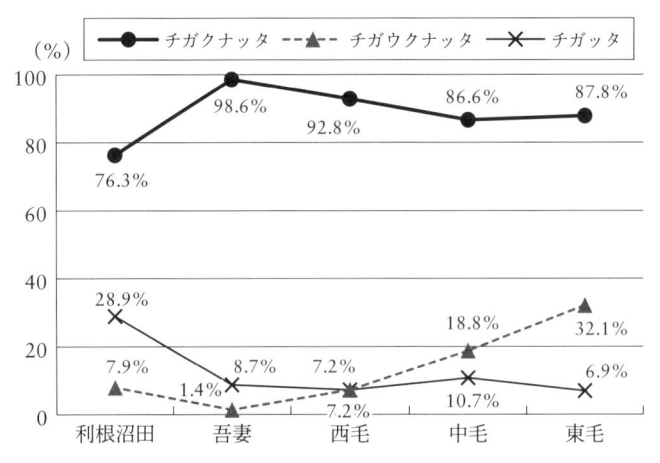

図37 第1回調査（1980年）の男子高校生における「計算しなおしたら答えが前と～」の使用率

チガッタ、その他（自由記述）をあげた。場面は「家で」とし、くだけた表現を聞いている。チガクナッタは東毛で使用率が30％を超え、またチガウクナッタは利根沼田で30％近くの使用率を示している。1980年の群馬県に東京型の新方言が広まる兆しが見え始めている。

3.2 第2回調査（1992年）

図38は第2回調査（1992年）において、男子高校生のチガカッタとチガクナッタの使用率である。チガカッタについては「違った、違っていた」、チガクナッタについては「違うようになった」の意味で、親しい親友に対して、「使う」「聞く」「使わない」を選択形式で尋ねている。

　チガカッタ、チガクナッタの使用率は、各地区でほぼ同程度であり、両表現の群馬県における使用傾向が極めて似通っていることがわかる。ちょうど第1回調査（1980年）のチガクナッタが各地で30％程度使用率を上げた形が第2回調査（1992年）の状況であるかのように見える。地域別では、東毛、次いで中毛の順に使用率が高く、群馬県には東毛から中毛を経て全域に広がっていくであろうことが予想される。

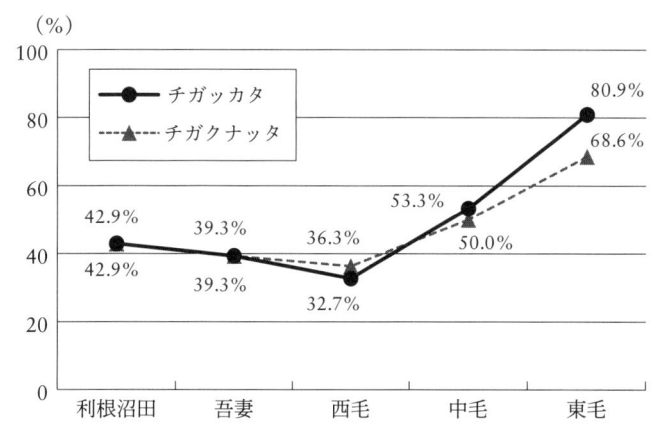

図38 第2回調査（1992年）の男子高校生におけるチガカッタ・チガクナッタの使用率

3.3　第3回調査（2010年）

　図39は第3回調査（2010年）において、チガカッタとチガクナッタの使用率である。質問内容と数値の扱いは、第2回調査（1992年）と同様である。

　第1回調査（1980年）から30年後の第3回調査（2010年）では、すべての地域で使用率が60％を超え、5地域の地域差は目立

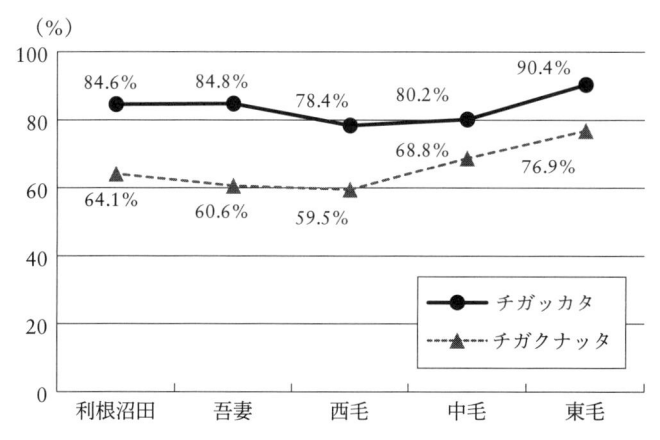

図39　第3回調査（2010年）の男子高校生におけるチガカッタ・チガクナッタの使用率

第3章　東京型新方言の普及　　129

たなくなった。東毛を除く4地域は、東毛に追い付く形で使用率を伸ばした。第2回調査（1992年）時、いち早く両表現を採用し使用率が際立って高かった東毛では今回はその使用率を維持した。チガカッタとチガクナッタを比べると、第2回調査（1992年）当時は両表現がほぼ使用率を同じくしていたのに対し、第3回調査（2010年）では、チガカッタの使用率がチガクナッタのそれを上回った。

3.4　チガカッタ、チガクナッタの普及

第1回調査（1980年）には利根沼田と東毛で使用の兆しの見えたチガカッタとチガクナッタは、第2回調査（1992年）には東毛から中毛を経て急激に使用を伸ばし、第3回調査（2010年）には群馬県内全域にすっかり定着し相当の使用率を示すに至ったことになる。ここでは、チガカッタ、チガクナッタが30年間で、北関東の群馬県に普及したことを確認した。なお、この普及の様相は、ミタクの普及過程とよく似ている。ともに東京型の新方言であるミタクとチガカッタ、チガクナッタは、群馬県に同じように普及していったと考えてよさそうである。

4.　チガカッタ、チガクナッタの群馬県への普及

4.1　前橋市での普及

東京型の新方言、チガカッタ、チガクナッタは、群馬県にどのように普及したのであろうか。佐藤（2009a）では、チガカッタの使用において、1992年の前橋市内の高校生の男女で使用率に大きな差が認められたが、2008年には男女による差があまり認められなくなっていることを確認している。普及し始めは男子が盛んに使い、女子が使うようになると全域に広まる様相である。つまり、チガカッタが全域に広く普及する要因には、女子の使用が大きく影響していることが考えられた。

図40は、佐藤（2009a：150）に示したグラフで、前橋市に限定して1992年と2008年でチガカッタの使用率（使う・聞くの回

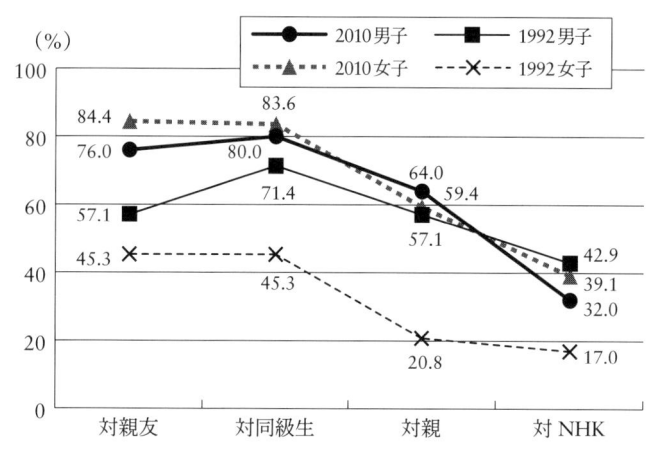

図40 第2・3回調査(1992・2008年)の前橋市男女別高校生におけるチガカッタの使用率

答)を男女別に比較したもの(1992年調査において前橋市内の高校に通う高校生及び前橋市出身の高校生と2008年に行った前橋市立前橋高等学校のデータを比較したもの)である。16年間で男女ともに使用が伸びていることが読み取れる。特に、女子の使用率の伸びは著しい。また、1992年には男女で使用率に大きな差が認められたが、2008年には男女による差異があまり認められなくなっていることが確認された。

前橋市において女子での使用が急激に伸びることでチガカッタが普及したというこの傾向は、チガカッタとチガクナッタとが群馬県全域へ普及した際でも言えるのであろうか。次項で確認を試みる。

4.2 群馬全県での普及の実証

図41は、図39の男子の使用率に女子の使用率を加えたグラフである。見やすくするため、使用率の値は消去してある。チガカッタ、チガクナッタともに、すべての地域で女子の使用率が男子の使用率を上回っていることが見て取れる。つまり、チガカッタ、チガクナッタともに、群馬県全域で普及する際に女子での使用の伸びが影響したといえる。前橋市の高校生に限定して読み取れた傾向は、群馬県全域においても同様であることが確認できる。

第3章 東京型新方言の普及

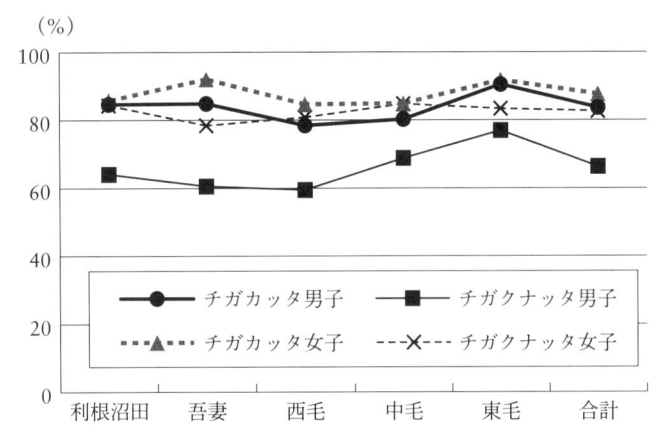

図41 第3回調査（2010年）の男女別高校生におけるチガカッタ・チガクナッタの使用率

　東京型の新方言チガカッタ、チガクナッタは、女子に受け入れられることで、群馬県全域に普及したのである。この事実は、女子の使用の程度が東京型の新方言の地方への普及を観る際の一つの指標となる得ることを示唆すると考えられる。

5．まとめ

　本章では、群馬県におけるチガカッタ、チガクナッタという東京型の新方言について、若年層における30年間の様相を報告した。
　東京型の新方言チガカッタ、チガクナッタは、第1回調査（1980年）には、チガカッタはそれほどではないもののチガクナッタが東毛や北毛で使用の兆しが見え始めた。
　第2回調査（1992年）になると、両表現ともに群馬県全域の各地域でほぼ同程度の使用率を示し、両表現の使用傾向が極めて似通っていることを示した。地域別では、東毛、中毛の順に使用率が高く、ちょうど第1回調査（1980年）のチガクナッタが各地で30％程度使用率を上げた形が第2回調査（1992年）の状況であるかのように見える。この頃からチガクナッタ、チガクナイ、チゲー、チガクテ、チガケレバ等、「違う」という動詞をまるで「チガイ」と

いう形容詞のように活用させて使用する事例が群馬県内で数多く見受けられるようになった。チガクナッタによって始まった動詞「違う」の新しい形容詞への変化は、完結へと向かったと見ることができ、その変化は品詞・活用体系を整えようとする言語変化ととらえられる。

　第3回調査（2010年）では、すべての地域で使用率が60％を超え、5地域の地域差は目立たなくなった。使用率が際だって高かった東毛ではその使用率を維持し、東毛を除く4地域では使用率を伸ばし東毛に追いついた。チガカッタとチガクナッタを比べると、第2回調査（1992年）当時は両表現がほぼ使用率を同じくしていたのに対し、第3回調査（2010年）では、チガカッタの使用率がチガクナッタのそれを上回った。

　チガカッタ、チガクナッタが群馬県全域に普及する過程では、女子の使用が普及を伸ばす要因となったと考えられ、このことは、女子の使用の程度が東京型の新方言の地方への普及を観る際の一つの指標となり得ることを示唆すると考えられる。

　この第Ⅱ部では群馬県における約30年間の新方言の動態について、新方言を東京型と地方型に分類して考察してきた。言語変化を目の当たりにできる新方言という画期的な言語研究手法に、30年間という経年調査を加えることで、若年層におけることばの変化をより確実にとらえることができた。

　東京型の新方言の多くは、群馬県の広範囲の若年層に使用され続け、ある程度以上に広まること、その広まり方のはじめは急速であることなどが分かった。また、地方型の新方言については、群馬県全域に及ぶことはあまりなく、使用率の伸びを伝播の速さとするならば、伝播はきわめて緩やかであることが分かった。新方言に東京での使用という要因が加わることにより、その後の広まりの範囲や速さに何らかの影響があることが明らかになったのである。新方言には、使用を伸ばし続けるもの、使用率を伸ばし続けないまでも使用され続けるもの、衰退したりあるいは衰退傾向を示したりするものもあるなど、改めて現代の言語変化が多様であるということも確

認できた。

　また、比況を表す3表現を例に、東京型と地方型の新方言の接触を観察すると、東京型の新方言と地方型の新方言が一時的に共存するものの、次第に東京型の新方言が各地域で勢力を拡大し地方の広範囲で使用されるようになると交代が起こり、地方型の新方言はその勢力を衰えさせていくことが見て取れた。そして、東京型の新方言が地方における文体的空白を埋める表現であった場合、急速に普及すること、地方への東京型の新方言の普及については「普及のSカーブ」適応の可能性があることを示した。

　さらに、東京型の新方言が広まる例として、チガカッタ、チガクナッタを観察すると、その変化は動詞「違う」が新しい形容詞へと向かう変化と見ることができ、品詞・活用体系を整えようとする言語変化ととらえることができた。また、女子の使用の程度が東京型の新方言の地方への普及を観る際の一つの指標となり得ることが考えられた。

　以上、30年間の経年調査によって群馬県における新方言の動態をつかむことができた。東京でも使用される東京型の新方言、地方独自で広まる地方型の新方言、それぞれが群馬県という地方で広まり、使われ、あるいは衰え、群馬県方言の中で様々な変化を重ねている。その動態には、普及速度や普及範囲の違い、文体的な空白と普及の関係、「普及のSカーブ」の適用の可能性、新しい品詞・活用体系の整備など、注目すべき点が多くある。大都市・東京を擁する首都圏に隣接する群馬県において、東京の影響を時には大きく受けつつ、時には独自に、共通語化という全国各地に一様に広がる変化とは異なる多種多様で複雑な言語変化が起きているのである。

III　群馬県における 30 年間のベーの動態

第1章
意志・勧誘のベーの動態

1. はじめに

　第3部の方法及び目的は、1980年から2010年までの30年間における3回の経年調査結果をもとに、群馬県の若年層におけるベー（意志・勧誘・推量など）の使用に着目し、使用率を比較することで、ベーの形態及び用法の変化の様相を考察することである。本章では、そのうちの意志・勧誘の助動詞ベーを中心に、そのバリエーションの使用状況とその推移を報告し、意志・勧誘の助動詞ベーの変化の様相を観察、考察する。

　本章では、まず、意志・勧誘のベーについて、先行研究から全国及び群馬県での分布状況を概観する。次に、五段活用動詞「行く」と一段活用動詞「見る」に関して、群馬県の若年層におけるベーの形態及び用法の変化の様相を考察する。最後に、群馬県の若年層における意志・勧誘のベーの変化の様相についてまとめる。

2. 全国及び群馬県での意志・勧誘のベー

2.1　全国の意志・勧誘のベー

　井上（1984）は、平山（1961）及び『方言文法全国地図』（GAJ）の準備調査の結果である国立国語研究所（1979）、国立国語研究所（1981、1982、1983）をもとにベー系の全国的分布の大要を把握している。そこでは、現代日本語のベーの分布地域は、「東北地方一帯（山形県日本海ぞいを除く）、関東地方全域（東京付近を除く）、伊豆諸島の一部、新潟県東南端、長野県秋山郷、山梨県東部、静岡県東部であり、東日本の大部分にほぼ連続した地域」（井上1984: 75）であると述べている。

『方言文法全国地図』（GAJ）の出版が完了した現在では、意志・勧誘についても正確な分布を把握することができる。第3集には、意志形として、第106図「起きよう」、第107図「開けよう」、第108図「寝よう」、第109図「書こう」、第110図「来よう」、第111図「しよう」があり、また、第5集には、勧誘表現として、第235図「行こうよ」がある。

意志形の第106図から第110図までの分布から、ベーは東日本に分布し、その西端は群馬県と長野県の県境、山梨県東端、伊豆半島（伊豆諸島を含む）である。東日本でも秋田県や新潟県、日本海側には意志のベーの分布は認められない。また、福島県から宮城県の太平洋側を中心にペが分布している。

勧誘の第235図「行こうよ」においても、イグ（エグ）ベーがほぼ同様の分布を示す。

2.2 群馬県の意志・勧誘のベー

篠木（1987: 15）及び古瀬編（1997: 39）等を参考に、1980年当時の群馬県方言の意志・勧誘を整理すると、次のようになる。

- 「動詞＋ベー」で意志・勧誘が表現される。
- 意志の用例 「明日、東京へ行グベー。」
- 勧誘の用例 「一緒に映画を見に行グベー。」

『方言文法全国地図』（GAJ）から、群馬県の意志・勧誘のベーを確認する。意志の第106図「起きよう」では、オキベーが吾妻、中毛、西毛の最西奥、東毛の東端に分布する。意志形の第107図「開けよう」では、アケベーが吾妻、西毛の最西奥、東毛の東端に分布する。意志形の第108図「寝よう」では、ネベーが吾妻、西毛の最西奥、東毛に分布する。意志形の第109図「書こう」では、カクベーが吾妻、西毛、東毛に分布する。意志形の第110図「来よう」では、クルダッペが利根沼田に、コベーが吾妻と中毛に、クベーが西毛と東毛に、キベーが吾妻に分布する。意志形の第111図「しよう」では、シベーが吾妻、中毛、東毛に、スベーが吾妻、西毛に、スベが利根沼田に分布する。

勧誘の第235図「行こうよ」においては、イク（グ）ベが利根

沼田、西毛、中毛、東毛に、イク（グ）ベーが吾妻、西毛、東毛に分布する。

　以上から、『方言文法全国地図』（GAJ）では、群馬県における意志・勧誘のベーは、一段活用動詞では未然形に、五段活用動詞では終止形に、「来る」（カ行変格活用動詞）ではコ、ク、キに、「する」（サ行変格活用動詞）ではシ、スに、それぞれベーが接続する形態である。ただし、「来る」（カ行変格活用動詞）では、一部に終止形にダッペが接続する形態がある。

　現代東日本のベーの変化に関して、井上（1984）は、ベーが活用を持たず接続も単純な終助詞としての方向へ変化していることを指摘している。また、推量において、全国的分布図の考察からすべてにダンベをつけて意志と使い分けるという傾向を指摘しつつも、グロットグラム調査からは、推量のすべてにダンベを用いる方向への変化は活力を失い、むしろ推量と意志の使い分けを失う変化が進んでいることを指摘している。

　群馬県方言のベーに関して、篠木（1994b）は、1983年に本間芳枝氏が実施した調査資料をもとに高年層・青年層のベー使用を比較し、井上（1984）を参照しつつ、変化過程を考察している。そこでは、群馬県においてもベーが終助詞としての方向へ変化していることを確認している。また、動詞に関してかつては意志も推量もベーによってなされていたものが、「意志表現ベ／推量表現ダンベ」と使い分ける方向へと進み、さらに1983年当時、群馬県東部を中心にダンベ類を放棄し再びベイ類のみになろうとする新たな変化が生じていると指摘する。そこでの新しいベイ類の形式は「撥音ンを添えた形でのベイ類」である。これは、佐藤（1993b）において群馬県の若い世代に発生及び広がりを見せているとした地方型の新方言「ンベー」である。

3. 意志・勧誘のベーの30年間の動態

3.1　五段活用動詞「行く」の動態

　第1回調査（1980年）では、「はやく行こう」について、「イコ

ー」、「イゴー」、「イグベー」、「イグンベー」に「その他」を加えた5選択肢で使用状況を尋ねた。第2回調査（1992年）と第3回調査（2010年）では、「「行こう」にべ、ベをつけて」という意味・説明を付して、「イグ（イク）ベー」、「イグ（イク）ンベー」、「イグ（イク）ビャー」、「イグ（イク）ッペ」に「その他」を加えた5選択肢で使用、不使用を尋ねた。

　図42は、選択肢のうちベーを使用した形式のイグベーとイグンベーについて、5地域ごとに使用率を表したものである。全域においてイグベーが若年層においても使用されていることが分かる。また、東毛や中毛で新方言のイグンベーが発生し広まる兆候が見られる。両者を比較した場合、イグベーが優勢であることが分かる。

　図43と図44は、図42と比較しやすいように、第2回調査（1992年）と第3回調査（2010年）からベーを使用した形式の選択肢からイグベーとイグンベーだけを取り出して5地域ごとに使用率を表したものである。

　図43からは、第1回調査（1980年）から12年が経過した第2回調査（1992年）において、従来からの形式のイグベーは依然として群馬県全域で若年層に使用されていることが分かる。一方、12年前に東毛や中毛で発生し広まり始める傾向の見られたイグンベーは、群馬県全域に広まっている様子がうかがえる。ベーの新方言ンベーの拡大である。なお、新方言ンベーは、撥音を多用する群

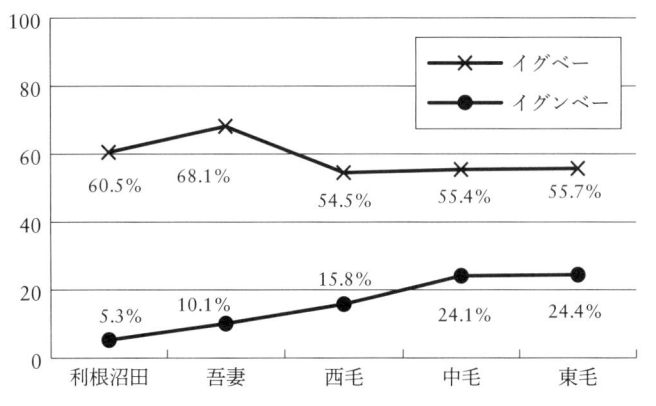

図42　第1回調査（1980年）「行く＋ベー（意志・勧誘）」男子高校生の使用率

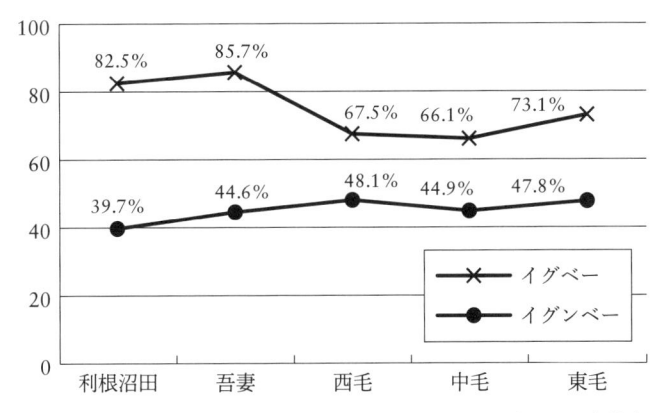

図43　第2回調査（1992年）「行く＋べー（意志・勧誘）」男子高校生の使用率

馬県方言の音声的特徴を背景にル語尾動詞のルの撥音化を介して生じたと考えられる。両者を比較した場合、イグベーが依然として優勢である。

　図44からは、第1回調査（1980年）から30年が経過した第3回調査（2010年）において、第2回調査（1992年）調査では勢力を維持していたイグベーに使用率の低下傾向が見られる。加えて、第2回調査（1992年）では拡大傾向を見せていた新方言のイグンベーにまで減少傾向が見られる。また、両者を比較した場合、イグベーの優勢は変わっていないことが分かる。

　図45と図46は、イグベーとイグンベーについて、3回の調査結

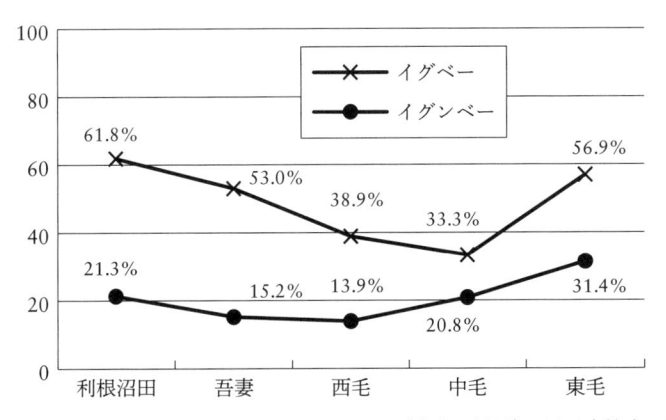

図44　第3回調査（2010年）「行く＋べー（意志・勧誘）」男子高校生の使用率

第1章　意志・勧誘のべーの動態　141

果を形式ごとに1枚のグラフに示したものである。それぞれに5地域での使用率の変動が分かる。両形式ともに、第1回調査（1980年）から第2回調査（1992年）にかけては各地域で使用率が上昇するが、第3回調査になると、第2回調査（1992年）調査の値を大幅に下げている。イグベーでは吾妻、西毛、中毛で第1回調査（1980年）調査時の値さえ下回っている。

このような傾向は、「行く＋ベー」に限られた傾向ではではなく、次項、次章以降に順次示す通り、ベー全体に見られる傾向であり、

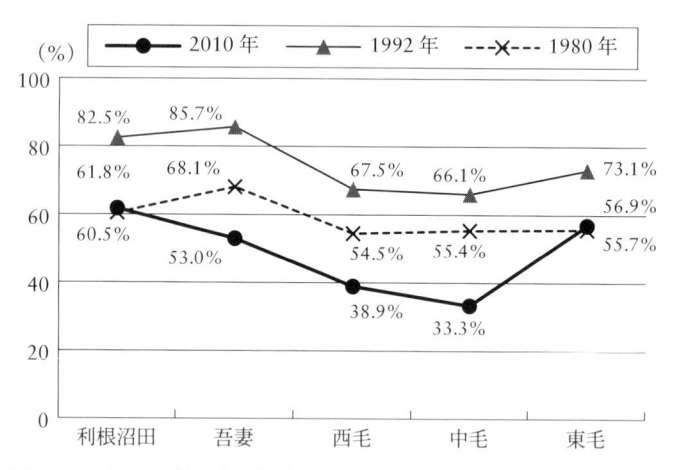

図45　イグベーの使用率の推移

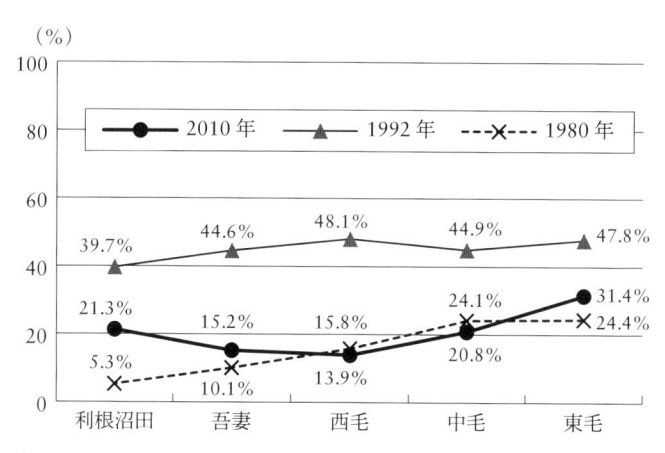

図46　イグンベーの使用率の推移

現在において、若年層のべーがそのバリエーションを含めた全体として衰退傾向にあるためではないかと考えられる。

3.2　一段活用動詞「見る」の動態

第1回調査（1980年）では、「映画を見よう」について、「ミヨー」、「ミベー」、「ミルベー」、「ミンベー」、「ミルンベー」に「その他」を加えた6選択肢で使用状況を尋ねた。第2回調査（1992年）と第3回調査（2010年）では、「「いっしょに映画を見よう」にべ、べをつけて」という意味・説明を付して、「ミベー」、「ミルベー」、「ミンベー」、「ミルンベー」、「ミビャー」、「ミッペー」、「ミルッペー」に「その他」を加えた8選択肢で使用、不使用を尋ねた。

図47は、選択肢のうちべーを使用した形式のミベー、ミルベー、ミンベー、ミルンベーについて、5地域ごとに使用率を表したものである。図48と図49は、3回の調査結果を比較しやすくするために、図47に準じて、第2回調査（1992年）と第3回調査（2010年）のミベー、ミルベー、ミンベー、ミルンベーの4形式の使用率を表したものである。

まず、新方言ンベーの形式であるミンベーとミルンベーの変化を見てみよう。第1回調査（1980年）では、イクンベーと同様に、中毛、東毛で発生、広まりの兆しを見せている。第2回調査

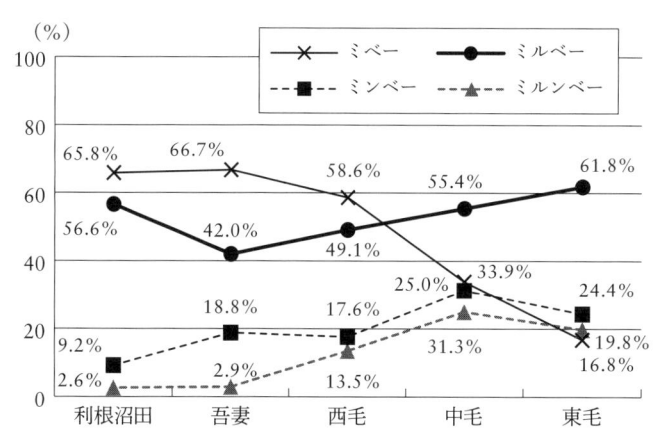

図47　第1回調査（1980年）「見る＋べー（意志・勧誘）」男子高校生の使用率

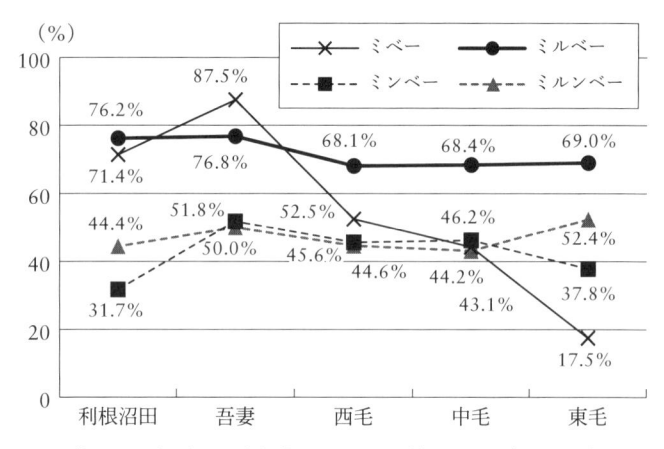

図48　第2回調査（1992年）「見る＋ベー（意志・勧誘）」男子高校生の使用率

（1992年）になると、ミンベー、ミルンベーともに群馬県全域に広まり、第1回調査時（1980年）ではミンベーよりも使用率の低かったミルンベーが、ミルベーと呼応するかのように急成長を遂げている。なお、「見る＋ンベー」が1980年代前半において、群馬県の若年層に使用が伸びていることは他の調査からも確認できる。図50は本間芳枝氏による1983年調査の結果である（篠木1994a:162）。1983年当時、ミンベ及びミルンベが東部地域を中心に若年層（青年層）で使用されていることが確認できる。第3回調査（2010年）では、両者ともに使用率を下げ、特にミルンベーの使用率の減少が吾妻、西毛、中毛で目立つ。ただし、利根沼田、東毛では両者とも使用率を維持している。

　次に、ミベーとミルベーの変化を見てみよう。第1回調査（1980年）では、利根沼田、吾妻、西毛でミベーが、中毛、東毛でミルベーが優勢である。第2回調査（1992年）では、利根沼田、吾妻、西毛でもミルベーが勢力を伸ばし、群馬県全域で盛んに使用されている。『方言文法全国地図』（GAJ）で確認した通り、従来の形式はミベーであるので、ミベーからミルベーへの交代というこの変化はベーの終止形接続への変化である。すなわち接続の単純化が進んでいるととらえられる。第3回調査（2010年）では、ベー全体の衰退が目立ち、中でもミベーの衰退が著しい。「行こう」で見

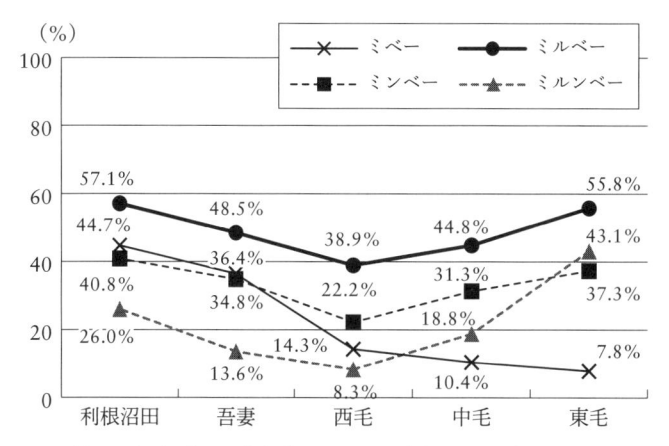

図49　第3回調査（2010年）「見る＋ベー（意志・勧誘）」男子高校生の使用率

られたように、「見よう」においてもベーはそのバリエーションを含めた全体が衰退傾向である。ただし、ミルベーは使用率を下げてはいるが、依然優勢である。

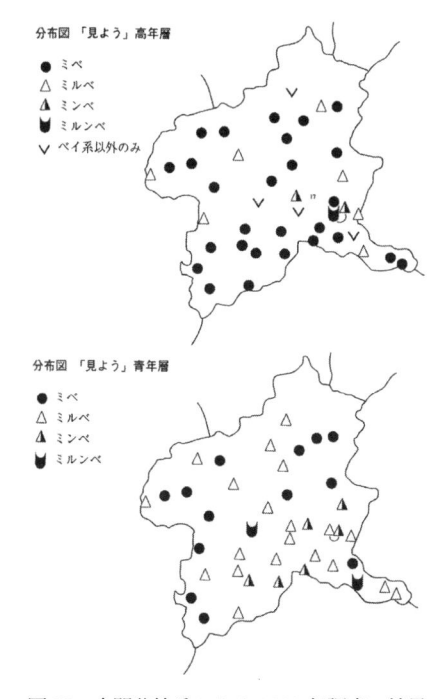

図50　本間芳枝氏による1983年調査の結果

4. ベー全体の衰退傾向

　ここまで、「行こう」と「見よう」について、ベー及び新方言のンベーの30年間の使用率の変動を見てきた。そこでは第2回調査（1992年）から第3回調査（2010年）にかけての18年間で両形式の衰退傾向を見ることができた。ここでは、ベーとンベーに限らず、ベーのバリエーションを含めた全体が衰退傾向であることを調査を行った選択肢のすべての値の変化から確認する。

　表23は、第2回調査（1992年）と第3回調査（2010年）の「「行こう」にペ、ベをつけて」という質問に対する4選択肢（イグ（イク）ベー、イグ（イク）ンベー、イグ（イク）ビャー、イグ（イク）ッペ）の使用率の推移とその差を示したものである。

　ベーとンベーについては大きく使用率が減少している。ビャーとッペについては、2回の調査とも群馬県全域での使用率は10％未満であるため、増減を見るには参考程度であるが、ビャーはわずかに減少、ッペは微増である。このッペの微増の原因は、中毛における使用率の微増で、第2回調査（1992年）に4.1％だった使用率が第3回調査（2010年）で7.3％になったことが大きく効いていることであった。他の地域のッペの使用率はいずれも減少しており、誤差と考えられる。

表23　「行く＋ベ・ペ」使用率の推移（第2回調査→第3回調査）

	第2回調査（1992年）	第3回調査（2010年）	増減
イグベー	70.8％	48.3％	-22.5
イグンベー	45.3％	20.7％	-24.6
イグビャー	5.3％	2.5％	-2.8
イグッペ	6.0％	8.0％	2.0

　念のため、ビャーとッペについてもう少し詳しく変動を見るべく、主な使用地域である利根沼田を見てみることにする。表24が利根沼田の第2回調査（1992年）と第3回調査（2010年）の使用率の比較である。この表から分かるように、ビャーとッペの主な使

用地域である利根沼田においてッペは減少しており、ベーのバリエーションを含めた全体が衰退傾向であることを確認することができる。

表24　利根沼田の「行く＋ベ・ペ」使用率の推移（第2回調査→第3回調査）

	第2回調査（1992年）	第3回調査（2010年）	増減
イグベー	82.5 %	61.8 %	-20.7
イグンベー	39.7 %	21.3 %	-18.4
イグビャー	23.8 %	5.3 %	-18.5
イグッペ	19.0 %	17.3 %	-1.7

　表25は、第2回調査（1992年）と第3回調査（2010年）の「「いっしょに映画を見よう」にペ、ベをつけて」という質問に対する7選択肢（ミベー、ミルベー、ミンベー、ミルンベー、ミビャー、ミッペー、ミルッペー）の使用率の推移とその差を示したものである。

表25　「見る＋ベ・ペ」使用率の推移（第2回調査→第3回調査）

	第2回調査（1992年）	第3回調査（2010年）	増減
ミベー	43.8 %	23.6 %	-20.2
ミルベー	68.7 %	49.5 %	-19.2
ミンベー	41.2 %	34.2 %	-7.0
ミルンベー	46.0 %	22.1 %	-23.9
ミビャー	5.0 %	2.5 %	-2.5
ミッペ	1.7 %	2.5 %	0.8
ミルッペ	4.8 %	5.2 %	0.4

　ベーとンベーについては大きく使用率が減少している。ビャーとッペについては、2回の調査とも群馬県全域での使用率は10 %未満であるため、増減を見るには参考程度であるが、ビャーはわずかに減少、ッペは微増であり、上記「行く」と同様の傾向である。微増したッペについては、ッペの主な使用地域である利根沼田のミル

ッペの使用率が20.6％から11.7％に低下していることから、ッペについても使用率は低下していると考えられる。ちなみに、ミッペの微増の内訳は、利根沼田4.8％→5.3％、吾妻0％→1.5％、東毛1.6％→2.0％であり、また、ミルッペの微増の内訳は、西毛1.8％→2.9％、東毛2.1→5.9％であり、ともに誤差と考えられる。以上のことから、「見る＋ベ・ペ」においても、ベーのバリエーションを含めた全体が衰退傾向であると考えられる。

5. ベーの接続の単純化

　ここでは、ベーの接続の単純化について検討したい。井上(1984)は東日本においてベーが活用を持たず接続も単純な終助詞としての方向へ変化していることを指摘し、篠木（1994b）が群馬県においてもベーが同様の変化傾向にあることを確認していることについては既に述べた。篠木（1994b）の述べる群馬県におけるベーの終助詞化は、ベーの接続の単純化を指すものと考えられる。そこで、意志・勧誘の「見る＋ベー」の30年間の使用率の推移から、群馬県におけるベーの接続の単純化の様相を観察、考察する。
　第1回調査（1980年）当時のミベーとミルベーとの関係を図47から見てみよう。その当時、群馬県において一般的な形式はベーが一段活用「見る」の未然形に接続するミベーであり、利根沼田、吾妻、西毛ではミベーが優勢である。しかし、中毛や東毛では、ミベーを抑えて、終止形接続のミルベーが優勢である。
　図51は、第1回調査（1980年）の高校生の保護者の「見る＋ベー」の使用率を示したグラフである。比較的多くの地域でミベーが有力ではあるが、当時の高崎市、前橋市、桐生市、太田市、館林市、足利市などの都市部でミルベーが有力である。保護者世代を中年層と考えれば、「見る」の意志・勧誘のベーの接続の単純化は、1980年代の中年層の都市部ではすでに広まっており、その後、中毛、東毛の若年層に広がったと考えられよう。
　その後、第2回調査（1992年）の図48に目を移すと、ミベーの使用率がミルベーのそれを超える地域は吾妻のみとなり、接続の単

見よう1980年保護者

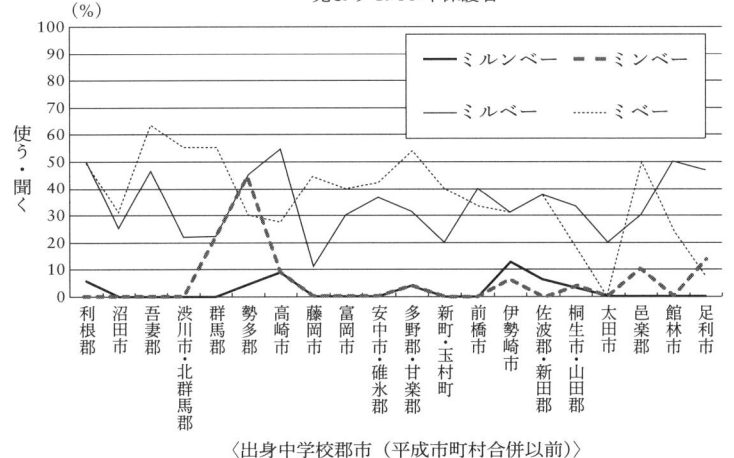

図51　第1回調査（1980年）「見る＋ベー（意志・勧誘）」高校生保護者の使用率

　純化が進んでいることが読みとれる。そして、第3回調査（2010年）の図49になると、前述の通りベーのバリエーション全体が衰退傾向にあるものの、ミベーとミルベーとの関係ではミルベーがミベーをはるかに凌ぎ、さらに接続の単純化が進んでいることが明らかである。

　次に、新方言ンベーについて見てみよう。まず、図51から、1980年代の中年層では、勢多郡のミンベーを除きほとんどンベーは使用されていないことが分かる。しかし、図47から、若年層では中毛、東毛からミンベーが若干ミルンベーを上回りながら広まり始めている。この時、中毛、東毛では、ミベーの使用率が低下し、ミルベーの勢力が優勢である。このことから、中毛、東毛では、撥音を多用する群馬県方言の音声的特徴を背景に、勢いの盛んなミルベーのルの撥音化を介してミンベーが生じたと考えられる。そしてその後、ル語尾動詞のルの撥音化にベーが接続するンベーはベーの新しい形式として認識されるようになり、「見る」への単純接続でミルベーが生じたように、「見る」にンベーが単純接続し、ミルンベーが成立したと考えられる。したがって、ミルンベーはミンベーを追いかけるように使用率を伸ばしているのである。（図52）

第1章　意志・勧誘のベーの動態　　149

第2回調査（1992年）の図48に目を移すと、ミンベーとミルンベーの使用率はともに伸びながら拮抗し、利根沼田や東毛ではミルンベーの使用率がミンベーのそれを超えている。ミベーとミルベーとの関係に呼応するような形で、新方言ンベーでも接続の単純化が進んでいることが読みとれる。しかし、第3回調査（2010年）の図49になると、ベーのバリエーション全体が衰退傾向にある中、ミベーとミルベーとの関係とは異なり、ミンベーがミルンベーを抑えるように使用率が上回り、ンベーでの接続の単純化の進行は認められなかった。

　以上から、新方言ンベー形式においては、その広まりの途中の段階では接続の単純化が見られたもののその後認められなくなってしまったことが分かる。しかし、ベー形式（ベー全体の意味ではなく）では、30年間、接続の単純化は進行中であるとまとめることができる。

　では、なぜ、ベー形式では接続の単純化が進み続けているのもかかわらず、ンベー形式では、進みかけた接続の単純化が止まってしまったのか。それは、ベーの接続の単純化という大きな変化の流れの中で、新方言ンベーが役割を終えようとしているためではないかと考えられる。言いかえれば、接続の単純化という大きな言語変化は、新方言を発生させることで変化を推進したと見てとれるのである。結果として、新方言ンベーは、接続の単純化のための一つの方策と考えられるのである。

```
ミベー
　↓（接続の単純化）
ミルベー
　↓（ルの撥音化）
ミンベー
　↓（新方言ンベーの誕生）
　↓（接続の単純化）
ミルンベー
```

図52　ベーの接続の単純化と新方言ンベーとの関係

6. おわりに

　本章では、群馬県における意志・勧誘のベーについて、男子若年層における約30年間の様相を観察し、その変化について考察した。

　意志・勧誘のベーでは、1980年から1992年にかけて、男子若年層では新方言ンベーが発生し広まる傾向が見られた。新方言ンベーは、群馬県方言の音声的特徴を背景にル語尾動詞のルの撥音化を介して生じたと考えられる。また、ベー形式でもンベー形式でも接続の単純化が進んでいた。1992年から2010年まででは、ベーとその新方言ンベーだけでなく、ッペやビャーなど（ベーのバリエーション）を含めた全体が衰退傾向にあった。しかし、ベー形式では依然として接続の単純化が進んでいた。

　意志・勧誘のベーは、新方言ンベーを発生させ広めたり、接続の単純化を起こしたりしながら、地域に密着して根強く使われ続けているのである。

第 2 章
推量のベーの動態

1. はじめに

　本章では、前章での意志・勧誘のベーの考察を受け、群馬県における若年層の推量のベーの形態及び用法の変化の様相について報告し、考察する。

　本章の目的は、次の3点である。群馬県において30年間で、(1) 若年層の推量のダンベーの使用はどのように変化したのか、(2) 新方言ンベーは推量表現においてどのような広がりを見せたのか、(3) 東日本におけるベーの新たな動き（推量と意志の使い分けを失う方向への変化）は群馬県ではどのようになっているのか、を解明することである。

　本章では、まず、全国及び群馬県における推量のベーを概観する。次に、第1回（1980年）から第3回（2010年）まで毎回調査項目として取り上げた「来る（カ行変格活用動詞）だろう」と「面白い（形容詞）だろう」、第2回（1992年）と第3回（2010年）の調査で取り上げた「犬（名詞）だろう」について、使用状況の変化を見る。最後に、群馬県内での使用状況の推移から推量のベーの変化について考察する。

2. 全国及び群馬県での推量のベー

2.1 全国の推量のベー

　『方言文法全国地図』（GAJ）には、推量について、第3集に動詞の推量形として第112図「書くだろう」、第113図「来るだろう」、第114図「するだろう」、形容詞の推量形として第142図「高いだろう」、形容動詞の推量形として第149図「静かだろう」がある。

また、第5集に推量表現として、第237図「行くだろう」、第238図「行くのだろう」、第239図「行っただろう」、第240図「雨だろう」がある。

推量形の第112図「書くだろう」、第113図「来るだろう」、第114図「するだろう」については、『方言文法全国地図解説3』の第112図「書くだろう」についての解説の記述が分かりやすい。「東日本には、ベーの類が優勢であり、意志形の分布と比較してみると、両者を区別なくベーで表す地点が東北全般に多い一方、意志をベー、推量をダンベー・ダッペーとダの挿入で区別する関東地方、意志をベ、推量をベーと長さで区別する福島浜通り、そして、意志には別語形を用い推量のみにベ（＋終助詞）を使う青森・秋田など、いろいろな組み合わせが認められる」（国立国語研究所1993: 51）とある。また、「来るだろう」、「するだろう」では、東北地方から関東地方にかけて、ベー類に接続する様々な動詞形態が見られる。

形容詞の推量形としての第142図「高いだろう」では、ベー類が東北から関東にかけて分布し、タカカンベー、タカカッペーの類が関東から東北地方の太平洋岸に分布する。

形容動詞の推量形として第149図「静かだろう」では、関東、東北地方で、「静かだ」の部分のバラエティーにシズカダ〜にベー、ンベー、ッペー類が接続する。

推量表現の第237図「行くだろう」、第238図「行くのだろう」、第239図「行っただろう」、第240図「雨だろう」では、ベー類は東日本に広く分布する。その西端は、福島県と新潟県の県境、群馬県と長野県の県境、埼玉県・東京都と山梨県の県境、神奈川県中央、伊豆半島である。

2.2　群馬県の推量のベー

篠木（1987: 15）及び古瀬編（1997: 39）等を参考に、1980年当時の群馬県方言の推量を整理すると、次のようになる。

- 「動詞・形容詞・名詞＋ダンベー（ダッペー）」で推量が表現される。
- 推量の用例　「きっとあの人も行グダンベー。」

「まだはえー（早い）ダンベー。」
「あの子はどこの子ダンベー。」

　ただし、かつての群馬県方言では、東北地方同様に意志・勧誘・推量すべてをベーが担っていたが、「共通語の「だろう」の影響を受けて、関東地方においていち早く推量表現にダンベーを誕生させたと考えられる」（篠木2008: 671）。上記は、1980年当時の都市部を中心とする群馬県下の広い地域の概要であり、群馬県の周辺部（利根沼田、吾妻、東毛の一部）には推量にベーとダンベーとを併用する地域がある。推量にベーとダンベーを併用する地域では次のようになる。

・「動詞・形容詞＋ベー」でも推量が表現される。
・推量の用例　「きっとあの人も行グベー。」
　　　　　　　「まだ早かんベー。」

　次に、『方言文法全国地図』（GAJ）における群馬県の推量のベーを確認する。第112図「書くだろう」では、カクダンベーが吾妻、西毛、中毛、東毛に広く分布し、カクダッペが利根沼田に、カクベーが吾妻最西奥に、カクダンベが東毛に分布する。第113図「来るだろう」では、クルダンベーが吾妻、西毛、中毛、東毛に広く分布し、クルダッペが利根沼田に、コベーが吾妻に、クルベーが吾妻最西奥に、クルダンベが東毛に分布する。第114図「するだろう」では、スルダンベーが吾妻、西毛、中毛、東毛に広く分布し、スルダッペが利根沼田に、シベーが吾妻最西奥に、スルダンベが東毛に分布する。形容詞の推量形としての第142図「高いだろう」では、タカカンベーが吾妻、西毛、東毛に広く分布し、ダケエダッペが利根沼田に、タカイダンベー西毛に、タカカンベが東毛に分布する。形容動詞の推量形として第149図「静かだろう」では、シズカダンベーが吾妻、西毛の群馬県の西側の大半と東毛の東端に分布し、シズカダッペ（ー）が利根沼田に分布する。推量表現の第237図「行くだろう」では、イグ（ク）ダンベーが吾妻、西毛、中毛、東毛に広く分布し、イグ（ク）ダッペが利根沼田に、イグ（ク）ベーが吾妻最西奥に分布する。第238図「行くのだろう」では、イグ（ク）ンダンベーが吾妻、西毛、中毛、東毛に広く分布するが、第

第2章　推量のベーの動態　155

237図「行くだろう」に比べ共通語形のイクンダロウがやや増える。第239図「行っただろう」では、イッタンベーが吾妻、西毛、中毛、東毛に広く分布し、イッタダンベーが吾妻最西奥、イッタンダンベーが西毛最西奥に分布する。第240図「雨だろう」では、アメダンベーが吾妻、西毛、中毛、東毛に広く分布する。

以上から、『方言文法全国地図』（GAJ）では、群馬県における推量のべーは、次のようにまとめられる。

- 動詞の場合、終止形に「ダンベー」が接続する形態が広く分布し、利根沼田に「ダッペ」が、群馬県の西側である長野県との県境付近に「ベー」が（ただし、吾妻には終止形接続ではないコベー、シベーがある）、東毛に「ダンベ」が分布する。
- 形容詞の場合、カリ活用の連体形（ルは撥音化）に「ベー」が接続する形態が広く分布し、利根沼田に「終止形＋ダッペ」が、西毛に「終止形＋ダンベー」が、東毛に「カリ活用の連体形（ルは撥音化）＋ベ」が分布する。
- 形容動詞の場合、「語幹＋ダンベー」が広く分布し、利根沼田に「語幹＋ダッペ（ー）」が分布する。
- 名詞の場合、「名詞＋ダンベー」が広く分布する。

3．推量のべーの30年間の動態

3.1 「来る（カ行変格活用動詞）だろう」の動態

第1回調査（1980年）では、「あの人はきっと来るだろう」について、「クルダロウー」、「クルベー」、「クルダンベー」、「クルンベー」に「その他」を加えた5選択肢で使用状況を尋ねた。第2回調査（1992年）と第3回調査（2010年）では、「「いつ来るのだろう」にぺ、べをつけて」という意味・説明を付して、「クルダンベー」、「クルベー」、「クルンベー」、「クルダンベー」、「クンダヘ」、「クンダッペ」に「その他」を加えた7選択肢で使用、不使用を尋ねた。

図53は、選択肢でべーを使用した形式のうち、1980年当時群馬県において最も使用されるとされるクルダンベーと群馬県の周辺部

（群馬県の西側で、長野県との県境付近）で使用されるとされるクルベー、これらに新方言ンベーのクルンベーを加えた3形式について、5地域ごとに使用率を表したものである。

　第1回調査（1980年）では、吾妻、西毛、中毛でクルダンベーが、利根沼田でクルベーが、東毛でクルンベーが優勢である。利根沼田には推量にベーを使用する古い形式が残り、吾妻、西毛、中毛では推量がベーからダンベーへの交代がなされ、東毛ではさらに新しい形式の新方言ンベーが広まり始めていると考えられる。

　図54と図55は、図53と比較しやすいように、同様の3形式を取り出して5地域ごとに第2回調査（1992年）と第3回調査（2010年）の使用率を表したものである。

　図54からは、第1回調査（1980年）から12年が経過した第2回調査（1992年）において、利根沼田でも推量のベーからダンベーへの交代が済み、群馬県全域でクルダンベーが優勢であることが分かる。一方、東毛から発生した新方言クルンベーも全域への広がりの様相を見せている。また、利根沼田を除きクルベーも使用率を伸ばしている。

　図55からは、第1回調査（1980年）から30年が経過した第3回調査（2010年）において、全域でクルダンベーの勢力が衰え、新方言のクルンベーも若干の衰えが見られる。その中にあって、ク

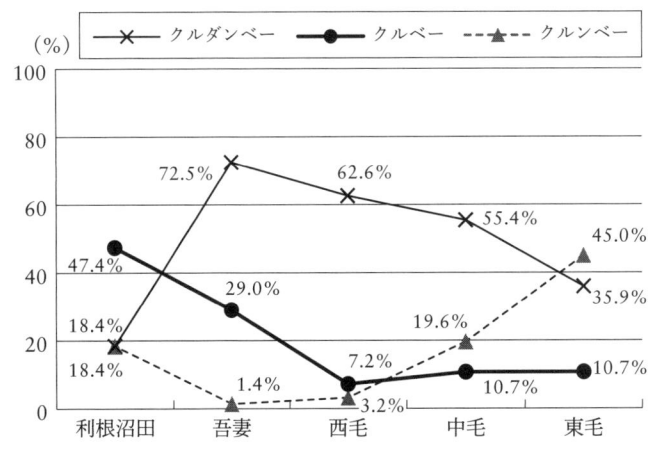

図53　第1回調査（1980年）「来る＋ベー（推量）」男子高校生の使用率

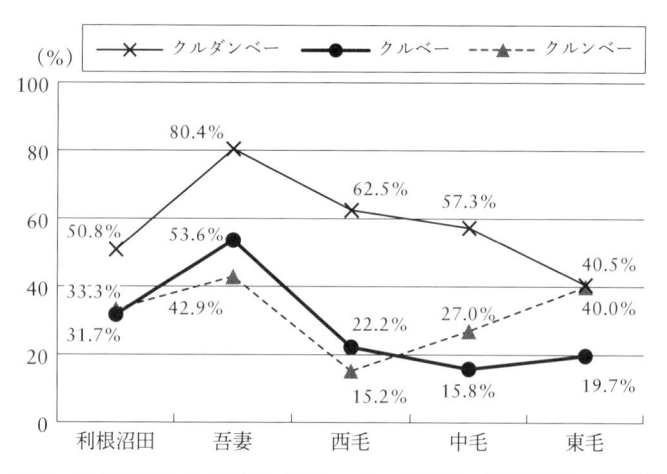

図54 第2回調査（1992年）「来る＋ベー（推量）」男子高校生の使用率

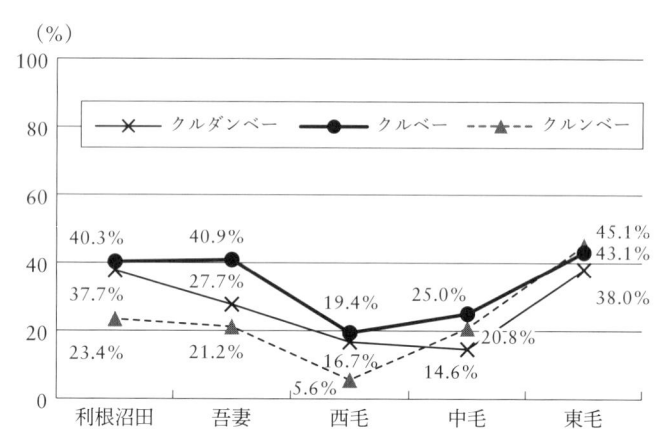

図55 第3回調査（2010年）「来る＋ベー（推量）」男子高校生の使用率

ルベーだけは依然勢力を維持しており、推量のダンベーからベーへの交代と動詞への単純接続が進行中であると考えられる。

3.2 「面白い（形容詞）だろう」の動態

　第1回調査（1980年）では、「この本はおもしろいだろう」について、「オモシロイダロウ」、「オモシロイベー」、「オモシロカンベー」、「オモシレーダンベー」、「オモシレンベー」に「その他」を加えた6選択肢で使用状況を尋ねた。第2回調査（1992年）と第

3回調査(2010年)では、「「この本は面白いだろう」にぺ、べをつけて」という意味・説明を付して、「オモシロイダンベー」、「オモシロカンベー」、「オモシレーダンベー」、「オモシレンベー」、「オモシロイベー」、「オモシレーベー」、「オモシレッペ」に「その他」を加えた8選択肢で使用、不使用を尋ねた。

図56〜58は、選択肢でべーを使用した形式のうち、1980年当時群馬県において最も使用されるとされるオモシレーダンベーと群馬県の周辺部で使用されるとされるオモシロカンベー、これらに新方言ンべーのオモシレンベーと「面白い(オモシロイ、オモシレー)」に単純接続のべーであるオモシロイベー(第1回調査(1980年)項目)、オモシレーベー(第2回調査(1992年)、第3回調査(2010年)の調査項目)を加えた4形式について、調査ごとに使用率を表したものである。

第1回調査(1980年)では、吾妻、西毛、中毛でオモシレーダンベーが、利根沼田と東毛でオモシレンベーが優勢である。形容詞の推量の古い形式オモシロカンベーは吾妻に多く残ってはいるが、ダンベーへの交代はほぼ完了していると見てよい。西毛を除き新方言オモシレンベーが広まり始めていると考えられる。

第2回調査(1992年)を見ると、オモシレーダンベーの勢力は第1回調査とほぼ変わらない。新方言オモシレンベーは西毛を除き

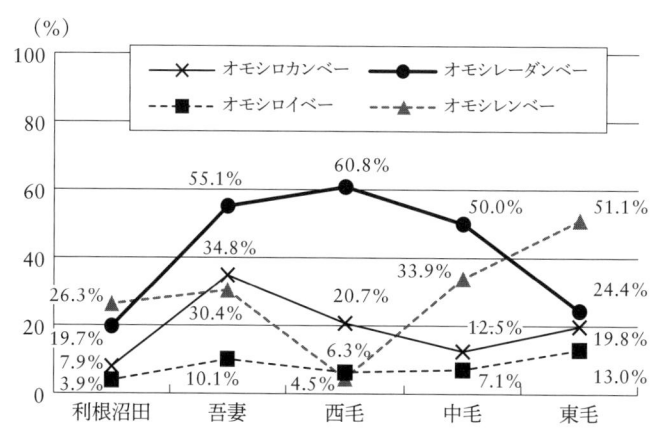

図56 第1回調査(1980年)「面白い＋べー(推量)」男子高校生の使用率

広がりの様相を見せている。また、西毛を除きオモシレーベーが使用率を伸ばしている。

　第3回調査（2010年）では、全域でオモシレーダンベー、オモシロカンベーの勢力が衰え、新方言オモシレンベーも東毛以外で衰えている。しかし、オモシレーベーだけはクルベー同様に勢力を維持しており、形容詞においても、推量のダンベーからベーへの交代とへの単純接続が進行中であるとことがうかがわれる。

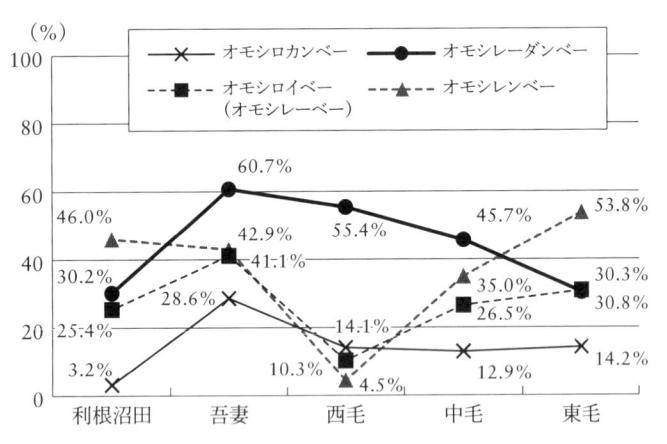

図57　第2回調査（1992年）「面白い＋ベー（推量）」男子高校生の使用率

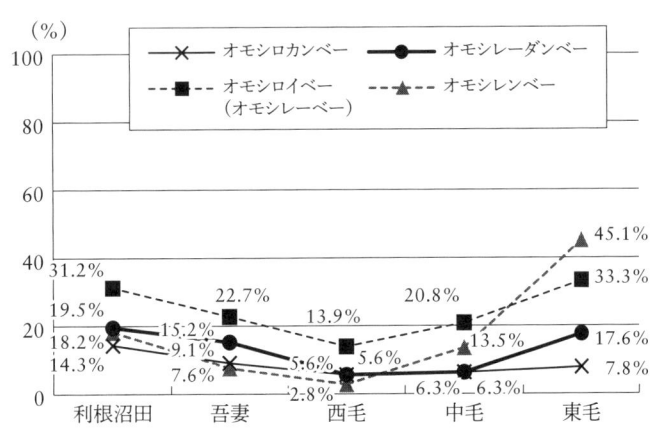

図58　第3回調査（2010年）「面白い＋ベー（推量）」男子高校生の使用率

160　　III　群馬県における30年間のベーの動態

3.3 「犬（名詞）だろう」の動態

　第2回調査（1992年）と第3回調査（2010年）では、「「犬だろう」にぺ、べをつけて」という意味・説明を付して、「イヌダンベー」、「イヌダベ」、「イヌダッペ」に「その他」を加えた4選択肢で使用、不使用を尋ねた。

　図59と図60は、『方言文法全国地図』（GAJ）においても確認されたように、群馬県において最も使用される「名詞＋ダンベー」のイヌダンベーと新方言のイヌダベの2形式について、第2回調査（1992年）と第3回調査（2010年）の5地域ごとの使用率を表したものである。イヌダベは、井上（2008: 196）において文法の新方言（神奈川の例）として「山だろう」の推量用法の接続の単純化として取り上げられている「山ダーベ（ー）」と同じ用法であり、「動詞・形容詞・名詞で文を終えるときの形に直接べをつけるように変化した」（井上2008: 199）とされるもので、関東の若年層に広まっていると考えられる。

　動詞、形容詞の推量では上述のようにダンベーからべーへの交代が進行中であったが、名詞の推量では、ダンベーからダベに切り替えが進行中のようである。

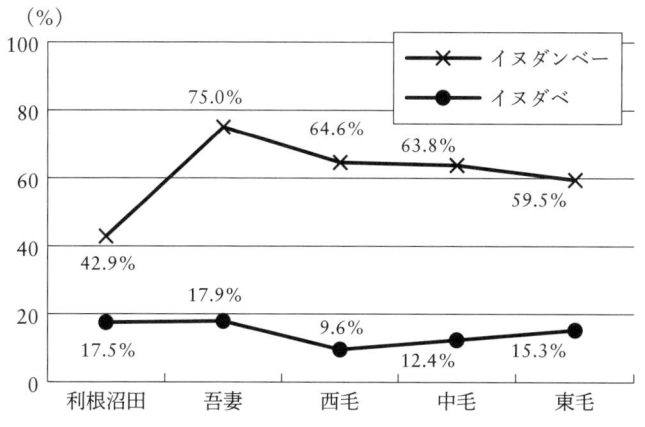

図59　第2回調査（1992年）「犬＋べー（推量）」男子高校生の使用率

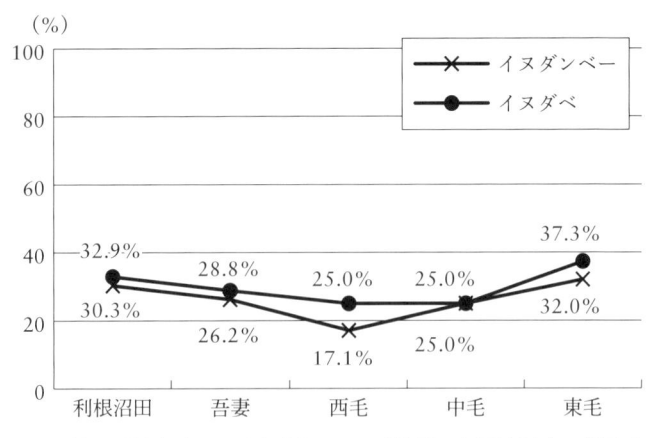

図60　第3回調査（2010年）「犬＋ベー（推量）」男子高校生の使用率

4. 推量のベーの変化の様相

　以上のように、推量のベーにおいても、第1回調査（1980年）から第2回調査（1992年）かけて、新方言のンベーが見受けられるようになり使用を伸ばしていた。第2回調査（1992年）から第3回調査（2010年）では、意志・勧誘と同様にベーの使用が減少傾向にあるものの、推量のダンベーからベーへの交代と、クルベーやオモシレーベーのように動詞や形容詞への単純接続が進行中であった。

　群馬県における30年間での若年層の実態から推量のベーを本章の目的に準じてまとめると、次のようになる。
（1）在来方言である推量のダンベーは、衰退傾向にある。
（2）1980年ごろから使用が見られた新しい推量表現のンベーは、1992年ごろまでは使用を伸ばしたが、その後2010年までの間に見られるベー全体の衰退傾向の影響を受け、使用が減少傾向にある。
（3）ベー全体の衰退傾向の流れの中にあって、推量をダンベーからベーにという単純接続化は現在も進行中であり、動詞、形容詞、名詞へのベーの単純接続表現は1980年から30年間で使用が伸びている。

5．おわりに

　以上、本章及び前章の観察、考察から、群馬県内におけるベーの変化について、まとめよう。
　かつての東日本においては、意志・勧誘表現も推量表現も方言ではベーで行われていた。やがて、群馬県を含む関東では、「行こう」（意志・勧誘）と「行くだろう」（推量）という共通語の使い分けの影響により、意志・勧誘の方言表現はベー（イクベー）、推量の方言表現はダンベー（イクダンベー）と使い分けるようになった。
　1980年代あたりから、群馬の若い世代では、意志・勧誘のベーに一つの変化が生じた。ンベーの発生である。ンベーは、大きな言語変化であるベーの接続の単純化に向かう中で、群馬県の在来方言の特徴であるル語尾動詞においてル語尾を撥音化する現象や撥音を多用する群馬方言の音声的特徴を受け継ぐ形で発生したと考えられる。この新方言ンベーは、推量のダンベーにも影響を与え、1992年ごろには推量でもンベーの使用率は上昇した。
　一方、1992年から2010年にかけて、若年層では、意志・勧誘でベー、推量でダンベーという方言的表現は衰退傾向を見せ、また、ベー全体に衰退傾向も強まっている。それに同調する形で、新方言ンベーも減少傾向に転じている。しかし、ベー全体の衰退傾向という大きな流れの中にあって、東日本で進行中である、推量をダンベーからベーにという単純化という大きな変化だけは現在も進行中であり、クルベー、オモシレーベーともに、1980年から30年間で使用が伸びているのである。

第3章
ベーの新しい変化

1. はじめに

　第1章及び第2章では、男子若年層のベーの使用の変化に着目してきた。その背景には「男性は女性に比べてベイことばを保持している傾向が強い」（篠木 1994b:107）という認識から、ベーの使用に関する研究が男性の使用を前提になされてきたという実情がある。しかし、近年、2005年前後の女子若年層での方言ブームなどを背景に女子若年層における方言使用に関する研究も盛んである。ここでは、第2回調査（1992年）、第3回調査（2010年）の女子若年層のデータを加え、ベーの使用に関して男女の使用率の差に注目する。

2. 意志・勧誘のベー

　まず、意志・勧誘のベーについて見てみよう。
　図61はミベーについての、第2回調査と第3回調査の男女別使用率の図である。第2回調査（1992年）では男子の使用率が女子を比較的大きく上回っている。しかし、第3回調査（2010年）を見ると、西毛、中毛、東毛で、女子の使用率が男子を上回っている。利根沼田や吾妻では、女子の使用率は男子を上回らないまでも、男子の使用率にきわめて近い。最近の傾向として、ミベーの使用に関して女子と男子に差がない傾向が見て取れる。
　図62はミルベーについての、第2回調査と第3回調査の男女別使用率の図である。
　第2回調査（1992年）では西毛、中毛、東毛で、男子の使用率が女子を大きく上回っている。しかし、第3回調査（2010年）を

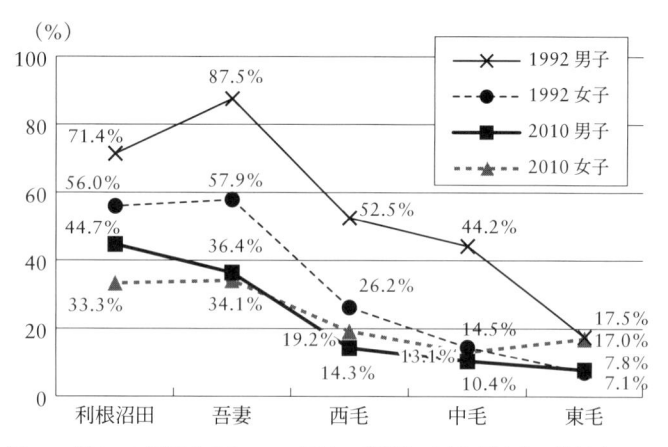

図61　第2・3回調査「ミベー（意志・勧誘）」男女高校生の使用率

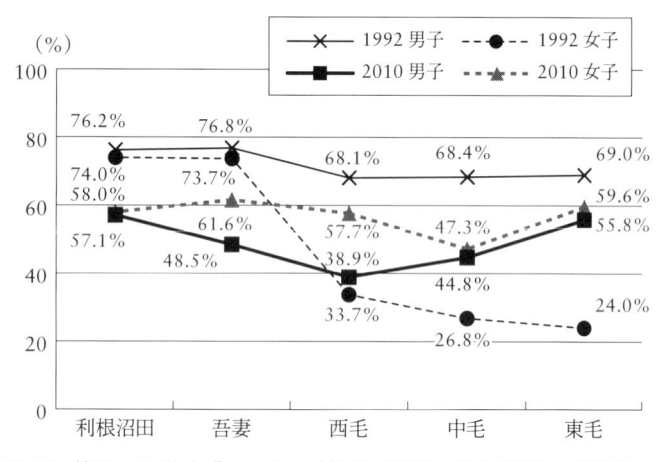

図62　第2・3回調査「ミルベー（意志・勧誘）」男女高校生の使用率

　見ると、吾妻、西毛、中毛、東毛で女子の使用率が男子を上回っている。利根沼田では、女子の使用率と男子のそれとは僅差である。ベーの接続の単純化と考えられる新しい形式ミルベーにおいても、ミベー同様に、男女差のない傾向が見て取れる。むしろ、新しい形式では、女子が男子をリードしている傾向さえ見て取れるのである。

　図63はミンベーについての、図64はミルンベーについて、第2回調査と第3回調査の男女別使用率の図である。

　ミンベーでは、第2回調査（1992年）の西毛、中毛、東毛で、

男子の使用率が女子を大きく上回り、利根沼田や吾妻でも男子が女子を上回っている。第3回調査（2010年）を見ると、ミンベーでは、ミルベー同様に、吾妻、西毛、中毛、東毛で女子の使用率が男子を上回っている。利根沼田では、女子の使用率と男子のそれとは僅差である。

ミルンベーでは、第2回調査（1992年）の西毛、中毛、東毛で、男子の使用率が女子を大きく上回り、吾妻では女子の使用率が若干男子を上回るものの、利根沼田では男子が女子を上回る。第3回調査（2010年）を見ると、利根沼田と東毛で男子の使用率が女子を上回り、吾妻、西毛、中毛で女子が男子を上回っている。

新方言ンベーにおいても、ミルベー同様に、女子が男子をリードしている傾向さえ見て取れる。もともと男性の使用語であると考えられてきたベーベーことばであっても、最近の若年層においては、新しい動きに女子が敏感に反応し使用していると考えられるのである。

以上、「見る＋ベー」（意志・勧誘）に関して、どの形式でも第2回調査では男子の使用率が女子を比較的大きく上回っている。しかし、第3回調査を見ると、古い形式ミベーでは西毛、中毛、東毛で、ベーの接続の単純化と考えられる新しい形式ミルルベーと、新方言ミンベーでは、すべての地域で、女子の使用率が男子を上回ってい

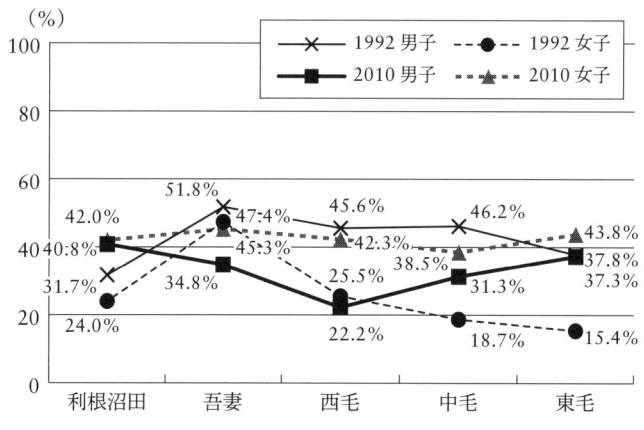

図63　第2・3回調査「ミンベー（意志・勧誘）」男女高校生の使用率

第3章　ベーの新しい変化　　167

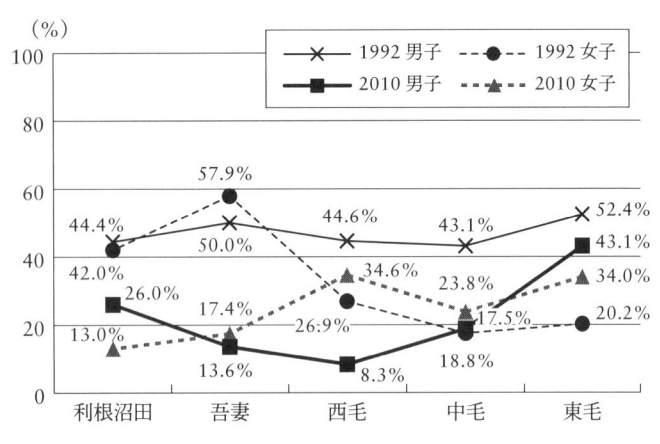

図64 第2・3回調査「ミルンベー（意志・勧誘）」男女高校生の使用率

る。現在はベーの使用に関して女子が男子をリードしている傾向が見て取れるのである。なお、「行こう」の「イクベー」、「イクンベー」でも同様の傾向である。

3．推量のベー

推量のベーについても見てみよう。

図65は、クルダンベーについて、第2回調査と第3回調査の男女別使用率を表した図である。

第2回調査（1992年）では男子の使用率が女子をすべての地域で大きく上回っている。しかし、第3回調査（2010年）を見ると、利根沼田と東毛では、男子の使用率が女子を上回っているものの、吾妻、西毛、中毛で、女子の使用率が男子を上回っている。やはり、最近の傾向として、推量のクルダンベーでも、使用に関して女子と男子に差がない傾向が見て取れる。

図66は、クルベーについて、第2回調査と第3回調査の男女別使用率の図である。

第2回調査（1992年）では西毛、中毛、東毛で、男子の使用率が女子を上回っている。しかし、第3回調査（2010年）を見ると、吾妻、西毛、中毛で女子の使用率が男子を上回り、利根沼田と東毛

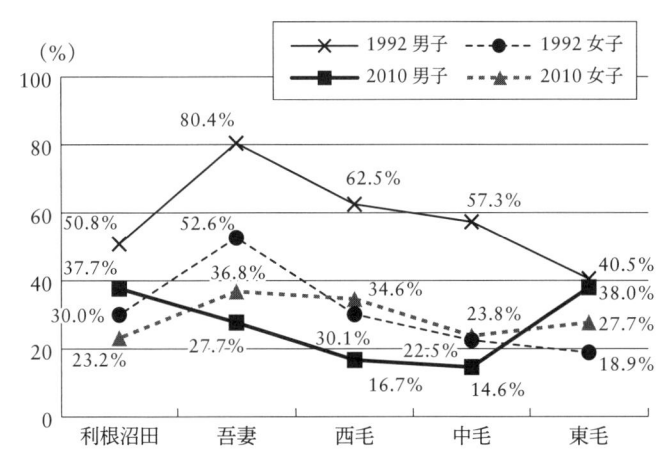

図65　第2・3回調査「クルダンベー（推量）」男女高校生の使用率

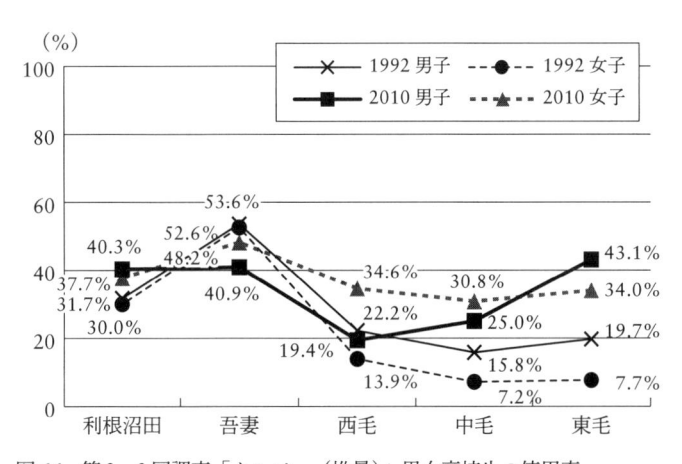

図66　第2・3回調査「クルベー（推量）」男女高校生の使用率

は女子の使用率と男子のそれとは僅差である。しかも、第3回調査（2010年）の女子の使用率は第2回調査（1992年）の男女の使用率を上回ってさえいる。ベーの接続の単純化と考えられる新しい形式クルベーにおいては、ミルベー同様に、女子が男子をリードしている傾向さえ見て取れるのである。

　図67はクルンベーについて、第2回調査と第3回調査の男女別使用率の図である。

　第2回調査（1992年）では利根沼田、中毛、東毛で、男子の使

第3章　ベーの新しい変化　169

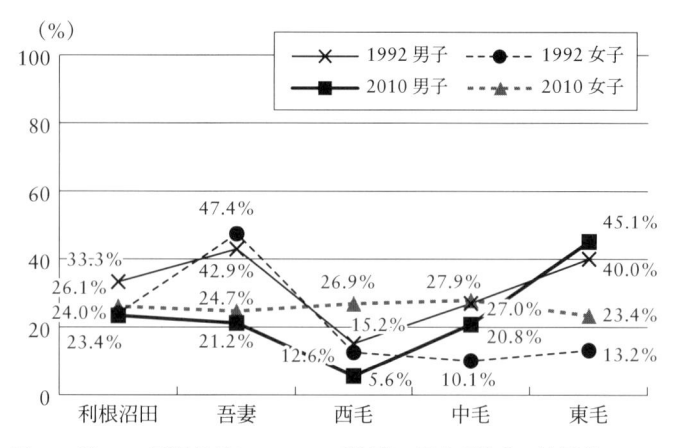

図67 第2・3回調査「クルンベー（推量）」男女高校生の使用率

用率が女子を上回り、吾妻、西毛ではほぼ同程度であった。第3回調査（2010年）を見ると、東毛を除き、女子の使用率が男子を上回っている。東毛では、ミルンベーと同様に、男子の使用率が女子を上回る。

　推量の新方言ンベーにおいても、意志・勧誘のンベー同様に、女子が男子をリードしている傾向が見て取れる。

　以上、推量のベーにおいても、意志・勧誘と同様の傾向があることが分かった。2010年現在、若年層においては使用に男女差はなく、むしろ女子の使用率が男子を上回る勢いがあるほどである。しかもその傾向は、新方言や接続の単純化など、新しい動きに顕著に見られるようである。

　また、意志・勧誘と推量のベーの使用において、共通に女子が男子をリードする傾向を見せる地域は、吾妻、西毛、中毛であった。県庁所在地の前橋市を擁する中毛と群馬県の交通の中心地・高崎市を擁する西毛でのこの動きは、おそらく群馬県周辺部に広まると予想され、隣接する吾妻が「見ベー」を除き中毛、西毛と同じ傾向にあるということは、まさにこの動きの広がりととらえることができよう。

4. ベーの新たな動き

　以上、1992年から現在までの18年間の新たな動きとして、女子若年層がベーを男子若年層と同程度あるいはより多く使用する傾向を見ることができた。この傾向は、方言の「アクセサリー化」あるいは「おもちゃ化」といった現象と関係があるのではないかと考えられる。

　小林（2004）は、若者の間で、方言はいわば共通語の中に散りばめられた「アクセサリー」的なものと見なしていると指摘し、方言を「スタイル」として包括的な変種ではなく「要素」として使用されるとする。従来、群馬県において、ご当地方言の象徴的存在であるベーを女子若年層が男子と同様にあるいはそれ以上に使用することは考えにくかった。しかし、小林（2004）が述べるように、方言の使用が「スタイル」としてではなく「要素」としての使用と考えれば、既成の考え方では古くて土着的で男性的なイメージのベーも、若年層女子においては、自分の言葉を新しく斬新に飾ってくれるアクセサリーとなり得ると考えられるのである。

　また、田中（2010）は、現代は方言の「アクセサリー化」から「おもちゃ化」の時代を迎えていると述べ、方言の「おもちゃ化」を、

　「「方言」を目新しいもの、おもしろいもの、価値あるものとして、それが生育地方言であるか否かを問わず、表現のバリエーションを広げたり、楽しんだりすることを主目的に採用・鑑賞する」という「方言」の受容態度と言語生活における運用態度のこと
　　　　　　　　　　　　　　　　　　　（田中2010: 484）

と定義する。ここでの傾向を、群馬県の女子若年層が地元方言であるベーをバリエーションを広げたり楽しんだりするためのツールとして使用し始めた現象と考えれば、まさに女子若年層によるベーの「おもちゃ化」なのである。

5. おわりに

　30年間の経年調査によって群馬県方言におけるベーの動態をつ

かむことができた。ベーは衰退傾向を示しつつも、共通語化にあらがい群馬県方言の中に根強く生き続けている。それには、新方言ンベーの発生や接続の単純化、あるいは推量のダンベーからベーへ交代と接続の単純化、さらには「アクセサリー化」や「おもちゃ化」など、形式面・文体面で様々な変化を活発に起こしてきたことが大きいと考えられる。

IV　群馬県若年層における方言使用と属性

第 1 章
方言使用における男女差

1. はじめに

　第 4 部では、群馬県若年層の方言使用と属性に着目する。まず、本章では、群馬県における若年層の方言使用に関する男女差に注目する。

　佐藤（1993b）では、新方言を東京型（東京でも群馬県でも新方言の傾向を示す語形）と地方型（東京では使用されず群馬県でのみ新方言の傾向を示す語形）とに分けた場合、男女によって使用される傾向にやや異なりが見られたことについて述べた。東京型の新方言は女性に使用されやすく、地方型の新方言は男性に使用されやすい傾向が見られたのである。これは第 1 回調査（1980 年）と第 2 回調査（1992 年）の結果からの報告、考察であった。本章では、佐藤（1993b）を踏まえ、第 3 回調査（2010 年）の調査結果である 30 年後の若年層の使用傾向も加えて、東京型と地方型の新方言と若年層の方言使用に関する男女差との関係を考察する。

2. 東京型新方言の男女差

2.1　第 2 回調査（1992 年）までの東京型新方言の男女差

　第 2 回調査の結果から、佐藤（1993b）では、東京型の新方言は、女性に使用されやすい傾向があることを述べた。図 68 は、東京型の新方言について、第 2 回調査（1992 年）対象のすべての高校生の使用率を男女別・話し相手別にグラフ化したものである。話し相手の別は、親友相手の場合と NHK アナウンサー相手の場合の 2 通りである。横軸には東京型の新方言を高校生全体の使用率の低い順に並べた。ただし、東京型の新方言のうち、連母音の存在によって

親友・NHKアナウンサーに対して「使う」の使用率

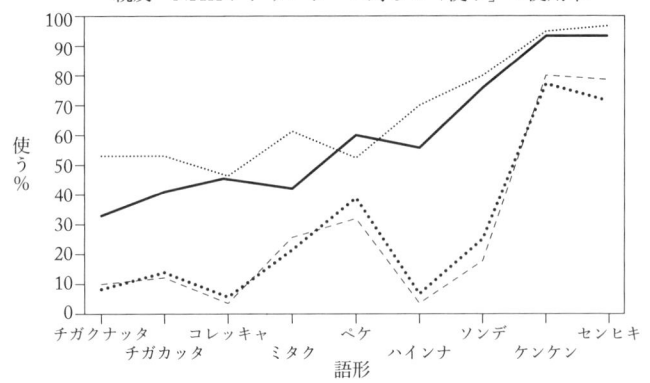

―― 男子(親友相手) ……… 女子(親友相手) ・・・・ 男子(NHK相手) --- 女子(NHK相手)

図68　第2回調査（1992年）における東京型新方言の群馬県での男女差

男女差が生じてしまったと思われるシンネーは除外した。

　図68から、ほとんどの語形で親友相手に女子は「使う」と答えた割合が男子を上回っていることが分かる。ちなみに、男子の使用率が女子を上回った語形は、栃木南西部の方言形で群馬県東部では以前から方言形として使用されていたという特殊事情を持つペケだけである。

　図68で示した傾向は、地域ごとにも観察できる。第2回調査（1992年）結果を高校ごとに集計し同一地域の男子高校と女子高校との親友相手の使用率を比較すると、女子高校での使用率の方が高い地域が多い。同一地域内で男子高校と女子高校とを調査した地域は9地域あり、東京型の新方言9語形の親友相手の使用率において平均5.7地域で女子高校が男子高校を上回った。例として、ミタクの高校別の親友相手の使用率を表すグラフ図69を示す。ミタクは8地域で女子高校が男子高校を上回っている。グラフ縦軸には調査高校が並ぶ。同一地域で男子高校と女子高校とを調査した9地域は、沼田・渋川・高崎・富岡・伊勢崎・桐生・太田・館林・足利である（グラフではカギで結んである）。

　東京型の新方言の使用に関して男子より女子の方が強いという傾向は、次に挙げるトラッドギル（1975）の論述と一致するものである。

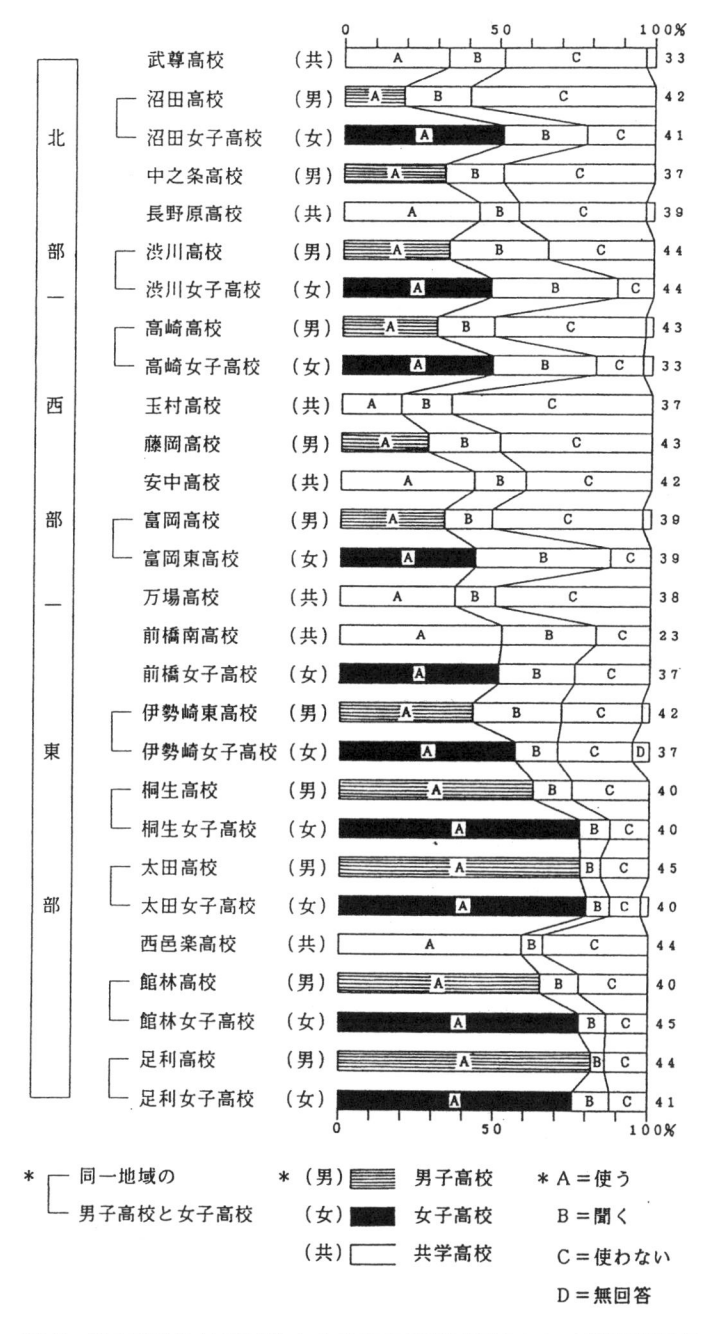

図69 第2回調査（1992年）における東京型新方言ミタクの高校別使用率

第1章　方言使用における男女差

町で使われる言語形式が農村部に広がり、権威の低い、かつての田舎風の形式に取って替わるという形で言語変化が起こりつつあるが、ここでもやはり女性がそのような変化の先がけとなっている。　　　　　　　　　　　　　（トラッドギル 1975: 111）

　また、「女性の方が新しい言語現象を早く受け入れ、若やいだ言い方をしている」井上（1985a）という新方言に関する報告にも一致する。井上（1985a）の報告は、山形県最上地方の調査（井上・永瀬・沢木 1980）のデータをもとにしたものである。それによると、10代の新しい言語現象を使用する傾向は他の年代に比べきわめて強く、年代が上がるにつれその傾向は弱くなる。そして、どの年代でも女性の新現象使用傾向が男性より強く、特に、30代や20代の男女差は著しい。女子高校生に当たる10代後半の女性においても30代、20代ほどではないが、同年齢層の男性より新しい言語現象を使用する傾向が強いのである。ただし、群馬県においては、10代後半の女性はすべての新方言において、使用する傾向が男性より強いというわけではない。後述する地方型の新方言に対してはこの傾向はあてはまらない。東京型に限られるようである。

　では、なぜ東京型の新方言は、男子高校生より女子高校生に使用される傾向が強いのであろうか。一つに、東京型の新方言を群馬県の女子高校生が標準語形であると意識して使用しているのではないか、という考え方ができる。「男性が非標準語形の新しい言葉を、そして、女性が標準語形の新しい言葉を、それぞれ早く取り入れる傾向にある」（井上文子 1991: 18）という報告があるからである。しかし、この考え方はこの場合適用できないようである。図68にはNHKアナウンサー相手に対して使うかどうかのパーセンテージも記入してある。これを見ると、NHKアナウンサー相手の東京型の新方言の使用率には男女差はない。また、特に男女差がはっきり現れた三つの語形（ミタク・チガカッタ・チガクナッタ）に対しても、男女とも新しい標準語としての意識があるとは読み取れない。従って、群馬県の若年層が東京型の新方言を標準語形だと意識しているとは言えそうもない。つまり、東京型の新方言を群馬県の女性若年層が男性より使用する傾向が強い理由に、東京型の新方言を標

準語形として意識しているためという考え方はあてはまらない。

　東京型の新方言を文体的には高くないと意識していることがわかった上で、男性若年層より女性若年層の方が東京型新方言の使用傾向が強いことについて改めて考えてみると、東京での若年層の使用の有無との関係が浮かび上がってくる。なぜならば、佐藤（1996a）に示した通り、鉄道等によって東京との結びつきが強い地域ほど東京型の新方言を早く使用する傾向が強いからである。おそらく、東京の若年層が使用するという威光に対して、若年層では男性より女性の方が影響を受けやすいのであろう。つまり、群馬県の10代後半の若年層の女性は、非標準語形としての新しい言語現象の使用には、東京での使用の有無という要因を男性よりも強く働かせていると思われるのである。

2.2　第3回調査（2010年）の東京型新方言の男女差

　東京型新方言の第3回調査（2010年）の結果については、第2部第1章の3で詳述した。ここでは、東京型新方言の第3回調査（2010年）の使用率を男女別に示すことで、第2回調査（1992年）時点では東京型の新方言が男子高校生より女子高校生に使用される傾向が強いということが、30年後、どのようになっているのかを検証する。

　表26は、表18をもとに、東京型新方言の30年間での使用率の伸び方と30年後の男女別使用率及びその差を示した表である。群馬県の全域で使用率が伸び続けた7表現については、第2回調査（1992年）には連母音の存在によって男女差が生じてしまったと思われ除外したシンネーを含めて、すべてで女子の使用率が男子を上回っている。一方、使用率が伸び続けず、第3回調査（2010年）の段階では東京型の新方言とは呼びがたい3表現については、ペケでは男子の使用率が上回り、コレッキャはわずかに女子が男子を上回り、センヒキは男女同率であった。

　使用率が伸び続けた東京型の新方言のすべてにおいて女子の使用率は男子を上回り、東京型の新方言が30年後においても男子に比べ女子若年層に使用される傾向が強いことが分かる。第2回調査

(1992年)の時点での東京型の新方言は男子より女子に使用される傾向が強いという特徴は、第3回（2010年）でも証明されたことになる。

表26 東京型新方言の30年間での使用率の伸び方と30年後の男女別使用率とその差

30年間での使用率の伸び方		東京型新方言	男子使用率（%）	女子使用率（%）	使用率の差女子－男子
使用率が伸び続けた	全域で	チガカッタ	69.3	76.9	7.6
		チガクナッタ	43.2	67.5	24.3
		ハインナ	59.0	74.8	15.8
		ソンデ	85.5	90.0	4.5
	一部を除き	ミタク	36.7	49.3	12.6
		シンネー	35.9	40.1	4.2
		ケンケン	92.6	93.9	1.3
使用率が伸び続けなかった		ペケ	32.6	27.0	-5.6
		コレッキャ	23.8	25.3	1.5
		センヒキ	67.9	67.9	0.0

3. 地方型新方言の男女差

3.1 第2回調査（1992年）までの地方型新方言の男女差

　第2回調査の結果から、佐藤（1993b）では、地方型の新方言は、男性に使用されやすい傾向があることを述べた。図70は、地方型の新方言について、1992年の群馬県の高校生の使用率を男女別にグラフに表したものである。グラフ横軸には、地方型の新方言の語形が並ぶ。並べ方は、1992年の段階において地方型の新方言には伝播過程（進行期→安定期→衰退期）があると考え、左側からその伝播過程の順である。進行期とは、地方のある都市を中心にその周辺にゆっくりと広まる時期を想定している。安定期とは、一定の地域に広がりを持ち一定の使用率で使用され続けるが大幅な使用率の低下はない時期を想定している。安定期の後半になると若年層以外

親友に対して「使う」の使用率

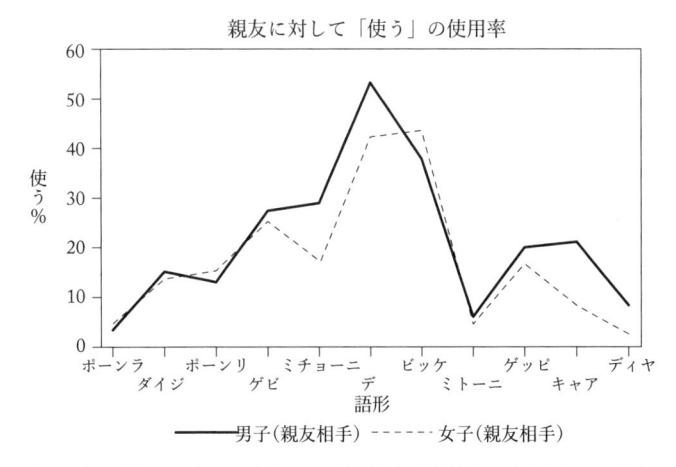

図70 第2回調査（1992年）における地方型新方言の群馬県での男女差

でも使用され始める。衰退期とは、その地方の若年層で使用されなくなり新方言ではなくなる時期を想定している。なお、ここに示す使用率は群馬県全域での使用率である。そのため、ある地域（例えば東毛）での使用率は高いがその他の地域では全く使用されない場合もあり、その場合はここに示される使用率は必ずしも高くはない。

　図70を見ると、全体的な傾向として地方型の場合、やや男性の方が使う傾向が強いことがわかる。進行期（グラフ横軸左方向）の地方型の新方言の使用に男女差はそれほど見られない。使用率自体が低いためでもあるだろう。安定期（グラフ中央付近）に入ると、特に前半は男性の使用傾向が目だって強くなる。「男性が非標準語形の新しい言葉を早く取り入れる傾向にある」（井上文子1991:18）という先行研究に一致する。安定期でも後半になると、また男女差が際だたなくなる。若年層に保護者層の使用率が追いつき新方言の性格が薄れたビッケなどは、女性の方が高くなっている。この衰退期に近づいた安定期後半に男女の使用の差が薄れる現象は、それぞれの語形がそれぞれの地域に馴染んだ結果によるのではないだろうか。地方型の新方言がその地域において市民権を得るときは、男女差がなくなるときであると言い換えることもできる。衰退期になると、再び、男性の使用率が目立つようになる。衰退期の語形は全体の使用率も減少しているわけであるから、安定期前半の男女差

第1章　方言使用における男女差　　**181**

とは意味が違う。すなわち、使用しない率が男子より女性に高くなったということである。

　以上の考察から、地方型の新方言の男女差に関する傾向を指摘した。地方型の新方言を地域の若年層に広めるのは女性より男性の方が大きい役割を果たす傾向にあるということである。地方型の新方言の安定期前半の語形の使用率の男女差がそれを表していると考えた。また、地方型の新方言が地域で定着し世代差なく使われるようになると、使用率の男女差は際立たなくなり、衰退期になると再び使用率の男女差が目立ち始め、女性のほうが早く新方言から離れていくと考えた。

3.2　第3回調査（2010年）の地方型新方言の男女差

　地方型新方言の第3回調査（2010年）の結果については、第2部第1章の4節で詳述した。ここでは、地方型新方言の第3回調査（2010年）の使用率を地域別、男女別に詳しく見ることで、地方型の新方言の使用上の男女差を30年後の立場から考察する。

　第2部第1章の4節では、地方型新方言を使用率が30年間伸び続けたかという視点から、次の（1）～（3）のようにまとめた。(1) 地方型の新方言として、30年間、群馬県内で使用を伸ばし続けた表現、ダイジがあった。(2) 地方型の新方言の中には、その勢力を地方の方言区画内で若年層の使用を伸ばし続けないまでも（つまり、新方言ではなくなってしまってはいるが）、勢力を群馬県内の一部の地域で維持し続ける表現、ゲビ、デがあった。(3) 地方型新方言の中には、使用率を次第に低下させ、衰退が予想されたり衰退していくことが明らかであったりする表現、ポーンリ、ポーンラ、ビッケ、ミチョーニ、ミトーニ、ゲッピ、キャア、ディヤがあった。ここでは、この（1）から（3）の順に、地方型新方言の30年後の男女別使用率を観察し考察する。

　図71は、第3回調査（2010年）のダイジの男女別使用率を表すグラフである。男子若年層では、ダイジは東毛からじわじわと西進し群馬県内にゆっくりと広まる様相が見られ、使用率が伸び続けていた。その使用の中心地域である東毛では、圧倒的に女子の使用率

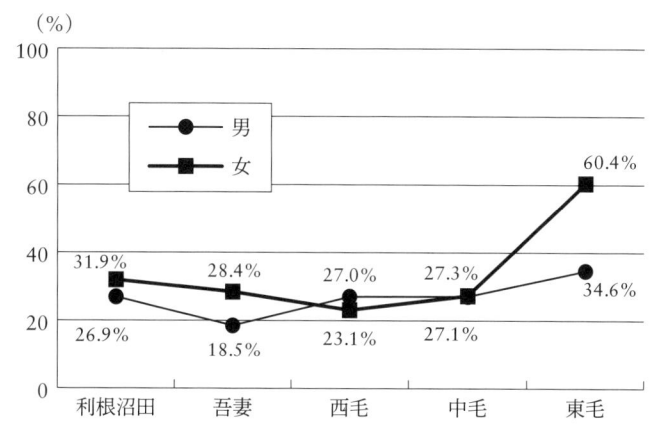

図71　第3回調査（2010年）におけるダイジの男女別使用率

が高いことが分かる。一方、男子の使用においては中毛、西毛で増えつつあったが、中毛、西毛では男女差は目立たず、発信地から離れた利根沼田や吾妻では、やや女子の使用率が上回っている。(1)の地方型新方言として使用率が伸びている、いわば勢いのある地方型の新方言の場合、その発信地において女子に受けいれられていることがわかる。

　次に、(2) その勢力を地方の方言区画内で若年層の使用を伸ばし続けないまでも（つまり、新方言ではなくなってしまってはいるが）、勢力を群馬県内の一部の地域で維持し続ける表現、ゲビ、デを見てみよう。

　図72は、第3回調査（2010年）のゲビの男女別使用率を表すグラフである。使用の中心地である中毛では、男子の使用率を大きく女子が上回っている。このことからゲビが中毛で勢力を維持しているのは（参照図17）、実は女子の使用が支えているためと考えられる。

　図73は、第3回調査（2010年）のデの男女別使用率を表すグラフである。デでは、全域で女子の使用率が男子の使用率を上回っている。男子の使用率は第2回調査（1992年）に比べ全域で低下しており（参照図18）、その勢力を地方の方言区画内で若年層の使用を伸ばし続けないと判断したが、女子ではまだまだ勢力は衰えてい

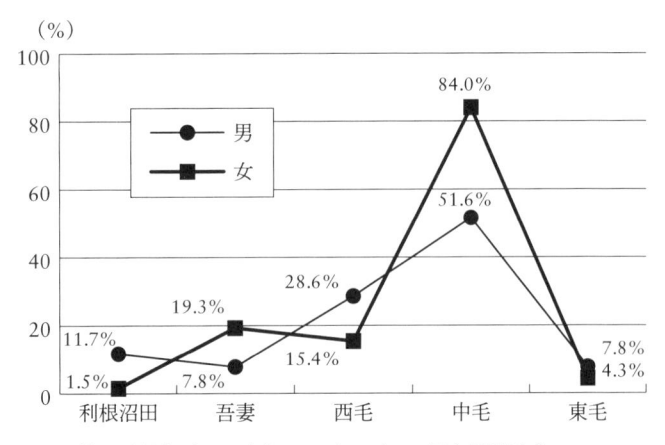

図72 第3回調査（2010年）におけるゲビの男女別使用率

なかったのである。

これらのほか、新方言ンベーも（2）のカテゴリーに含まれると判断した。ンベーについては第3章で述べたとおり、第3回調査（2010年）の段階では、女子の使用が男子の使用率を超えるほど、地域において盛んであった。以上、（2）の地方型新方言として続けないまでも勢力を群馬県内の一部の地域で維持し続ける表現の場合、女子の使用がその勢力を支えていると考えられる。

最後に、（3）地方型新方言の中には、使用率を次第に低下させ、

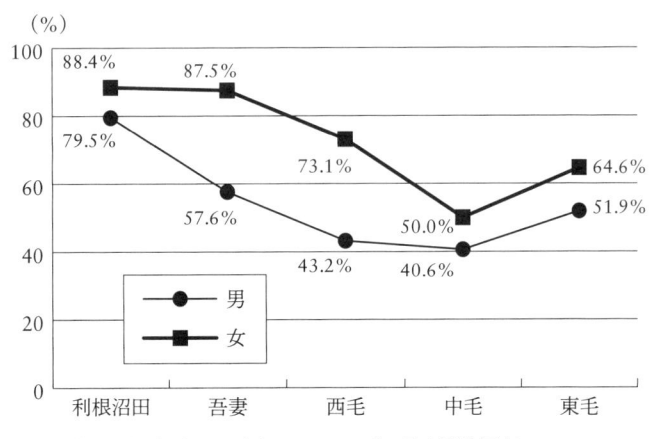

図73 第3回調査（2010年）におけるデの男女別使用率

184　IV　群馬県若年層における方言使用と属性

衰退が予想されたり衰退していくことが明らかであったりする表現、ポーンリ、ポーンラ、ビッケ、ミチョーニ、ミトーニ、ゲッピ、キャア、ディヤを見てみよう。

　図74は、第3回調査（2010年）のビッケの男女別使用率を表すグラフである。かつて西毛や中毛を中心に使用が認められたビッケ（参照図21）は、西毛の女子においては依然として50％程度の使用率がある。また、それ以外の地域では女子の使用率が男子を上回っている。

　図75は、第3回調査（2010年）のミチョーニの男女別使用率を表すグラフである。かつて吾妻を中心に利根沼田や西毛で使用されたミチョーニ（参照図27・図31）は、第2回調査（1992年）当時の男子の使用率ほどではないにしろ、第3回調査（2010年）の男子の使用率を上回る使用率がある。また、それ以外の地域では女子の使用率が男子を上回っている。

　図76は、第3回調査（2010年）のゲッピの男女別使用率を表すグラフである。かつて西毛を中心に中毛への拡大がうかがわれたゲッピ（参照図22）は、男子では第2回調査（1992年）当時の使用率を第3回調査（2010年）で下げたが、女子では維持している。

　図77は、第3回調査（2010年）のキャアの男女別使用率を表すグラフである。かつて東毛を除く群馬県において勢力のあったキャ

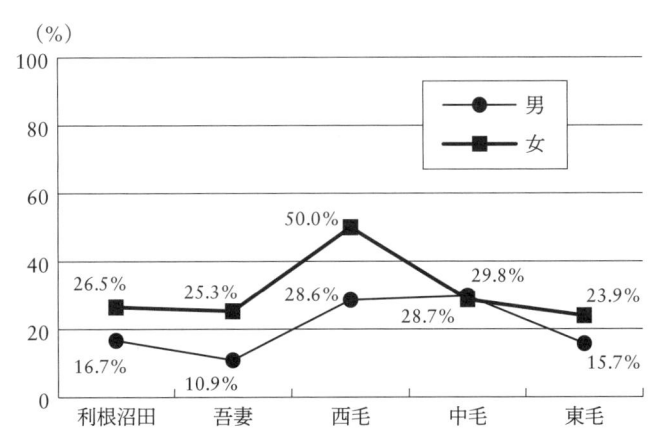

図74　第3回調査（2010年）におけるビッケの男女別使用率

ア（参照図23）は、利根沼田でのみ残りやがては衰退するものと考えられるが、利根沼田の女子では男子の使用率をはるかに上回っている。

なお、これらのほかのポーンリ（参照図19）、ポーンラ（参照図20）、ミトーニ（参照図28・図31）、ディヤ（参照図24）に関しては、第3回調査（2010年）の使用率は低く、男子の使用率と女子の使用率に差はほとんど認められない。

以上、(3)の使用率を次第に低下させ、衰退が予想されるたり衰退していくことが明らかであったりする表現の場合、女子の使用

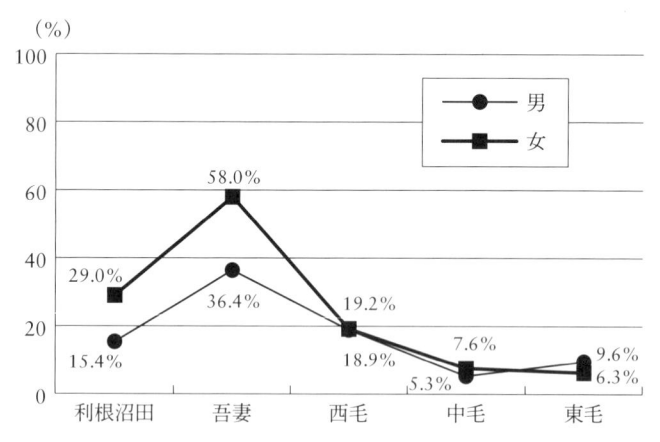

図75　第3回調査（2010年）におけるミチョーニの男女別使用率

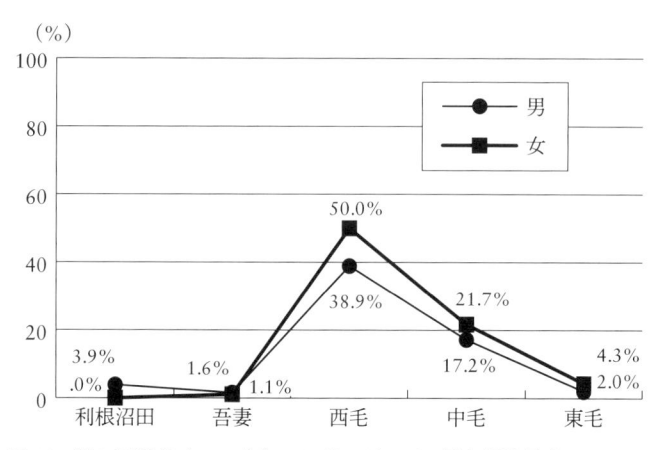

図76　第3回調査（2010年）におけるゲッピの男女別使用率

(%)

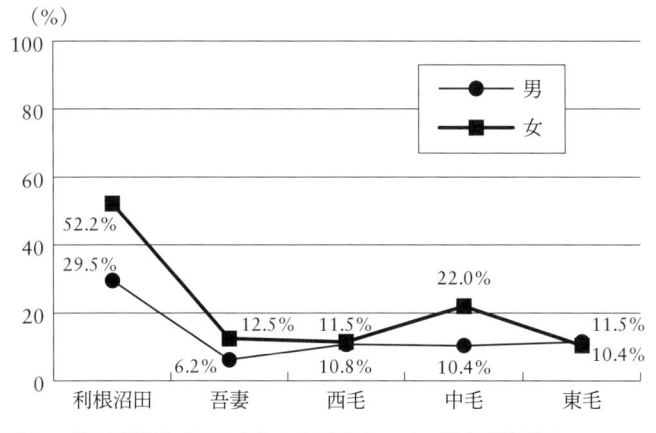

図77　第3回調査（2010年）におけるキャアの男女別使用率

の方が男子より以上に粘り強く地域に残る傾向を支えていることが読み取れた。

　ここまでの第3回調査（2010年）の結果を受けての（1）から（3）の考察をまとめると、群馬県の各地域における若年層の方言使用に関する男女差を見た場合、男子に比べ女子の方がより強く支持している状況が浮かび上がってくる。この傾向は、第2回調査（1992年）までで得られた地方型の方言が女性より男性若年層に使用されやすいという傾向とは明らかに異なるものである。その変化の要因は、第2回調査（1992年）と第3回調査（2010年）との18年間に、方言の使用に関する若年層の志向に変化が起こったためであろう。その志向の変化をもたらしたものは、第III部第3章で検討した方言の「アクセサリー化」、「おもちゃ化」という現代日本語方言の使用態度の変容であろう。2005年前後に起こった若年層女子を中心に起こった方言ブームなどをきっかけに、若年層女子においては、第3章で述べたベー以外の方言も、自分の言葉を新しく斬新に飾ってくれるアクセサリーとして、盛んに自分の会話の中に取り入れようとしているのである。

4. まとめ

　佐藤（1993b）を踏まえ、第3回調査（2010年）の調査結果である30年後の若年層の使用傾向も加えて、東京型と地方型の新方言と若年層の方言使用に関する男女差との関係を考察してきた。
　東京型の新方言については、第2回調査（1992年）の時点で男子より女子に使用される傾向が強いことを確認していたが、第3回（2010年）でも同様の傾向を確認することができた。現代社会にあって最近の30年間の傾向として、東京に近く首都圏に隣接する群馬県という地方において、東京のことばの影響が若年層においては女子の方により強く現れることの検証がなされたと言えよう。
　一方、地方型の新方言では、男性若年層の使用が女子より高い傾向にあった第2回調査（1992年）とは異なり、第3回調査（2010年）においては、男子に比べ女子の方がより強く地方型新方言を支持している状況が浮かび上がってきた。つまり、2010年の現代においては、東京型も地方型も新方言の使用に関して女子の使用が男子を上回るという傾向にあるということである。この傾向は現代日本語における方言使用態度の変容と密接に関係するものであり、2005年前後に起こった若年層女子の方言ブームに象徴される方言の「アクセサリー化」、「おもちゃ化」が群馬県の若年層にも起こっているためと考えられるのである。

付　記
　一部のデータの整理には荻野綱男氏開発の汎用プログラム GLAPS と、それに接合してグラフを描く GIGO を東京外国語大学計算センターと東大大型計算機センターで利用した。

第2章
方言使用意識の変容

1. はじめに

　第1章では、若年層における新方言の使用に関してその男女差に着目した場合、男子に比べ女子の使用率が高い傾向にあることを示した。その要因は、第2回調査（1992年）から第3回調査（2010年）までの18年間に、若年層の方言使用に関する志向に変化が生じたことにあると考えた。そこで、本章では、群馬県における若年層の方言使用の内的要因である方言・共通語使用意識の変容について、第2回調査（1992年）と第3回調査（2010年）の調査結果を比較することで、男女差や地域差の視点から考察を行うことにする。

　第2回調査（1992年）と第3回調査（2010年）では、第Ⅰ部第4章で示した通り、言語使用の志向や方言と共通語に関する使用意識などに関する質問事項を設けている。本章ではそれらの質問事項から次の2項目を取り上げ、1992年から2010年までの18年間での若年層の言語使用意識の変容を分析する。取り上げる質問項目は次の2項目である。

（1）共通語（標準語）と自分の地域の言葉とどちらが好きですか。
（2）あなたは共通語（標準語）と自分の地域の言葉との使い分けができますか。

　本章では、まず、若年層の言語使用意識を観察することの意義について述べた後に、2項目を中心に若年層における方言と共通語に対する具体的な言語使用意識の変容について考察を行う。

2. 若年層における言語使用意識と方言の「アクセサリー化」

　中井（2009）によれば、言葉に対する意識、言語意識は、言語行動や言語生活を支える内在的要件であり、方言などの言語変種の選択は、言語意識が握っているという。つまり、「言語には、単に相手に情報を伝えるだけの情報伝達のほかに、自身の心性やアイデンティティーを内在させている」のである。そして、「使用される言葉には、その話し手が、個々のコミュニケーションの場において「どのように話したいと思っているのか（志向意識）」、また「どのように話すべきだと思っているのか（規範意識）」といった、様々な話し手の思いを規定するはたらきがあり、それはアイデンティティーが担う」のである。

　さて、本章では考察の中心を若年層の言語使用意識におく。若年層は将来の日本語の担い手であり、その若年層における言語使用意識とは、将来の日本社会における言語志向意識や日本語に対する規範意識などをそのまま表すものであるとともにそれを考える上での指標となりうるものなのである。

　では、本研究の対象である群馬県の若年層の言語使用意識からは何が見えてくるのだろうか。テレビをはじめとする様々なマスメディアが発達し、共通語による教育が一般的学校教育となっている現在、若年層においては共通語化が進み、日本全国がかつての言語上の大きな地域的差異も減少する傾向にある。ましてや、本研究の対象である群馬県では、その方言の方言的特徴は薄く、方言に対する使用意識も低い。このような地域における若年層の方言と共通語に関する意識は、方言的特徴の濃い地域において共通語化がさらに進んだ後の姿と考えることも可能であろう。将来の日本各地の若者の言語使用意識を現在の群馬県の若年層に見ることが出来るとも考えられるのである。

　一方、21世紀の方言使用を考える時、小林（2007）によれば、若年層においては、「共通語スタイル」と切り替え可能な「方言スタイル」といった確固とした文体が存在するわけではなく、方言を

共通語の中に適当に投入し、心理的効果を発揮する「要素」として使用する傾向にあるという。このように方言が共通語にちりばめられる心理的要素になることを、小林（2004）では、ファッションの修飾要素になぞらえて方言の「アクセサリー化」と名付けている。この傾向は地域差があり共通語志向の強い東日本で進行しているが、方言志向の強い西日本では鈍いという。小林（2007）の観察に従えば、東日本の、しかも首都圏に隣接し共通語圏にある群馬県の若年層にあっても、1992年から2010年の間に、その傾向が言語使用意識の中にも見られるはずである。第1章では、新方言を若年層女子が男子を凌いで使用する傾向にあるという使用実態から、方言の「アクセサリー化」をその要因として考えたが、本章では、若年層における共通語と方言の使用意識から方言の「アクセサリー化」をとらえようとする。

3. 群馬県の若年層における言語使用意識

3.1 方言への志向性

群馬県の若年層における方言への志向性を、共通語と方言（自分の地域のことば）との志向性を質問した調査結果から見てみよう。質問文は「共通語（標準語）と自分の地域の言葉とどちらが好きですか」である。選択肢として、「共通語」「自分の地域の言葉」「わからない」を設けている。

佐藤（1998）では、1992年当時の東京・新潟間の中学生における調査結果を報告している。そこでは、ほぼ三者に意見が分かれ、共通語や自分の地域の言葉に志向が偏らない傾向が見られた。中学生という学齢的な問題のためか、「わからない」とする傾向も全域で高かった。地域的特徴としては、東京から離れるほど自分の地域の言葉を好み、若者の方言志向が地方ほど高まる傾向が確認できた。また、東京に近いほど共通語を好み、標準志向は東京に近いほど高まる傾向が確認できた。若年層の方言志向は地域差を持ち、さらにそこには地理的連続性が存在する可能性を指摘した。

さて、図78は、第2回調査（1992年）と第3回調査（2010年）

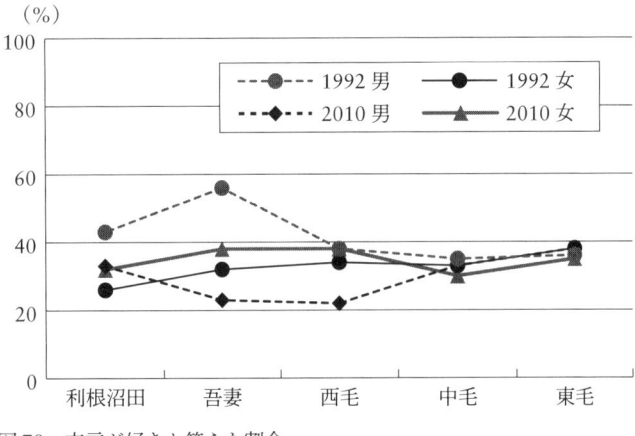

図78 方言が好きと答えた割合

の調査結果を男女別に集計したもので、共通語より方言が好きと答えた割合である。

　男女別に方言への志向の変容を見てみよう。男子では、中毛や東毛ではほとんど変化が見られないのに対し、利根沼田、吾妻、西毛では大きな変化がみられる。これらの地域で方言が好きと答えた男子の割合が大きく下がっている。一方、女子においては、中毛や東毛では男子同様にほとんど変化が見られないが、利根沼田、吾妻、西毛では女子の方言志向が高まっていることが読み取れる。

　同時期での男女差はどうだろうか。1992年では、利根沼田及び吾妻において男子若年層が女子を大きく引き離して方言志向が強い。群馬県全体でも方言が好きと答えた割合は男子が39％、女子が34％で男子の方が高い。ところが、2010年になると、利根沼田、吾妻、西毛での男子の方言志向の弱まりを受け、2010年の群馬県全体の方言が好きと答えた女子の割合（34％）に対し、男子の割合は31％で、方言が好きな割合は女子の方が高くなった。

　群馬県の若年層においては、1992年から2010年までの18年間において、方言志向に関して、中毛や東毛といった平野部ではあまり変化が見られなかったが、利根沼田、吾妻、西毛といった群馬県の山間部では、方言志向に男性での大きな弱まりと女性での高まりという変化を見ることができた。この群馬県山間部における言語使

用意識の変容が、少なからず、方言の使用における女子の変容に影響していると考えてよいのではないだろうか。すなわち、第3回調査（2010年）において方言の使用で男子よりも女子の使用率が高い傾向を示した背景には、利根沼田、吾妻、西毛といった群馬県の山間部の地域で男性若年層の方言志向の低下と女子若年層の方言志向の高まりがあるということである。

3.2　共通語への志向性

図79は、第2回調査（1992年）と第3回調査（2010年）の調査結果を男女別に集計したもので、共通語が好きと答えた割合である。単純に考えると、共通語への志向は方言への志向と表裏の関係になりそうである。つまり、群馬県の山間部の地域では男性若年層の共通語志向が高まり、女子若年層の共通語志向が弱まりそうである。ところが、そうはならなかった。

男子において吾妻と西毛で若年層の共通語志向が高まり、女子において利根沼田、吾妻、東毛で低下した。その結果として、2010年には、中毛を除く地域で、男子の共通語志向性が女子を大きく上回るようになっている。

群馬県の若年層においては、1992年から2010年までの18年間において、共通語志向に関して、中毛を除く周辺部の男子に共通語

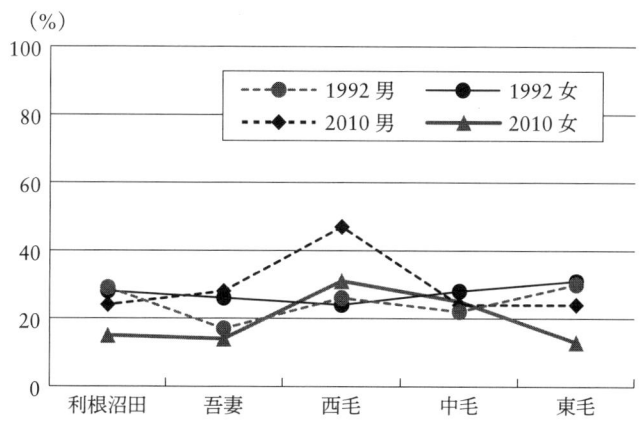

図79　共通語が好きと答えた割合

志向が高まりつつあると見ることができる。この群馬県の中央部を除く地域での若年層男子の共通語志向の高まりは、何らかの社会的な要因が働いたと見るべきであろう。その社会的な要因については、4節で述べる。

3.3　方言・共通語への志向性と共通語化

方言志向と共通語志向が表裏の関係にならなかった理由は、方言と共通語のどちらが好きかわからないと答えたものの割合による。そして、その意味するものも、群馬県での若年層でのベーや新方言使用に影響する言語使用意識に影響を与えるものと言えよう。

表27は、第2回調査（1992年）と第3回調査（2010年）において群馬県全域で方言と共通語のどちらが好きかわからないと答えた割合である。1992年から2010年にかけて、どちらが好きかわからないと答えた若年層は、男女ともに増えていることが確認できる。これは、この18年間において、方言と共通語との弁別が困難であると意識する若年層が増加していることを意味するといえよう。では、なぜ若年層で方言と共通語との弁別が困難と意識するようになってきているのであろうか。それは、群馬県方言の特殊性が薄れ、極めて共通語に近くなっているために、何が群馬県方言で何が共通語なのか、判断することが難しいと感じるようになってしまったからではないだろうか。すなわち、群馬県方言における共通語化の進行が、若年層において方言と共通語の弁別を困難にしていると考えられるのである。

現代の群馬県の若年層が共通語と方言との弁別を困難に感じていると読み取れる調査項目がもう一つある。その質問文は「あなたは共通語（標準語）と自分の地域の言葉との使い分けができますか」

表27　方言と共通語のどちらが好きかわかないと答えた割合

	第2回調査 （1992）	第3回調査 （2010年）
男子	35.0 %	41.9 %
女子	38.0 %	46.9 %

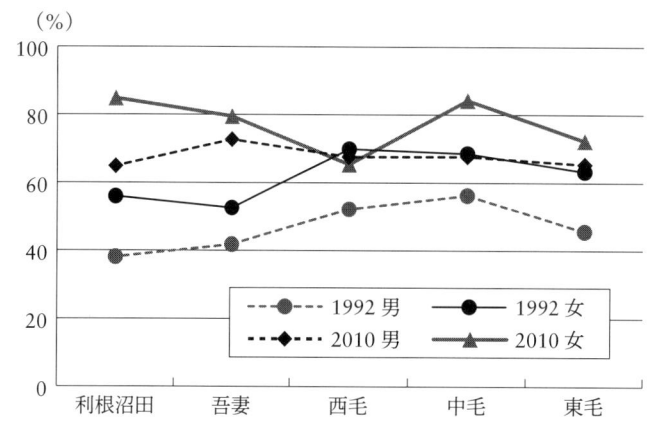

図80 方言と共通語の使い分けが「できない」「わからない」と答えた割合

である。選択肢として、「できる」「できない」「わからない」を設けている。図80は、そのうちの「できない」と「わからない」を合わせた割合を、第2回調査（1992年）と第3回調査（2010年）で男女別に集計したものである。

全体的に共通語と方言の使い分けに自信のない若年層（できない、わからない）の割合が増える傾向にあることが分かる。また、ほとんどの地域で男性若年層よりも女性若年層のほうが方言と共通語の使い分けに自信を持っていない傾向にあることも分かる。

マスメディアや共通語による国語教育が定着した現在にあって、方言と共通語との使い分けができなかったり分からなかったりする群馬県の若年層が多く、しかも増える傾向にある理由は、共通語教育の後れとは考えにくく、群馬県方言と共通語との差異の認識の希薄さがますます進行しているためと考えるのが妥当であろう。

以上、群馬県の若年層において、方言と共通語との弁別意識の希薄化が全域おいて進行していること、また、その傾向は男性に比べ女性若年層に強いこと、さらにはその弁別意識の希薄化は群馬県方言における共通語化の進行によってもたらされていると考えられることを述べた。

4. 群馬県の若年層における言語使用意識とその変容（まとめ）

　群馬県における若年層の方言・共通語使用意識として、まず、利根沼田、吾妻、西毛といった山間部において、男性に方言志向の弱まり、女性に方言志向の高まりの傾向を確認した。同時に、中毛を除く群馬県内で、若年層男性に女性を超える共通語志向の傾向を確認した。これらの使用意識が、第2回調査（1992年）から第3回調査（2010年）までの18年間において男子よりも女子若年層の方言の使用を高めた背景となっていると考えた。また、群馬県全域において方言と共通語の弁別意識の希薄さが進行していることを確認した。これは、群馬県方言の共通語化の進行によるものと考えた。

　群馬県全域における大きな言語使用意識の変容として、まず、男性若年層に起きている変容である、山間部における方言志向の弱まりと中毛を除く地域での女性を超える共通語志向をあげることができる。群馬県の利根沼田、吾妻、西部の男性若年層では、なぜ、方言志向が弱まり共通語志向の高まるという傾向が生じたのであろうか。要因は様々に考えられるが、上越新幹線や関越自動車道が1990年前後に相次いで開業、開通したことが、これらの地域の男性若年層の言語使用意識に大きく影響を与えたのではないだろうか。上越新幹線では、1985年に上野駅が開業、1991年には東京駅が開業し、群馬県にとって1990年代は上越新幹線により東京がきわめて身近になった年代である。利根沼田、吾妻、西毛地域にとっては、自らの地域にある駅から乗り換えることなく、しかも短時間で東京駅への乗り入れが実現し、東京はもはや通勤、通学圏になったのである。また、関越自動車道は、1985年に全線が開通し、1993年には藤岡ジャンクションと藤岡インターが関越自動車道から上信越自動車道に編入されたことにより、上信越自動車道と接続している。自家用車の普及率の高い群馬県においては、高速道路は貴重な東京や首都圏への移動手段である。しかも、冬季に雪深い利根沼田、吾妻、西毛にとって、高速道路は雪道でも容易に東京、首都圏と交流できる貴重な交通手段である。このような1990年以降の群馬県山

間部と東京、首都圏との社会的な関係の変化は、これらの地域の男子若年層の地元重視意識に基づく方言志向を共通語志向意識へと変化させたと考えられるのである。そして、利根沼田、吾妻、西毛でのこの言語使用意識の変容こそが、彼らの方言使用に大きな影響を与え、第2回調査（1992年）から第3回調査（2010年）にかけて、特に、多くの地方型新方言で使用率を下げさせたのではないだろうか。

　次に、女性若年層の変容として、山間部における方言志向のわずかな高まりをあげることができる。男性若年層では、上記のように方言志向ではなく共通語志向の高まりが見られたが、女子若年層では大きくはないが方言志向の高まりが見られた。この言語使用意識の変容は、2005年前後に起こった女子高校生を中心とする方言ブームの影響は少なからず受けてのことであろう。ただし、中毛や東毛では際立たず利根沼田、吾妻、西毛でのこのような傾向が見られた背景には、これらの地域が東毛や中毛に比べて、若年層においてより群馬県方言的特徴を身近に感じられる環境にあるからではないだろうか。田中（2007）*1によるところの「生育地方言」や「ジモ方言」として生育地の方言や地元の方言を「おもちゃ化」して使用する場合に、これらの地域では東毛や中毛に比べ、生育地方言や地元の方言を耳にする機会が比較的多いことが影響したと考えることができる。

　最後に、群馬県全域における大きな言語使用意識の変容として、方言と共通語の弁別意識の希薄化の進行をあげることができよう。群馬県方言の共通語化の進行により、若年層にあってはどのようなことばが方言でどのようなことばが共通語なのか分からなくなる傾向が進んでいるのである。この傾向は男子に比べ女子に強く現れ進行していた。このことと方言が女子に多く使用されるようになった使用実態との関係を考えてみよう。

　群馬県の若年層女子にあっては、共通語化の進行により何が群馬県方言で何が共通語なのか分からなくなってきた。つまり、「共通語スタイル」と「方言スタイル」の弁別が困難になってきたのである。そうなると、方言は「方言スタイル」において使用されるべき

であることを全く無視されるようになった。むしろ、それらは新鮮で目新しいことばとして映り、「共通語スタイル」でも（もちろん「方言スタイル」でも）使用するようになった。こうして、群馬県の若年層女子にはべーや新方言を多く使用する傾向が生まれ、群馬県における方言の「アクセサリー化」が進んでいったのである。

　以上、若年層の方言使用の内的要因である方言・共通語使用意識の変容と実際の方言使用傾向との関係について考えた。若年層の言語使用意識には、交通環境の整備等による東京と地方の関係といった社会の変容、生育地方言や地元方言との接触の程度からくる言語環境の違い、共通語化の進行や方言の「アクセサリー化」などの日本語の変容など、様々な要因が絡み合っているのである。

---

*1　田中（2007）では、現代は「方言のアクセサリー化」から「おもちゃ化」の時代を迎えていると述べている。田中（2007）では、「おもちゃ化」の時代である現代における方言使用の層として、第1層「生育地方言」（自分の生育地の方言で自分自身がふだん親密コードとして使用している方言）、第2層「ジモ方言（第1層の「手持ちの方言」と区別するために、第2層の「より濃厚な方言」を「ジモ方言」と呼ぶ大学生がいたことからの命名。「ジモティ（地元人）方言」の略。自分の生育地の方言だが、自分は使用しておらず祖父母世代が使用しているのを見聞きしているような、「より濃厚な方言。第3層「ニセ方言」（「非生育地の地域方言」「方言のアクセサリー化」）が存在し、小林（2004）の「方言のアクセサリー化」は、話者自身が持つ生育地方言に焦点を当てた指摘で、「ジモ方言」「ニセ方言」の前段階的用法であるという。

第3章
ラ抜きことばの変容
世代差・場面差・男女差・地域差・語彙差

1. はじめに

　本章では、ラ抜きことばである「着レル」と「逃ゲレル」の使用状況の変容について、群馬県の若年層における世代差・場面差・男女差・地域差・語彙差を視点に考察する。共通語圏におけるラ抜きことばの最新の実態報告として注目に値する。

　本章でのラ抜きことばは、「見レル」「着レル」「逃ゲレル」のように、従来は「見られる」「着られる」「逃げられる」と表現される一段活用動詞の可能表現からラが脱落したものを指す。使用するデータは、第2回調査（1992年）の高校生及び保護者と第3回調査（2010年）の高校生及び保護者である。

　本章では、まず、日本におけるラ抜きことばと方言や新方言との関係やラ抜き言葉に関する研究について概観する。次に、これまでの群馬県におけるラ抜きことばの実態を見る。その後、今回の調査をもとに、「着レル」「逃ゲレル」の使用状況を世代差・場面差・男女差・地域差・語彙差の視点で観察し、考察する。最後に、群馬県におけるラ抜きことばの現状についてまとめる。

2. ラ抜き言葉に関する研究と方言・新方言

2.1　ラ抜きことばと方言・新方言

　井上（1998）によれば、「一九四九年の調査では、児童・成人とも「来れない」「食べれない」は数％から十数％の使用率に過ぎなかった」（井上1998: 3）ものが、1970年の調査では小学生（1950年代末生まれ）の半数近くに広まったという。1974年の国立国語

研究所による東京での調査（国立国語研究所 1981）によれば、「見れる」「起きれる」には明確な年齢差がある。1950 年代生まれの「見れる」の使用率は約 3 分の 2、「起きれる」で半数近くに及ぶという。

　方言分布から見ると、ラ抜きことばは、まず中部地方そして中国地方に生まれ、徐々に周囲に広がったと思われ、東京には、西から、山梨県か神奈川県をへて流入したと考えられるという。

　また、ラ抜きことばの使われ方では、場面・場合によってラ抜きになったりならなかったりするという。友達との何げない会話では使っても、改まった場面では使わないように気をつけるという人がいて、ラ抜きことばには場面差があることを指摘する。

　井上（1998）では、ラ抜きことばが広がった理由として、可能の言い方とほかの言い方の区別ができることと動詞の活用が整うとの二つをあげる。可能の言い方との区別とは、従来は受け身も可能も「見られる」だったものが、受身は「見られる」と可能は「見れる」とで区別ができるということで、ことばの明晰化に向かう言語変化ととらえる。動詞の活用が整うとは、五段活用動詞と一段活用動詞の可能表現がそろい動詞の使い方が簡単になるということで、単純化に向かう言語変化である。

　陣内（2007）では、ラ抜きことばの発生に関して、ドリフトが顕在化したものとして説明している。世代Ⅰは、五段動詞の可能形は「―れる」、一段動詞の可能形は「―られる」という可能形生成ルールをもって発話をしていても、言語習得途上の世代Ⅱ（子ども世代）は、文法の経済性（記憶の負担軽減化）、発音の経済性（省力化）などが働き、五段動詞、一段動詞ともに可能形は「―れる」というルールを構築する。これをドリフトと呼び、人間が本能的に持っている言語合理化、経済化の力で、無意識的なものであり、言語習得期に典型的に現れ、それ以前の発音や文法を変える潜在力となるという。

2.2　ラ抜きことばに関する研究

　ラ抜きことばと世代差について、辛（2002）によると、過去の

研究から若い世代の方でより多く用いられている表現であることが分かるとある。張（2009）では、具体例として、高年層の「着られる」の使用率は高く、若年層の「着れる」の使用率が次第に増加しているという中本（1985）の結果をあげるなど、いずれの研究においても若い世代で使用が増えていることが確認できる。

　ラ抜きことばの場面差については、辛（2002）では、「場面と相手によって使い分けられている傾向を示し」「若い年齢層・くつろいだ場面での使用を中心に」「現在も変化しつつある表現であると同時に、その変化の方向は一時の流行というよりは、言葉の合理性に向かっての変化、地方方言から共通語化を志向する変化である」とある。張（2009）は、「話し言葉の表現としてくだけた場面に多く用いられている現況が見受けられる」としながらも「ラ抜きことばの使用場面や用いられる相手に言及する研究が少ない」ことを指摘する。これらのことから過去の研究からは、ラ抜きことばが相手によって使い分けられくだけた場面で使用される傾向が強いことが分かる。

　ラ抜きことばと男女差について、辛（2002）によると、過去の研究によっては性別による使用の違いが認められたと述べているものも、一方では認められなかったという結果を報告しているものもある。また、語により反対の結果がでる場合もあり、必ずしも結果が一致しているわけではないという。確かに、張（2009）によれば、国立国語研究所（1981）では女性より男性が、井上文子（1991）では男性より40代女性が、文化庁（2002）では20代以上で男性が10代では女性が、使用率が高くなっており、動詞によって様々な結果が報告されている。

　ラ抜きことばの地域差については、辛（2002）では、過去の研究を概観し「他の地方と比べ、特に北海道と中部地方、中国・四国地方、東北地方で高くなっている。しかし、度合いの差はあるが、もはや「ら抜き言葉」の使用地域が全国に広がっている」としている。井上（1998）における「着れる」の1980年代生まれ中学生の使用率を表す言語地図を見るまでもなく、ラ抜きことばの全国的な広がりは間違いない。

3. これまでの群馬県の若年層におけるラ抜きことばの実態

　井上（1998）には、1994年前後に実施したアンケート調査（全国各県の県庁所在地と町村部から最低1校ずつ、計102の中学校で中学生とその保護者に実施）の結果がある。それを見ると、1950年代前後生まれの群馬県の保護者は「着れる」の使用率は30～49％、1980年代生まれの群馬の中学生は50～69％である。全国的には高いほうではない。

　山県（1999）は、1986年と1998年の2回のアンケート調査に基づき、群馬県内の大学生（教育学部生及び教職課程を受講する学生）のラ抜きことばに対する意識の変化相について報告したものである。1998年調査の学生のラ抜きことばに対する平均的な意識は「「《文法的な誤り》であるが、《言語変化の産物》として合理的な形式でもあり、使用は増加傾向にある。このため、場面による使い分けを行い、下位の場面ではその存在を認めよう」とまとめられる」などの報告がある。山県（1999）の2回の調査の間に社会で大きくラ抜きことばが取り上げられたことにより、若年層のラ抜きことばに対する意識が読み取れて興味深い調査である。

　山県（1999）の調査結果からラ抜きことばの使用状況を参照する。1986年の大学生では「よく使う」「時々使う」「たまに使う」を合計すると、男性72.9％、女性79.8％、全体76.7％である。1998年の群馬県内出身大学生では、男性94.2％、女性73.8、全体79.6％である。1980年代半ばから1990年代半ばにかけての若年層では、70％から80％程度の使用が認められることが分かる。これは、本研究の第2回調査（1992年）の高校生の結果とほぼ一致する。場面差に関しては、家庭と大学で使い方は変えていないという報告であるが、両場面ともにくだけた場面と考えられる。男女差に関しては、男性での使用率の伸び、女性での使用率の低下が見られる。女性での低下については調査対象者の特殊事情によるところが大きく影響していると考えられる。特殊事情とは、山県（1999）の調査が、対象の若年層が教職を目指していること（ある

いは教育に関心が極めて高いこと）、大学生であること、山県（1999）の1998年調査の対象の学生は総理府及び文化庁からラ抜きことばに関する調査結果が報告され新聞紙上で盛んに取り上げられた時期に高校生であったことの3点である。これらの特殊事情から調査結果を参照する場合、慎重に扱う必要がある。

4．第2回調査（1992年）と第3回調査（2010年）の群馬県の若年層におけるラ抜きことばの実態

4.1　世代差

　特に親しい友人と話す場合のラ抜きことばの使用に関する世代差を見る。図81は着レルを、図82は逃ゲレルを「使う」「聞く」と答えた割合を示すグラフである。第2回調査（1992年）と第3回調査（2010年）の高校生（男女）とその保護者（男女）を比較することができる。

　第2回調査（1992年）も第3回調査（2010年）も高校生世代が保護者世代の使用率を大きく上回り、ラ抜きことばが若い世代のことばであることが分かる。辛（2002）の知見に一致する。

　さて、若年層の第2回調査（1992年）と第3回調査（2010年）の調査結果を見てみよう。着レルについてはすでに第2回調査（1992年）の時点で群馬県の全域にかなり広まっていることが分かる。その後の18年間でも1.0%下げた利根沼田を除き、使用率を伸ばしており、若年層に支持され続けていることが分かる。逃ゲレルでは、第2回調査（1992年）時、着レルほどの高い使用率ではなかったが、その後の18年間ですべての地域で大幅に使用率を上げている。しかも若年層の使用率はすべての地域で高い使用率を保っており、ラ抜きことばが群馬県の若い世代に支持され続けていることが確認できる。

　保護者世代では、すべての地区で1992年の保護者より2010年の保護者の方が使用率を上げており、ラ抜きことばが保護者世代である中年層においても使用が増えていることを実証している。

　以上より、群馬県におけるラ抜きことばは、若い世代で高い使用

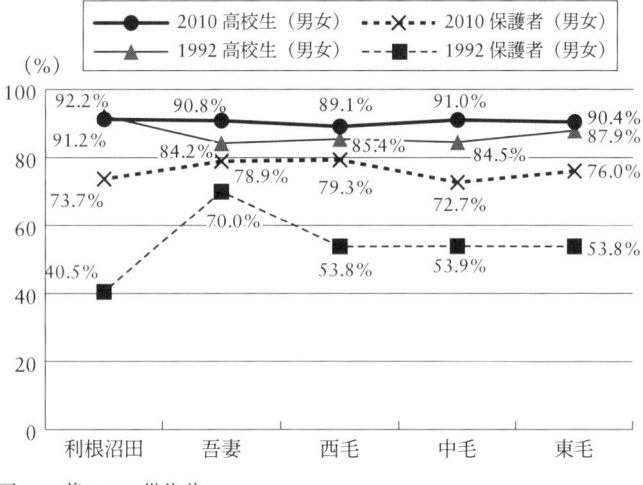

図81　着レルの世代差

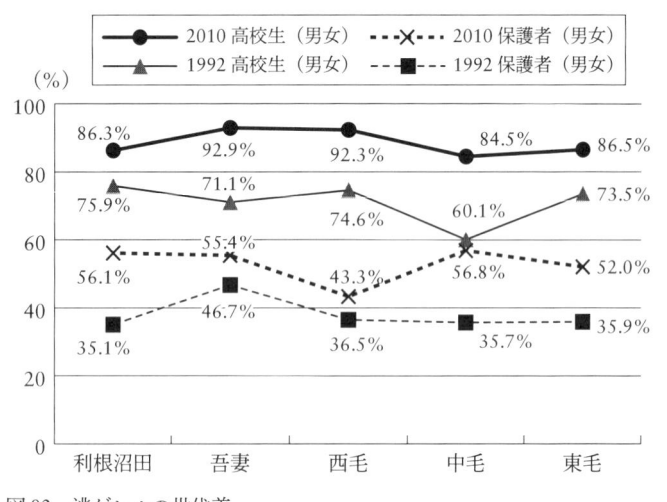

図82　逃ゲレルの世代差

率を保ち続け、しかも使用率を伸ばす傾向され見られること、また高校生の保護者世代である中年層においても使用率を伸ばしており、群馬県全域で使用者が増え続けていることが分かった。過去の他の調査結果においてはいずれも若い世代で使用が増えていることが確認できているが、今回の調査から群馬県においても同様であり、現在も増え続けていることを証明したことになる。

4.2　場面差

話し相手を「親友」「同級生」「同級生の親」「NHKアナウンサー」とした場合で、ラ抜きことばの使用に関する場面差を見る。図83と図84は着レルを、図85と図86は逃ゲレルを使うと答えた割合を示すグラフで、図83と図85が第3回調査（2010年）の高校生全体（男女）、図84と図86が第2回調査（1992年）の高校生全

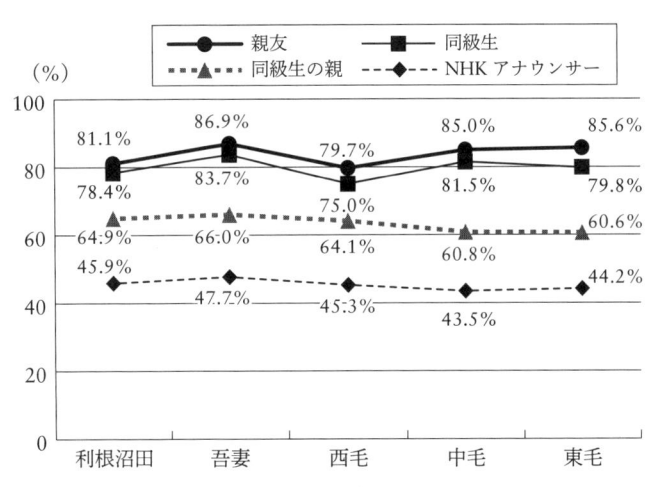

図83　着レルの場面差／高校生（2010）

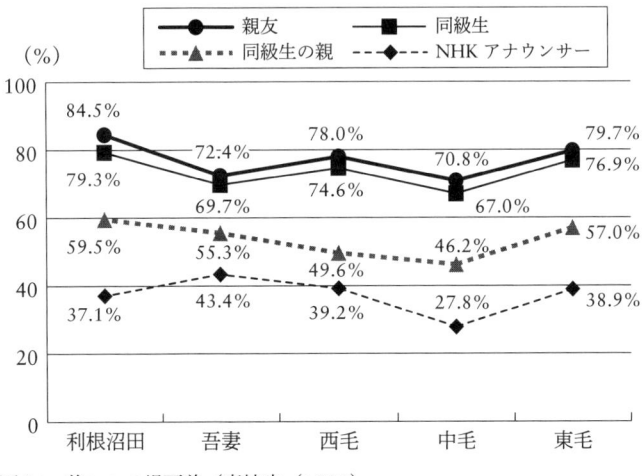

図84　着レルの場面差／高校生（1992）

第3章　ラ抜きことばの変容　　205

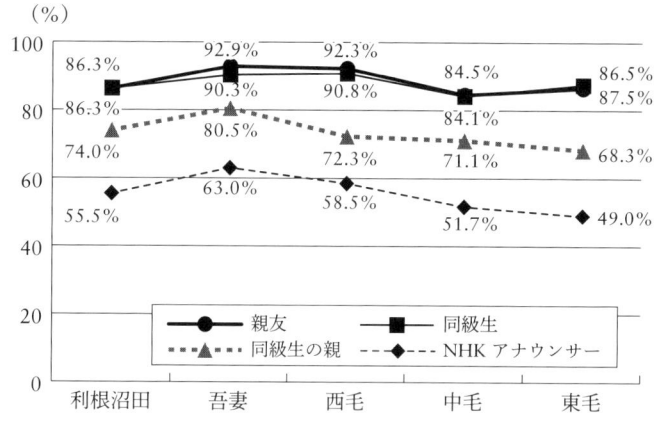

図85　逃ゲレルの場面差／高校生（2010）

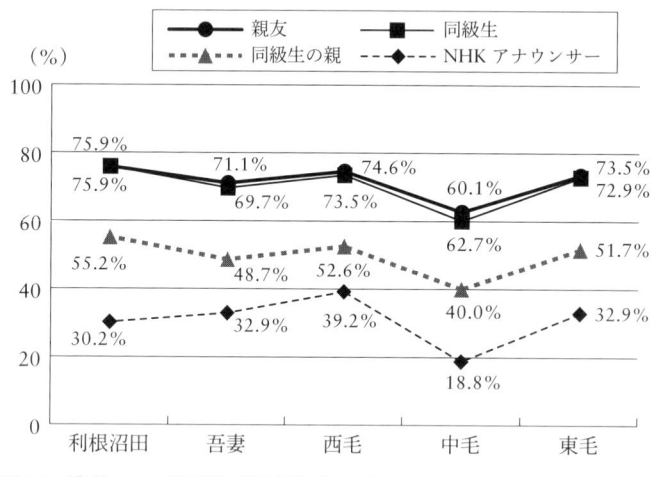

図86　逃ゲレルの場面差／高校生（1992）

体（男女）の結果である。

　両者ともに場面差がきれいに出ている。改まった相手になればなるほどラ抜きことばの使用を抑える傾向が出ている。この傾向は、第2回調査（1992年）、第3回調査（2010年）の保護者世代の調査結果*1でも同様である。ただし、若い世代では、逃ゲレルに顕著に見られるように、親友と同級生にはあまり使用上の差は見られない。調査票では、親友を「特に親しい友達」、同級生を「あいさ

つする程度の、それほど親しくはない同級生」としている。その意味では同世代では親疎に関係なくラ抜きことばを使用する傾向があるようだ。

　場面差に関する先行研究より、ラ抜きことばが相手によって使い分けられ、くだけた場面で使用される傾向が強いことが分かっていたが、今回の調査からは群馬県においてはそれを明確に肯定する結果となった。しかも、その傾向が18年間変わっていないことも証明したことになる。

4.3　男女差

　親友にラ抜きことばを使用する際の男女差を見る。図87は着レルを、図88は逃ゲレルを「使う」「聞く」と答えた割合を男女別に表したグラフである。

　まず、図87着レルを見てみよう。第3回調査（2010年）の男女の使用率を比較すると、すべての地域で女子が男子を上回り、着レルを使用していることが分かる。また、男女ともに全域で80％を超えて高い使用率を示している。第2回調査（1992年）の男女差は、利根沼田、中毛、東毛で女子の方が、吾妻、西毛で男子の方が、使用率が高い。18年間の推移については、各地域でわずかな上下があるものの、男子の変動は少なく、女子の変動の方が大きい。

　次に、図88逃ゲレルを見てみよう。全体的に、着レルに比べ、男女の折れ線とその動きが似通っていることが特徴的である。第3回調査（2010年）の男女の使用率を比較すると、すべての地域でわずかではあるが女子が男子を上回っている。また、男女ともに全域で80％を超えて高い使用率を示している。着レルと同じである。第2回調査（1992年）の男女差はほとんど見られない。18年間の推移については、男女ともに大幅に増加し、この18年間で逃ゲレルの使用が大きく伸びたことがうかがえる。

　以上の二つの結果で共通する点は、第3回調査（2010年）においてすべての地域で女子の使用率が男子を上回ること、第2回調査（1992年）から第3回調査（2010年）にかけて女子の使用率が大幅に伸びたことである。群馬県における若年層では、1992年から

2010年にかけての18年間で女性若年層の着レルの使用が伸び、男性若年層を凌いで、高い使用率を示しているという報告ができる。

　この結果は、山県（1999）の群馬県の若年層の調査結果とは異なるものである。しかし、山県（1999）の調査対象が新聞紙上でラ抜きことばが話題となった時の高校生であり、教育学部の女子学生、つまりことばに対する規範意識の高い若年層女子であったことを考慮すれば、決して矛盾するものではない。むしろ、ラ抜きことばが以前ほど問題視されなくなった時代に育ち、教職を志望するなど特別な職業志向を有さない一般の若年層においては、今回の調査

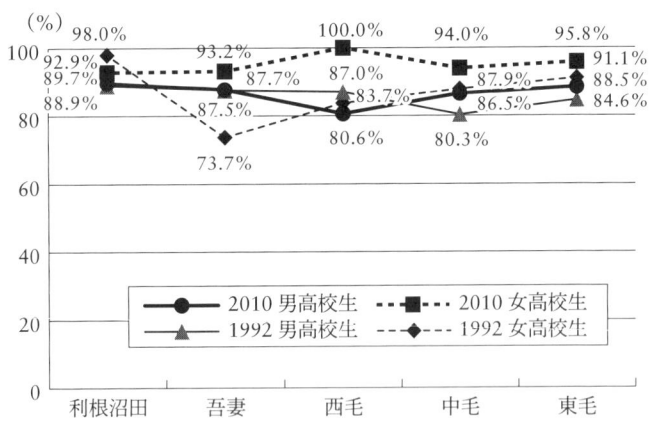

図87　着レルの男女差／高校生

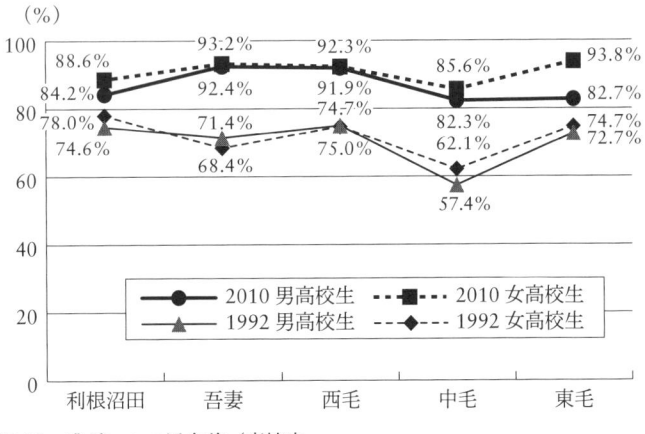

図88　逃ゲレルの男女差／高校生

結果は、1992年からの18年間で群馬県において、特に女子では、ラ抜きことばに対する規範意識の薄れが生じたことを示すものではないかと考える。

4.4　地域差

地域差については、図81及び図82の世代差を示すグラフを参照したい。

図81着レルにおいては、2010年の高校生、1992年の高校生、2010年の保護者については、それぞれの地域の使用率の差は10％未満であり、際立った地域差があるとは言えない。ただし、1992年の保護者については、吾妻が他の地域に比べて使用率が高く、利根沼田が他地域に比べ低い。

着レルに関して若い世代では、群馬県内における普及の地域差はなく、一様に広まっていったと考えられる。これは、着レルがかなり全域に普及しており、全国的なレベルでの普及によるためと考えられる。

図82逃ゲレルにおいては、2010年の高校生では、着レルと同様にそれぞれの地域の使用率の差は10％未満であり際立った地域差はない。1992年の高校生では、他地域に比べ中毛の使用率がやや低い。2010年の保護者については、西毛が比較的使用率が低い。

逃ゲレルに関して若年層では、着レルの後に普及していった様子がうかがえるが、2010年の段階では追いつき、すでに地域差なく全域で使用されている。普及に関しては、着レル同様に、全国的なレベルで一様に普及したと考えられる。ただし、1992年に中毛でやや使用率が低い理由は不明である。

過去の他の調査結果においては、ラ抜きことばの使用地域が全国に広がっていることは明らかであったが、今回の本研究の調査結果から、群馬県内においても一様に地域差を示すことなく全域にラ抜きことばの使用が広がっていることを確認した。

4.5　語彙差

ここでの語彙差とは、ラ抜きことばであってもその一段活用の動

詞が異なることを指す。着レルも逃ゲレルもラ抜きことばであるが、着レルの「着る」と逃ゲレルの「逃げる」とは異なるわけで、その異なりを語彙差と呼ぶこととする。

　図81と図82とを見比べてみよう。着レルのグラフに比べ、逃ゲレルの方が使用率の差が明確で、きれいに世代差を見ることができる。この差異こそが、着レルと逃ゲレルの語彙差から生じたと考えられる。

　着レルと逃ゲレルの語彙差とは使用頻度の差である。「着る」という行為は日常の生活に密着した基本的な行為であるため、その可能形も日常的に頻繁に使用される。それに比べ、「逃げる」という行為はどちらかというと非日常的で、否定的な行為（例えば、「仕事や勉強から〜」「つらいこと大変なことから〜」など）を中心に使用されるため使用頻度は低い。日常的に使用する、耳にするとすれば、子どもの遊びの鬼ごっこや刑事ドラマの中などであろう。したがって、「逃げる」の可能形の頻度は低くなる。

　この使用頻度の差により、広まりに差が生じたと考えられるのである。着レルは使用頻度が高いために、単独に一つの語彙として広まった。つまり、着レルが世の中で盛んに使用されることにより、若年層ではラ抜き言葉としてではなく、「着ることができる」という意味を持つ一つの単語として意識され、使用されるようになったのである。したがって、着レルに関して、この世代は可能形生成ルールもなくドリフトも起こらないのである。そしてそこでは改まった場面で使用を控えようとする意識も生じにくいのである。一方、逃ゲレルは使用頻度が低く、単独に一つの語彙としては広まりにくいものの、陣内（2007）が述べるところのドリフトの顕在化として文法の経済性（記憶の負担軽減化）が働いて広まったのではないだろうか。この場合、ある程度、改まった場面で使用を控えようとする意識は生じることが予想される。

　このように考えて、再度、図81と図82を詳細に見てみると、第2回調査（1992年）の高校生では、着レルの使用率は逃ゲレルに比べかなり高い。着レルが一つの語彙として広まったためと考えられるのである。また、第3回調査（2010年）では、前回を逆転し、

逃ゲレルの使用率の方が着レルより高い。文法の経済性が働いたためと考えられるのである。さらには、保護者の使用率は、2回の調査ともに着レルの方が逃ゲレルより高く、しかも18年間での伸びの程度は着レルの方が逃ゲレルより大きい。保護者世代にとっても着レルは一つの語彙として広まったが、若年層に比べて規範意識の高い保護者では若年層ほど文法の経済性が働かなかったためと考えられるのである。

　ラ抜きことばに語彙による普及の差が存在することは、「見れる」と「起きれる」の例などの先行研究の知見から分かっていた。ここでは、その語彙の使用頻度の差異により、普及の仕方に違いが生じ、そのために普及パターンにも差異が生じるものではないかと考えた。ただし、「着る」と「逃げる」の違いを使用頻度のみとすることは結論を急ぎすぎる感があり、このことを確実に証明するためには、さらに語数を増やして調べる必要がある。

5．まとめ

　群馬県におけるラ抜きことばである着レルと逃ゲレルの使用状況について、第2回調査（1992年）と第3回調査（2010年）の高校生及び保護者のデータをもとに、世代差・場面差・性差・地域差・語彙差を視点に考察した。

　世代差については、群馬県におけるラ抜きことばが若い世代で高い使用率を保ち続けており、高校生の保護者世代でも使用率を伸ばしていた。若い世代で使用が増えていることを確認し、現在も増え続けていることが確認できた。

　場面差について群馬県においては、改まった相手になればなるほどラ抜きことばの使用を抑え、同世代では親疎に関係なくラ抜きことばを使用する傾向が18年間継続していることを確認した。

　男女差については、女性若年層のラ抜きことばの使用が伸び、男性若年層を凌いで、高い使用率を示していた。これは、1992年からの18年間で、特に女子若年層において、ラ抜きことばに対する規範意識の薄れが生じたことを示すものではないかと考えた。群馬

県においては今後、さらに着レルが普及した場合、若年層女子が先導したことになる。

　地域差については、群馬においては特別な地域差をもたず全域にラ抜きことばの使用が広がっていることを確認した。

　語彙差については、着レル（と「着る」）と逃ゲレル（と「逃げる」）の使用頻度の差異から、着レルは使用頻度が高いために単独に一つの語彙として広まり、逃ゲレルは使用頻度が低く単独に一つの語彙としては広まりにくいものの、文法の経済性が働いて広まったと考えた。その語彙の使用頻度の差異により、普及の仕方に違いが生じ、そのために普及パターンにも差異が生じるものと考えた。

　以上の結果は、共通語圏におけるラ抜きことばの最新の実態報告であると同時に、ラ抜きことばに関して、特に、男女差、語彙差で注目に値する結果と言えよう。

＊1　保護者の調査は、対高校生の調査で話し相手を「親友」「同級生」「同級生の親」「NHKアナウンサー」としたのに対し、話し相手を「親友」「近所」「町会長」「NHKアナウンサー」としている。

第4章
若年層の方言使用と「学校方言」

1. はじめに

　本章では、学校社会を一つの属性としてとらえ、学校に関わりのあることばと地域社会との関係に着目する。本書では、これまで、新方言という若い世代で使用が増える表現を中心に、その変容に焦点を当て言語変化との関係を考察してきた。本書においての若い世代とは、高校生を中心とする世代であるが、その世代の生活の場は、学校（高等学校や高等専門学校など）と家庭である。したがって、若い世代のことばは、自ずとその生活の中心の場である学校社会と深い関係にあることになる。若い世代のことばの変化を考える時、学校が発生元であったり伝播を仲介していたりと、学校社会が若年層の言語変化の大きな要因となること、あるいは影響を与えることも十分に考えられるのである。

　学校とことばの関係に着目した研究は、これまでの日本においては、「キャンパス言葉」の研究がある。1990年前後から盛んに行われている「キャンパス言葉」の研究は、特定の大学生集団で使われ、それ以外では使われない特徴的な表現や意味・用法の違いに注目し、その意味・用法を記述と語形の異なりや特定の語の発生や消長の研究が中心である。

　本章では、学校生活と関係の深いことばの中でも限られた地域の学校社会で通用する表現を「学校方言」と定義付け、本書における新方言に関する調査項目の中から、学校方言に該当する表現を取り出し、その使用の推移を考察する。本章で扱う表現は、「定規」「シャープペンシル」「鉛筆の削り方」「鉛筆削りのナイフ」である。

2.「学校方言」とは

　本章では、限られた地域の主に学校社会で使われる表現を「学校方言」と呼ぶ。学校方言はいわゆる方言の一部で、方言の中でも主に学校社会で使われることが多いことばを指すこととする。

表28　学校方言と社会・地域の関係

使われる地域 \ 使われる社会	主に学校社会	一般社会
限られた地域	学校方言	方言
日本全国	学校共通語	共通語

　限られた地域で主に学校社会の中で用いられる表現は、その地域の学校はもちろん地域社会の中では問題なく通用しあたかも共通語のように改まった場面でも用いられる。しかし、他の地域でその表現を使用すると通じないことを目の当たりに経験し、はじめてその表現が特定の表現（方言）であったことに気づくというような経験をすることがよくある。このような現象は、一般社会において、学校が規範的な象徴として存在するために、そこで用いられる言葉は改まったことばで、世間一般に通用することばであると自然に意識されてしまうために起こるものである。これが「学校方言」である。「気づかない方言」「気づかれにくい方言」と呼ばれるものに学校方言が多く含まれる理由には、このような学校社会の特殊性が関係している。

　篠崎（2008）は、「気づかない方言」「気づかれにくい方言」が数多く紹介されているが、そこで紹介されている学校方言には次のようなものがある。
- 西日本のオシピン（画鋲）
- 新潟県のタイヨーウシ、岐阜のビーシ、愛媛のトリノコヨーシ（模造紙）
- 東日本のガック、北陸のコウゲ、西日本のコウク（通学区域）
- 群馬県のミズクレトウバン（水やり係、植物係、生き物係）

- 大阪府のサンカクズワリ（体育座り）
- 宮崎県のタクシュー（家での予習復習）
- 鹿児島県のラーフル（黒板消し）

　茨城県で提出物を提出することをアゲルというように、名詞以外の学校方言もあるものの、上記の例のように、学校方言の多くはものの名前を表す名詞が多い。

　インターネットで「学校方言」を検索にかけると、一つの単語として該当するページをいくつか見つけ出すことができる。「学校方言」という用語が存在する証拠である。例をあげると、甲南大学文学部・田中貴子氏のブログでの「学校方言のはなし」、子育て支援NPO副代表の新潟県男性のブログで「にいがた学校方言」、富山商船高等専門学校・金川欣二氏のHPでの「新方言時代…「小さい"お"」ってなに？」、金沢大学・加藤和夫氏のHPでの「これって方言⁉︎（2）」などである。しかし、これらのページで学校方言の定義については見つけることは出来なかった。

　学校方言と集団語との関係についても触れておく。集団語については、過去の定義が小矢野（2006）にまとめられている。限られた地域の主に学校社会で使われる表現を学校方言と呼ぶとすると、限られた地域や学校社会が極端に小さかったり狭かったりする場合、集団語であるものも存在する可能性がある。その場合は、学校方言というより集団語として扱った方がよい。使用によって積極的に連帯意識や集団意識を醸し出すことが予想されるからである。本章で定義する学校方言は、積極的な連帯意識や集団意識を有さないある程度の広がりを持った地域の主に学校社会で使われる表現を指す。

　「学校方言」を社会方言の一つと考える考え方もあろう。しかし、社会方言については、ロング（1997）の「欧米の諸言語では、社会階層によることばの違いを差す「社会方言」という概念が存在する（そして、アメリカには「黒人俗英語」という「民族方言」もあるが）が、日本語にはこれに相当する言語変種はない」という指摘もあることから、安易に社会方言とするべきではない。

3.「学校方言」と「気づかない方言」、「気づかれにくい方言」

　「気づかない方言」、「気づかれにくい方言」と呼ばれるものに学校方言が多く含まれると述べたが、これは両者の二つの共通性のためである。第一の共通性は都道府県単位であることが多いことであり、第二の共通性は改まった場面でも使用される傾向にあることである。

　第一の共通性については、「気づかない方言」「気づかれにくい方言」を紹介する篠崎（2008）が都道府県単位で構成されていることからも分かるように、「気づかない方言」「気づかれにくい方言」は、都道府県単位で存在する場合が多い。一方、学校方言も都道府県単位の場合が多い。学校社会における人の移動が都道府県単位内で行われる場合が多いからである。学校社会の人の移動は、児童・生徒の移動である「転校」と教職員の移動である「教職員人事異動」である。転校は、東京や大都市を除けば、ほとんどが各都道府県内であることが多い。教職員人事異動は、基本的に都道府県教育委員会によって各都道府県内で行われる。したがって、転勤や教職員人事異動があり多くの人の移動があると考えられる学校社会の中の言葉は都道府県を越えて移動することは少なく、各都道府県内で「気づかない」「気づかれにくい」学校方言となっていくのである。

　第二の共通性の改まった場面でも使用される傾向については、使用者意識の問題がある。「気づかない方言」「気づかれにくい方言」は、使用者意識としてその表現がそもそも方言ではないと考えられるために、使用者に気づかれず改まった場面でも使用されるのである。一方、学校方言も、学校は正しいことを教えてくれる場所という学校自体が持つ規範性の高さや授業という改まった場面のイメージなどを後ろ盾に、そこで使われる表現だからということで、方言とは意識されず改まった場面でも使用される傾向があるのである。

4.「学校方言」の動態

4.1　センヒキ（定規）の動態

センヒキとは、長さを測ったり線を引いたりする時に使う、長さ10〜18cm位のプラスチック製の文房具を指す。共通語形はジョーギである。群馬県においては、ジョーギといった場合、三角定規や物差しなど、ものをはかる道具すべてを指し、センヒキはジョーギのなかでも特に、ペンケースや筆箱のなかに入ってしまう程度のプラスチック製の物差しだけを指す。プラスチック製であれば、30cm程度のある程度長いものもセンヒキという場合がある。

第1回調査（1980年）では、群馬県への東京方面からの伝播の可能性も考えられた。第2回調査（1992年）の段階では、群馬県の若年層で使用率を伸ばし全域で100％に近い使用率を示している。同時期の東京・新潟間の中学生調査を見ると、東京と群馬の使用率が高く、新潟県が極端に低い。ここからもセンヒキが関東周辺に限定される学校方言であることを読み取ることができた。

図89は、群馬県の高校生（男女）のセンヒキの使用率の推移である。30年間を通じ、群馬県全域でセンヒキが使用されていることが確認できる。

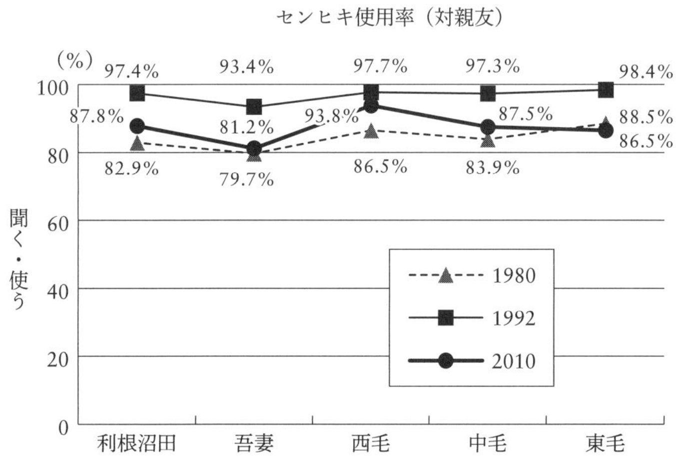

図89　センヒキの使用率／高校生（1980・1992・2010）

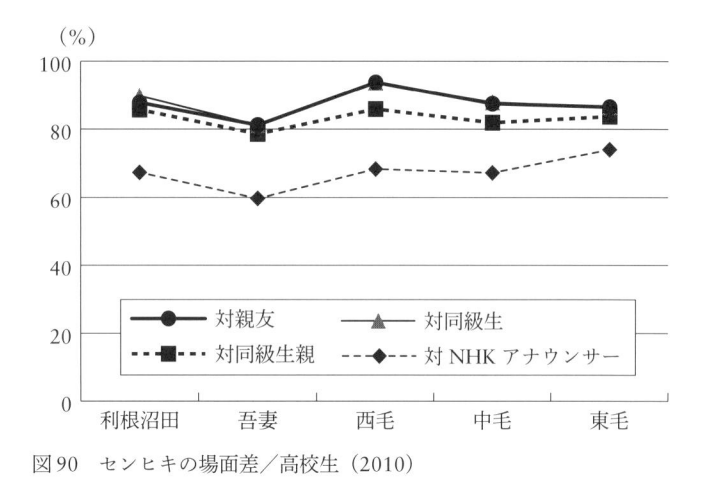

図90 センヒキの場面差／高校生（2010）

　これは学校方言の一つの特徴として考えられる。つまり、一旦その地域の学校社会に広まってしまえば、地域の学校社会という改まった場で使用されるため、これにとって代わる何らかの力をもった新しい表現が広まってこない限り、使い続けられるのである。
　図90は、第3回調査（2010年）の高校生の結果で、場面差を表すグラフである。全体的に使用率は高いものの、特徴として、対親友、対同級生はほとんど同じ値であり、対同級生の親についても高使用率で、「使用する」と意識されているのに対し、対NHKアナウンサーへの使用は控える傾向がみられることがあげられる。この現象はすなわち、「地元」対「非地元」ととらえられ、地域社会において場面差はなく使用でき、文体的な上下の使い分けは不要であるが、広範囲で全国的な場面では使用について配慮する傾向ととらえられるのである。これも学校方言の特徴と考えられる。普段の地域社会における生活ではどのような場面でも疑いなく使用できるが、改めて使用について聞かれたり聞きなおされたりすると、初めて、方言かもしれないとか乱暴な言い方かもしれないとか使用に疑いが生じてくるのである。

4.2　シャーペンの動態

　シャーペンとはシャープペンシルを省略した呼び方である。シャ

ープペンシルは、繰出鉛筆といわれるもので、その命名は日本での発明・販売元の会社（現在のシャープ株式会社）による。1960年代から鉛筆に代わる筆記用具として、日本社会、学校に一気に広まった。群馬県においては、シャーペンであり、シャープペンやシャープといった呼び方はほとんど使われない。

井上・荻野（1984）ではすでに全国的にシャーペンの使用が認められる。その後の調査である井上（1985b）や井上（1991）によると、関東、中部、近畿での使用が早いことが確認できる。1992年の東京・新潟間の中学生調査によれば、埼玉県北部、群馬県北毛、新潟県加茂市周辺を除いて、広く使用が認められる。

図91は、群馬県の高校生のシャーペンの使用率の推移である。第1回調査には調査項目にないため、第2回調査（1992年）と第3回調査（2010年）の結果のみを示す。18年間の推移である。群馬県全域でほぼ100％使用されていることが確認できる。センヒキ同様に、群馬県の学校社会に広まり、シャーペンに代わる新たな表現もないため、使い続けられるという、学校方言の特徴を呈している。

図92は、第3回調査（2010年）の高校生の結果で、場面差を表すグラフである。全体的に使用率は高く、1960年代に実物ととも

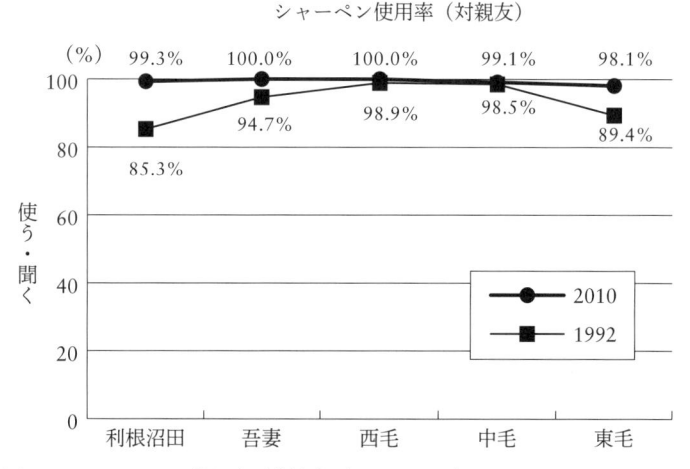

図91　シャーペンの使用率／高校生（1992・2010）

（％）

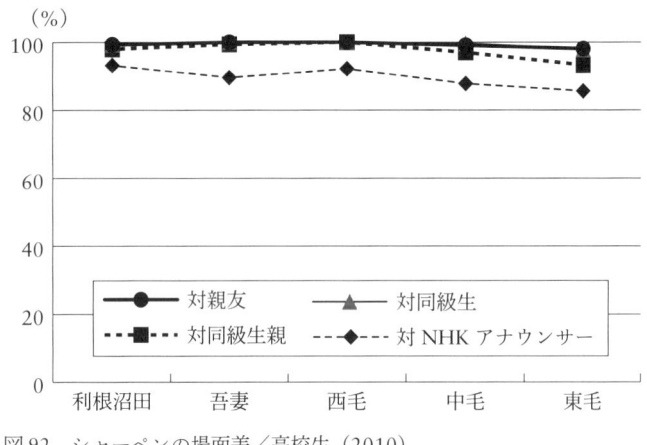

図92　シャーペンの場面差／高校生（2010）

に普及の始まったシャーペンという表現の普及が完了した状況である。

　このシャーペンの使用状況には、センヒキと同様に、対NHKアナウンサーへの使用は若干控える傾向が見られ、学校方言の特徴が表れていると言えよう。普段の地域社会における生活ではどのような場面でも疑いなくシャーペンと使用し、改めて使用について聞かれたり聞きなおされたりすると、初めて、方言かもしれないあるいは乱暴な言い方かもしれないというような使用に疑いが生じ、シャープペンシルとフルネームを使うべきなのかもしれないと意識するのである。

4.3　ドロボウケズリの動態

　ドロボウケズリとは、鉛筆を両側から削る削り方を言う。井上（1991）によれば、東海道沿線の愛知県・岐阜県において、30・40歳代で使用が認められた。1992年の東京・新潟間の中学生調査では、JR上越線沿線の新潟県内に使用が認められ、新潟市から徐々に新潟県内陸に向かって使用が広まるように使用率のグラフが読めた。1992年当時の新潟県の学校方言と考えられる。

　図93は、群馬県の高校生のドロボウケズリの使用率の推移である。1980年調査では調査項目にないため、18年間の推移である。

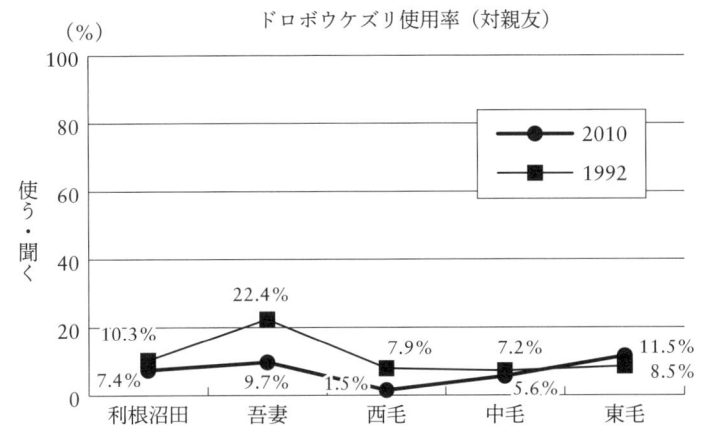

図93 ドロボウケズリの使用率／高校生（1992・2010）

　第2回調査（1992年）の吾妻に22.4％の使用率が認められ、新潟方面からの侵入の可能性が考えられたが、第3回調査（2010年）の結果から、群馬県には広まらなかったようである。新潟県からの進入はなかったことが確認できる。

　第2回調査（1992年）における吾妻での使用が、その後、吾妻において伸びなかったこと、また、周辺に広がらなかったことの大きな要因は、シャーペンの高い使用率からも想像がつくように、群馬県の学校社会において鉛筆を使用すること自体が少なくなってきているから、また、仮に鉛筆を使用していても両端から削るという行為自体がなくなってきているからであろう。学校方言が普及するためには、学校社会にその事実が存在し続けなければならないのである。これは学校方言に限らず、言語の存在についての原則に同じである。なお、2010年現在、未調査のため新潟県においてドロボウケズリが学校方言として使用されていることを確認することができないが、学校方言が都道府県単位である場合が多いという傾向に一致すれば、新潟県の学校方言となっている可能性がある。しかし、新潟県において先に述べたような状況にあれば、ドロボウケズリという学校方言も衰退しているであろう。

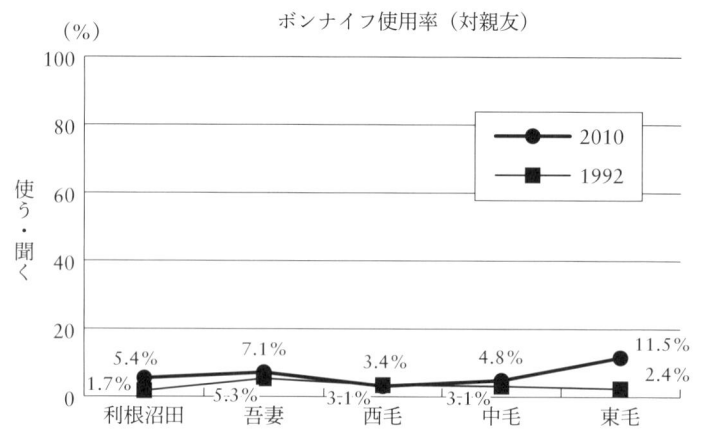

図94 ボンナイフの使用率／高校生（1992・2010）

4.4 ボンナイフの動態

　ボンナイフとは、主に鉛筆を削る際に使う文房具で、剃刀の刃を折りたたみ式ナイフにしたものである。折りたたみ式の柄の部分に「BON」という商標名が入っていて、そのまま文房具の名称として使われた。井上（1985b）、井上史雄（1991）によれば、調査当時の東京、神奈川の10〜30歳代で使用が認められた。1992年の東京・新潟間の中学生調査では、群馬県内のJR上越線上牧駅周辺でのみ明らかに使用が認められ、東京周辺からの転校生によるものと思われた。

　図94は、群馬県の高校生のボンナイフの使用率の推移である。1980年調査では調査項目にないため、18年間の推移である。群馬県全域でほとんど使用されず、東京・神奈川からの進入もなかったことが確認できる。たとえ、東京周辺の学校方言であっても、実物それ自体が消滅すれば学校方言も消滅するのである。

5. まとめ

　本章では、学校生活と関係の深いことばの中でも限られた地域の学校社会で通用する表現を「学校方言」と定義付け、本書における新方言に関する調査項目の中から、学校方言に該当する表現「定

規」、「シャープペンシル」、「鉛筆の削り方」、「鉛筆削りのナイフ」を取り出し、その使用状況の推移から「学校方言」について考察を行った。

　学校方言という用語は、すでに存在するものの明らかな定義のないままに使用されていた。本章では、限られた地域の主に学校社会で使われる表現を「学校方言」と呼び、篠崎（2008）の中から具体例を提示した。この定義から、学校方言は「気づかない方言」「気づかれにくい方言」に近いこと、また、学校方言と集団語や社会方言との関わりについても触れた。また、学校方言は「気づかない方言」「気づかれにくい方言」との関係から、都道府県単位であること、改まった場面でも使用される傾向にあることを指摘した。

　群馬県における「学校方言」の推移を見る中で次のような点も確認した。

- 「学校方言」は、一旦その地域の学校社会に広まってしまえば、地域の学校社会という改まった場で使用されるため、これにとって代わる何らかの力をもった新しい表現が広まってこない限り、使い続けられる。
- 「学校方言」は、地域社会において場面差はなく使用されるが、「非地元」の場合、やや使用を控える配慮が加わる。その配慮とは、もしかすると方言かもしれないとか乱暴な言い方かもしれないといった不安や疑義である。
- 「学校方言」が広まったり使用され続けたりするためには、その事物や行為が存在しなければならず、それらが存在しない限り東京や首都圏の言語的な影響も及ばない。

本章における「学校方言」の具体的な表現とその動態は、新方言の調査を目的としたものから借用した形であった。その意味では、「学校方言」の分布や伝播などに関しての論考が不十分であることは否めない。しかし、本章では「学校方言」という今まで漠然と理解されてきた用語の性格づけを中心に論じ、「学校方言」の明確化を図ることはできた。本章の存在価値は、「学校方言」という言語研究の新しい分野の開拓であり、先駆けであろうとすることなのである。今後は、「学校方言」それ自体に焦点をあてて、調査や考察

を進めることを改めて主張するものである。

まとめと今後の展開

新方言研究と国語教育
「広義の新方言」という考え方

1. 各部各章のまとめ

　本書では、群馬県の若年層の言語使用の変容について、1980年からの30年間に3回行った調査結果をもとに、新方言研究を基盤としながら考察を加えてきた。ここでは、ここまでの各部各章をまとめ、今後の研究の展開について述べる。

　第Ⅰ部を理論編とし、第1章では本書の目的と方法を述べた。本書においては、1980年から2011年までの30年間に3回行った群馬県の高校生とその保護者を対象にした経年アンケート調査から得たデータを用いて、現代の群馬県における若年層の方言動態を把握し、社会言語学的視点から群馬県方言の変容を明らかにしていくことという目的を設定した。

　第2章では、新方言の理論と本研究の関係について述べた。新方言とは「共通語化とは異なる（対立する）低文体での言語変化」ととらえ、特に本研究と関係の深い「新しさ」、「地域性」、「文体差（場面差）」、「学校教育」と新方言についての関係から、本書の理論的立場を明確に示した。本書では、新方言を対象とした言語研究を基盤としながらも、若年層における様々な言語変化を扱い、そのメカニズムを明らかにしようと試みた。そこでは、新方言研究では対象とされない表現も研究の対象とし、若年層における言語変化を多様な角度から把握しようとした。

　第3章では、本研究の対象地域である群馬県の方言研究史と本研究の基盤である新方言の研究史について詳述した。群馬県の方言研究は、第2次世界大戦後、上野勇から脈々と研究が受け継がれ、20世紀後半から21世紀にかけての日本における方言の価値の変遷を、群馬県方言に関する出版物や研究に見ることができた。社会言語学

的な研究スタイルも、1980年以降、群馬県方言研究の世界にも根付き、新たな展開を迎えようとしている。一方、群馬県の新方言研究は、日本における新方言研究とほぼ足並みを揃えるように歩んできた。群馬県の新方言研究に端を発した本研究は、30年間に3回の調査及び研究報告を重ね、日本の方言研究における社会言語学的研究の進展と相まって、若年層における言語変化研究へと新たな展開の時を迎えている。本研究が示す経年調査とそれによる若年層の言語変化に関する研究は、社会言語学的研究において重要な一研究手法であると同時に社会言語学的研究に新たな視点を示す研究である。本書をもって、これからの日本の新方言研究をリードし、社会言語学的研究への新たな提言としたい。

　第4章では、1980年から30年間で3回行った調査の概要を説明した。調査地域は、先行研究による方言区画に行政区画を加味して区分した5地域であり、利根沼田、吾妻、西毛、中毛、東毛と呼ぶ。調査方法は、3回ともアンケート用紙に記入する方式である。第1回調査は1980年に、第2回調査は1992年に、第3回調査は2010年に実施した。本研究においては、経年調査を用いることにより、群馬県における若年層の言語使用の変容に限定して、30年間という実時間のタイムスパンで、30年前、18年前、現在、という間隔で、言語使用の様相の変化を観察することが可能になる。また、変化の要因やメカニズムへのアプローチも容易となった。

　第II部は、群馬県における30年間の新方言の動態とし、新方言という言語変化の要因として、東京という大都市の影響に焦点を当てた。東京という大都市が若い世代の言語変化にどのような影響を与えるのか、群馬県における新方言の使用に関して東京での使用の有無を指標とし、その相違を見ることで解明を試みた。

　第1章では、群馬県における新方言について、第1回調査（1980年）以降、第2回調査（1992年）までの間に東京でも新方言の傾向を示す新方言（東京型）と、群馬県だけの新方言（地方型）とに分け、群馬県若年層での30年間のそれぞれの動態を見た。東京型の新方言の多くは、群馬県の広範囲の若年層に使用され続け、

ある程度以上に広まること、その広まり方のはじめは急速であることなどが分かった。また、地方型の新方言については、伝播はきわめて緩やかで群馬県全域に及ぶことはあまりなく、衰退していくものも多いことがわかった。新方言に東京での使用という要因が加わることにより、その後の広まりの範囲や速さに何らかの影響をあることが明らかになったのである。新方言には、使用を伸ばし続けるもの、使用率を伸ばし続けないまでも使用され続けるもの、衰退したりあるいは衰退傾向を示したりするものもあるなど、改めて現代の言語変化の多様さを確認した。

　第2章では、東京型と地方型の新方言が群馬県内で接触した「～のように」の3形式について、それぞれの動態とその関係を考察した。東京型の新方言と地方型の新方言が一時的に共存するものの、次第に東京型の新方言が各地域で勢力を拡大し地方の広範囲で使用されるようになると交代が起こり、地方型の新方言はその勢力を衰えさせていくことが見て取れた。そして、東京型の新方言が地方における文体的空白を埋める表現であった場合、急速に普及すること、地方への東京型の新方言の普及については「普及のSカーブ」適応の可能性があることを示した。

　第3章では、チガカッタやチガクナッタの動態から、東京型の新方言が群馬県にどのように普及するのかを考察をした。その変化は動詞「違う」が新しい形容詞へと向かう変化と見ることができ、品詞・活用体系を整えようとする言語変化ととらえることができた。また、女子の使用の程度が東京型の新方言の地方への普及を見る際の一つの指標となる得ることが考えられた。

　以上、第II部全体として、30年間の群馬県における新方言の動態には、普及速度や普及範囲の違い、文体的な空白と普及の関係、「普及のS字カーブ」の適用の可能性、新しい品詞・活用体系の整備など、注目すべき点が多くあった。大都市・東京を擁する首都圏に隣接する群馬県において、東京の影響を時には大きく受けつつ、時には独自に、共通語化という全国各地に一様に広がる変化とは異なる多種多様で複雑な言語変化が起きているのである。

第III部では、群馬県における30年間のベーの動態として、若年層における群馬方言ベーの使用を観察し、考察を加えた。
　第1章では意志・勧誘のベーについて、観察し考察を行った。1980年から1992年にかけて、男子若年層では新方言ンベーが発生し広まる傾向が見られた。新方言ンベーは、群馬県方言の音声的特徴を背景にル語尾動詞のルの撥音化を介して生じたと考えられる。また、ベー形式でもンベー形式でも接続の単純化が進んでいた。1992年から2010年まででは、ベーとその新方言ンベーだけでなく、ッペやビャーなど（ベーのバリエーション）を含めた全体が衰退傾向にあった。しかし、ベー形式では依然として接続の単純化が進んでいた。意志・勧誘のベーは、新方言ンベーを発生させ広めたり、接続の単純化を起こしたりしながら、地域に密着して根強く使われ続けているのである。
　第2章では推量のベーについて、観察し考察を行った。意志・勧誘も推量もベーで行われていた群馬県を含む関東では、共通語の使い分けの影響により、推量ではダンベーを使うようになった。1980年代あたりから、群馬県の若い世代では、意志・勧誘のベーにンベーが発生し、推量のダンベーにも影響が及び、1992年ごろには推量でもンベーの使用率は上昇した。一方、1992年から2010年にかけて、若年層では、意志・勧誘でベー、推量でダンベーという方言的表現は衰退傾向を見せ、また、ベー全体に衰退傾向も強まっている。それに同調する形で、新方言ンベーも減少傾向に転じている。しかし、ベー全体の衰退傾向という大きな流れの中にあって、東日本で進行中である、推量をダンベーからベーという単純化という大きな変化だけは現在も進行中であり、クルベー、オモシレーベーともに、1980年から30年間で使用が伸びているのである。
　第3章ではベー全体での新しい動きについて述べた。1992年から現在までの18年間の新たな動きとして、女子若年層がベーを男子若年層と同程度あるいはより多く使用する傾向を見ることができた。この傾向は、方言の使用を「スタイル」としてではなく「要素」としての使用としてとらえる方言の「アクセサリー化」（小林2004）と考えられる。既成の考え方では古くて土着的で男性的な

イメージのベーも、若年層女子においては、自分の言葉を新しく斬新に飾ってくれるアクセサリーとなり得ると考えられるのである。また、群馬県の女子若年層が地元方言であるベーをバリエーションを広げたり楽しんだりするためのツールとして使用し始めた現象と考えれば、女子若年層によるベーの「おもちゃ化」ととらえることもできる。

　第Ⅲ部では、群馬県方言におけるベーの動態をつかむことができた。ベーは衰退傾向を示しつつも、共通語化にあらがい群馬県方言の中に根強く生き続けている。それには、新方言ンベーの発生や接続の単純化、あるいは推量のダンベーからベーへ交代と接続の単純化、さらには「アクセサリー化」や「おもちゃ化」など、形式面・文体面で様々な変化を活発に起こしてきたことが大きいと考えられる。

　第Ⅳ部では、群馬県の若年層における方言使用と属性の関係を考察した。
　第1章では新方言の東京型と地方型それぞれで、使用における男女差を見た。東京型の新方言については、現代社会にあって最近の30年間の傾向として、東京に近く首都圏に隣接する群馬県という地方において、若年層では東京のことばの影響が女子の方により強く現れることの検証がなされた。一方、地方型の新方言では、第2回調査（1992年）の男性若年層の使用が女子より高い傾向にあったが、第3回調査（2010年）では女子の方がより強く地方型新方言を支持している状況が浮かび上がってきた。2010年の現代においては、東京型も地方型も新方言の使用に関して女子の使用が男子を上回るという傾向にあり、2005年前後に起こった若年層女子の方言ブームに象徴される方言の「アクセサリー化」、「おもちゃ化」が群馬県の若年層にも起こっているためと考えられた。
　第2章では、群馬県の若年層における方言・共通語の志向と言語使用意識の変容について、社会や日本語の変容、言語環境の違いなどと関係付けながら考察した。群馬県全域における大きな言語使用意識の変容として、まず、山間部の男性若年層での方言志向の弱ま

り、共通語志向の高まりをあげることができる。これについては、上越新幹線や関越自動車道が 1990 年前後に相次いで開業、開通したことの影響が大きいことを指摘した。次に、女子若年層における方言志向の高まりの傾向を確認した。この言語使用意識の変容は、2005 年前後に起こった女子高校生を中心とする方言ブームの影響を少なからず受けてのことと考えた上で、生育地方言や地元の方言を耳にする機会の多さとの関係にも触れた。最後に、群馬県全域において方言と共通語の弁別意識の希薄さが進行していることを確認し、群馬県方言の共通語化の進行によるものと考えた。若年層の言語使用意識には、交通環境の整備等による東京と地方の関係といった社会の変容、生育地方言や地元方言との接触の程度からくる言語環境の違い、共通語化の進行や方言の「アクセサリー化」などの日本語の変容など、様々な要因が絡み合っているのである。

　第 3 章では、若年層におけるラ抜きことばと世代差、場面差、男女差、地域差、語彙差との関係を見た。世代差については、若い世代で使用が増えていることを確認し、現在も増え続けていることが確認できた。場面差については、改まった相手になればなるほどラ抜きことばの使用を抑え、同世代では親疎に関係なくラ抜きことばを使用する傾向が 18 年間継続していることを確認した。男女差については、1992 年からの 18 年間で、女性若年層のラ抜きことばの使用が伸び、高い使用率を示していた。これは、特に女子若年層において、ラ抜きことばに対する規範意識の薄れが生じたことを示すものではないかと考えた。地域差については、群馬においては特別な地域差を持たず全域にラ抜きことばの使用が広がっていることを確認した。語彙差については、着レル（と「着る」）と逃ゲレル（と「逃げる」）の使用頻度の差異から、その語彙の使用頻度の差異により、普及の仕方に違いが生じ、そのために普及パターンにも差異が生じるものと考えた。

　第 4 章では、若年層の生活に関係の深い学校社会と方言の関係について「学校方言」という用語を規定して考察した。学校方言という用語は、すでに存在するものの明らかな定義のないままに使用されていたため、学校生活と関係の深いことばの中でも限られた地域

の学校社会で通用する表現を「学校方言」と定義付けた。この定義から、学校方言は「気づかない方言」「気づかれにくい方言」に近いこと、また、学校方言と集団語や社会方言との関わりについても触れた。さらには、学校方言は「気づかない方言」「気づかれにくい方言」との関係から、都道府県単位であること、改まった場面でも使用される傾向にあることを指摘した。

　以上の本書の構成から明らかなように、本研究は新方言研究を基盤とした若年層の言語変化についての論考である。群馬県という首都圏に隣接する共通語圏において、若年層では共通語化の波に襲われながらも、言葉が生まれ、あるいは変化し、時には消滅していた。その中にあって、方言が生まれ広まるものがあった。それが新方言であった。新方言は、群馬県方言という共通語にきわめて近い環境の中にあっても活発に展開し、群馬県方言に活力を与えていたのである。
　また、新方言は、学術的な側面から見れば、1970年代後半からの井上史雄の先導により、日本の方言研究と社会言語学に大きな成果をもたらしたと言えよう。新方言の定義は井上史雄を中心に詳しく検討され、完成されていったと言える。新方言研究は30年以上の歴史を重ね、もはや新しい研究領域ではなく、言語学の一領域として成立しているのである。
　本書では、新方言を基盤に若年層の言語使用の変容を見る中で、群馬県方言の動態のメカニズムに迫ることができた。それは、東京と地域社会との関係が言語使用に大きな影響を与えていること、伝統方言が変容しながら根強く生き続けていること、男女差や使用意識や生活環境などの様々な属性が複雑に絡み合って若者の方言使用に影響を与えていることなどである。この群馬県方言における動態のメカニズムは、現代日本語方言の動態にも通じるものである。
　さて、21世紀となった現在、新方言には新たな展開の可能性がある。それは、国語教育、言語の教育上で展開である。新方言をことばの教育に応用しようという考え方である。ここでは、言語学上の新方言を基盤に「広義の新方言」という考え方を提案し、国語教

育や言語の教育上での新展開について述べたい。ここでの試みは、新方言に対する新たな言語学上の用語を作り上げることではない。言語学ではなく教育の世界で新方言の活力を応用しようとすることである。

2. 新方言理論と一般理解のずれ

2.1 新方言という名称

　新方言の国語教育、言語の教育への応用は、新方言理論とそれに対する一般理解のずれの明確化から始めなければならない。新方言研究における理論上での新方言と一般の新方言理解にはずれが存在する。時としてそのずれは、日本語や言語学の専門家の間にすら存在することがある。このずれを明確化し、ずれの解消のための方策を施すことにより、新方言にはそれを国語教育や言語の教育に生かすという新たな展開が生まれてくるのである。ことばを学ぶ若者がことばや方言に興味を持つきっかけとして新方言を使用しようとする新たな展開である。

　さて、新方言理論と一般理解の間に生じるずれの主たる原因は、「新方言」という名称にある。「新」や「方言」という言葉はわかりやすく、各個人がそれぞれイメージ持ちやすいが、そのイメージは必ずしも同一ではない。例えば、「方言」という用語は多義であり、ある者は地域的な差異をイメージし、ある者は文体的な差異をイメージしてしまう。そのため、「新方言」は安易に、あるいは勝手に、様々に理解されてしまうのである。

　そこで、ここでの大きな方策は、逆転の発想を用いて、安易に勝手に理解される「新方言」を、一つの枠組みとして作り上げることである。そして完成した枠組みを「広義の新方言」として、国語教育や言語の教育に応用しようという考え方がここでの論考である。

2.2 新方言の定義

　新方言理論と一般理解の間に生じる新方言に関するずれを明確にするために、まず、新方言の定義を確認しておこう。井上（2008: 45）

によれば、「新方言」の定義は、「若い世代に向けて使用者が多くなりつつある非標準語形で、使用者自身も方言扱いしているもの」である。この中には次の三つの条件が入っている。

(1) 年齢差への着眼
(2) 共通語形か否かの判断
(3) 場面差への注目

「(1) 年齢差への着眼」が新方言の「新」に関わり、「(2) 共通語形か否かの判断」と「(3) 場面差への注目」が新方言の「方言」に関わる部分である。以下では、便宜上、「(1) 年齢差への着眼」を「条件1」、「(2) 共通語形か否かの判断」を「条件2」、「(3) 場面差への注目」を「条件3」とする。

この新方言の3条件のほかに、井上史雄が新方言に関する論文で必ず強調する内容がある。それは、新方言が言語変化の一典型であることである。つまり、その現象が言語変化の過程の中の一瞬の姿を映すものであることが新方言として重要な意味を持つということである。逆に言えば、言語変化とは見なせない現象は新方言ではないことになる。この「新方言は言語変化の一つである」ということは、新方言の3条件とは別に、3条件の前提条件にさえなりうる重要な内容である。なぜならば、井上史雄が様々な論文で記述するように、新方言の価値は、「過去から連綿と続いた自然な言語変化を今でも観察できる」(井上2008: 86) ことにあるからである。

さて、新方言を進行中の言語変化と位置付けることに関しては、疑義を投げかける記述をほとんど目にしたことがない。新方言を説明する最も適切な表現であるからであろう。むしろ、新方言の定義は「進行中の言語変化を見せる方言」とすればよいかもしれない。まさに新方言は現代日本語の言語変化を観察する際の画期的な切り口だったのであり、新方言の言語研究としての価値はそこにあるのである。

逆に言えば、「新方言」の3条件についてはそれほど正確さを求める必要はなかったのかもしれない。実際、井上(2008)では3条件について、「仮の作業原則のつもりだったが、大きな変更の必要性は感じられなかった」(井上2008: 45) と述べている。

以上、新方言の定義を確認した。次からは、条件の1から条件3まで順に、一般理解と各条件とのずれを明確にし、そのずれの解消のための方策を考察するなかで、「広義の新方言」の枠組みを考えていきたい。

2.3　条件1と一般理解のずれ

条件1は、若い世代に向けて使用者が多くなりつつあることであり、年齢差への着眼である。新方言の「新」に関わる。

井上（2008: 47）では、調査技法としてことばの年齢差が分かればいいとしたうえで、社会的活躍層が共通語化などでトップになる現象や見かけの時間／実時間の問題など、年齢差を単純に言語変化と結びつけることへの問題点を指摘する。

条件1に関する学術上の理解と一般理解のずれは、新方言の「新」の理解にある。新方言理論では、「新」を年齢差、世代差とするが、一般の理解は、「新」イコール「新しい」「若い」「生まれる」という理解であり、ここにずれが生じている。

この条件（1）のずれの解消について考える場合、井上史雄が「新方言」を発想するきっかけを思い出せばよい。井上は、「1976（昭和51）年前後に北海道の方言調査で新方言という現象に気づい」（井上2008: 103）た。このことこそ新方言研究が誕生するきっかけである。つまり、「新方言」の原点は、今までとは異なる、あるいは今までにない「新しい方言」が生まれることにある。「方言が消えつつあるという現在の常識的な流れに反するものとして、注目に値する」（井上2008: 47）のである。若者も方言を使うのである。若者が使うのは今までに存在する方言ではなく、新しい方言である場合がある。さらに若者は方言を生みだすこともあるのである。これらを指して、「新方言」には「新」を使ったのである。

以上を踏まえて、これらのずれを解決するために、「新」に対する一般的な理解を「広義の新方言」に適応する。一般的理解とは、「新」イコール「新しい」「若い」「生まれる」という理解である。つまり、「広義の新方言」の条件1は、「新しい方言、若い人のみが使う方言、新しく生まれた方言」とすればよい。「新しい」と言う

言葉は、漠然としておりどの時点から見て新しいのか、判然としない。そこで一応の目安として、10年程度を単位としてはどうかと考える。10年前に比べてどうかということである。10年を単位とする確固とした根拠が特にあるわけではない。「広義の新方言」は、国語教育や言語の教育への応用を想定しており、「学習指導要領」との関連を考え、「学習指導要領」の改訂がほぼ10年間隔で行われることから、10年程度を目安としてはどうかという提案である。指導を受けた「学習指導要領」によって世代分けされることや「10年ひと昔」などという言葉のあることなどもその妥当性を後押ししてくれることだろう。

2.4　条件2と一般理解のずれ

条件2は、非標準語形であることであり、共通語形か否かという着眼である。新方言の「方言」に関わる。

井上（2008: 48）では、辞書、文法書で判別がつくことが多いとしたうえで、共通語・標準語と東京語の関係と共通語の専門語の扱い方の2点を指摘する。1点目は、北海道でアッタカイが普及する現象、西日本でショッパイ、デッカイが拡大する現象、東京の話ことば・俗語が波及する現象など口語が広まる現象のとらえ方である。2点目は、地元の人が方言と気づかずに公的場面でも使う非標準語形の「気づかない方言」の扱い方である。「気づかない方言」は、鹿児島・宮崎・愛媛などで使われるラーフル（黒板消し）に代表されるような地域性を持つ専門語やサビオ・リバテープ・バンドエイド（救急絆創膏）など地域性を持つ商品名など、学校、社会生活に関わる語が多い。

条件2に関するずれは、井上（2008: 48）が示す通り、当該表現が共通語に該当するか否かの判断の際に生ずるずれである。新方言を判断する際に、学術上の理解においてさえ「実際の個々の現象をとると、難しいことがある」（井上2008: 48）のである。

このずれを解消し「広義の新方言」の枠組みを考えると、むしろ原点回帰がふさわしい。つまり、国語辞書を基準として判断するということである。「広義の新方言」は国語教育や言語の教育への応

用を目指しているので、この判断基準は国語辞書の活用へとつながるのである。国語辞書の活用は、「小学校学習指導要領」国語の第3学年及び第4学年の「伝統的な言語文化と国語の特質に関する事項」の「イ言葉の特徴やきまりに関する事項」（カ）にある。「広義の新方言」には、新しい気づかない方言も新しい地方共通語も含まれるものとする。

2.5　条件3と一般理解のずれ

条件3は、使用者自身も方言扱いしているものであることであり、場面差という着眼である。新方言の「方言」に関わる。

井上（2008: 50）では、場面差・文体差に着目するが、共通語化ではない言語変化だというにはこの条件は欠かせないとしたうえで、文体差はわざわざ調べないでも見当がつくが、文体差の上端と下端に問題が残るとしている。文体差の下端の問題として、俗語のとらえ方に個人差・地域差があることなどを提示し、方言と俗語と判別につながる問題が新方言の判定にも存在することを指摘する。

条件3に関するずれは、学術上の理解では文体差・場面差に着目して新方言を規定するのに対し、一般の理解では地域差に着目して新方言をとらえがちであるという点である。表29は井上（2008: 54）の記述から「方言」という術語の性格を表にまとめたものであるが、学術上では、新方言は生活語としての立場で文体・スピーチスタイルに着目し、文体が低いことをもって新方言を規定するが、一般の理解では、新方言は地域語としての立場で地域差をもって規定されがちであるということである。つまり、方言の多義性の問題にずれの生じる原因があるのである。

文体の下端に生じる問題についてはすでに述べたので、ここでは、

表29　「方言」という術語の性格

	着目	対立する用語・概念
生活語	文体・スピーチスタイル	標準語・共通語
地域語	地域差	全国共通語
言語体系	（通俗的か学術的か）	俚言

文体の上端で生じる学術上の理解と一般の理解のずれについて述べよう。それは、地域性のある敬語や市役所や学校で使用される言語表現のうち地域性のある表現を方言として扱うかという問題である。高文体や改まった場面で使用される地域性のある表現があるとすれば、それは方言である。例えば、方言敬語がそれにあたる。そして、それに新たな表現が生まれれば一般的理解では新方言である。しかし、学術上の理解では、新方言は生活語としての立場で文体・スピーチスタイルに着目し、文体が低いことをもって新方言を規定するため、これは新方言とはされないのである。

このずれを解消し「広義の新方言」の枠組みを考える場合、「広義の新方言」から文体差、場面差を取り去り、一般の理解に近い地域的な差異を強調すればよい。日本において方言は、階級的な変種（social dialect）ではなく、地方的なもの（local dialect）の方を問題にすることから、「広義の新方言」においても地域差を強調することが自然である。「広義の新方言」には、新俗語も新方言敬語も含まれるものとする。

3.「広義の新方言」と国語教育への応用

新方言の理論と一般的理解との間にずれが生じる原因を、新方言の3条件から検討し、ずれの解消として「広義の新方言」を考えてきた。ここで、改めて「広義の新方言」について整理する。

「広義の新方言」とは「新しい方言（地域性のあることば）、若い人だけが使う方言（地域性のあることば）、新しく生まれた方言（地域性のあることば）」である。「広義の新方言」を規定する条件は、「新しいこと」「国語辞書に載っていないこと」「地域性があること」である。もちろん、「広義の新方言」の中には、言語学的研究の対象となる学術用語「新方言」も含まれるものである。

さて、学術上の新方言を応用し「広義の新方言」とすることで、国語教育や言語の教育に適用しやすくなったことを確認しよう。新方言の条件1は、年齢差に着眼し若い世代に向けて使用者が多くなりつつあることであったが、具体的に10年前に使われていたかと

いう一応の判断基準を示したことで、判断が具体化し単純化した。新方言の条件2は、共通語形か否かという着眼で非標準語形であることであったが、口語や俗語、「気づかない方言」をどう扱うべきかでゆれが生じ難しい側面があった。しかし、「広義の新方言」では国語辞書を判断基準として統一したことで明確化した。しかも辞書の活用教育につながった。新方言の条件3は、場面差という着眼で使用者自身も方言扱いしているものであることであったが、地域性を強調し他の地域との違いを見るという作業ただ一つに限定し単純化した。以上により、学術上の新方言に比べ「広義の新方言」では、相当に教育の現場での活用のしやすさを向上させることができた。

　では、この「広義の新方言」をどのように国語教育や言語の教育に応用していこうとするのか。それは、この「広義の新方言」をことば調べ学習に取り入れることである。今までの国語教育における方言調べ学習ではありえなかった、若い世代の、しかも自分自身の方言を対象とする学習である。そこには、「発見」が満ち溢れている。新しいことばの発見、年齢、場面、男女、職業、話し相手など様々な条件や属性によることばの違いの発見などである。「広義の新方言」を国語教育に取り入れ、ことばの発見の呼び水とすることで、自分たちの身近なことばの中にこそ新たなことばの命があり、自分たちがことばを生みだし自分たちがことばを変えていくことを体感させることができるのである。ただ単に、ことばを発見するだけではない。発見したことばについて、調べ深く考え、整理し、発表する、これらの一連の学習、作業が調べ学習である。これこそが、小学校、中学校の「学習指導要領」国語の「第1」目標が示すところの、「国語に対する関心を深める」ことになり、「国語を適切に表現し正確に理解する」ことにつながり、「伝え合う力を高めるため」、「言語感覚を豊かに」するのである。

　また、高校の国語科教育、大学における言語学の入門期などにも応用が可能であろう。新方言の研究の初期において日本各地で新方言の報告が数多くなされ、多くの卒業論文で新方言が取り上げられた要因は、大学生自信がインフォーマントになりえたから、また、

新方言に関しては学生が教員に教える立場になりえたからとも言われている。「広義の新方言」を演習やレポート課題として出題すれば、自らのことばを振り返る絶好の機会となるであろう。「広義の新方言」の規定が二つという広い間口は、深い深いことばの世界への好個な入り口となり得るのである。

なお、伝統方言と国語教育との関係にも触れておこう。「広義の新方言」の国語教育への導入という考え方は、国語教育における伝統方言の活用を否定するものではない。むしろ、新しく生まれてくることばとの対比からことばの歴史を考える上での素晴らしい素材となるものが伝統方言である。また、平成23年度から本格実施された新「小学校学習指導要領」国語において、「伝統的な言語文化と国語の特質に関する事項」が新たに創設されたことにより、伝統的な言語文化に関する指導で今後ますます重要視されるのが伝統方言である。

「広義の新方言」は言語研究ではなく、言語の教育、国語教育において一般の理解に近い形で新方言を規定することにより、ことばを学ぶ若者が方言に興味を持ったり、言葉を調べる楽しさを知ったり、言語研究の入門者が安心して使用できたりするようになるのである。そのための用語である。結果的には、学術的な「新方言」との違いを明確にし、本来の「新方言」の理解を深めることにつながっていくのである。

4. まとめ

繰り返すが、ここでの目的は「新方言」に対する新たな用語を作り上げることではない。新たな用語を増やすことは、言語研究にとって決して好ましいものではない。井上（2008）も、「異なった用語、類似の術語が出てくるのはその言語状況をよりよく説明するためだろう。現実の言語事象が解明されればいい」と述べている。

「広義の新方言」は国語教育や言語の教育において日常のことばや方言、言語学に興味を持たせるための用語である。日常の言語に起こっている現象に気づき、その現象を理解しやすく、わかりやす

く説明するためのものである。やがて開かれる言語研究の扉の向こう側にある、新方言や言語変化という、より深い研究への「誘い水」なのである。

　新方言というのは、「下からの言語変化」である。「下のほうから徐々にジワジワ広がる言語変化ととらえ」（井上2008: 16）とある。「広義の新方言」についても、言葉を学び言葉に興味を持つ者のための用語として、一般的な理解、つまり「下からの理解」を採用すればよい。その方が新方言らしい。

参考文献

新井小枝子（1994）「群馬県藤岡市中大塚方言のアスペクト」『方言資料叢刊』4
新井小枝子（2010）『養蚕語彙の文化言語学的研究』ひつじ書房
伊藤信吉（2000）『マックラサンベ―私の方言村ことば―』川島書店
井上史雄（1976）「集落内の言語差―下北半島上田屋―」『人文科学論集』12
井上史雄（1978）「《新方言》の分布と変化」『山形方言』14
井上史雄編（1983）『《新方言》と《言葉の乱れ》に関する社会言語学的研究』文部省科学研究費報告書
井上史雄（1984）「現代東日本のベイの分布と変化」『東京外国語大学論集』34
井上史雄（1985a）『新しい日本語 ―《新方言》の分布と変化―』明治書院
井上史雄（1985b）『関東・東北方言の地理的・年齢的分布（SFグロットグラム）』東京外国語大学語学研究所
井上史雄（1987）「東京圏の方言と共通語―埼玉県女子高アンケート―」『東京外国語大学論集』37
井上史雄（1991）『東海道沿線方言の地域差・年齢差（Qグロットグラム）』東京外国語大学語学研究所
井上史雄（1993）「新方言辞典稿」『東京外国語大学論集』47
井上史雄（1994）『方言学の新地平』明治書院
井上文雄（1995）「共通語化の所要年数―鶴岡・山添実時間調査―」『国語学』181
井上史雄（1998）『日本語ウォッチング』（岩波新書）岩波書店
井上史雄（2008）『社会言語学論考』明治書院
井上史雄・永瀬治郎・沢木幹栄（1979）「《新方言》と新語・流行語―山形県最上地方のグロットグラム調査」『第29回日本方言研究会研究発表会発表原稿集』
井上史雄・永瀬治郎・沢木幹栄（1980）『最上地方新方言図集』私家版
井上史雄・荻野綱男（1984）『新しい日本語・資料図集』（科研費特定研究「言語の標準化」資料集）
井上史雄・鑓水兼貴（2002）『辞典〈新しい日本語〉』東洋書林
井上史雄・江川清・佐藤亮一・米田正人（2009）「音韻共通語化のS字カーブ―鶴岡・山添6回の調査から―」『計量国語学』26（8）
井上文子（1991）「男女の違いから見たことばの世代差」『月刊日本語』4（6）
上野勇（1941）『方言地理学の方法―赤城南麓方言分布―』広川書店
上野勇（1948）『ことばの話』上毛民俗の會・煥乎堂
上野勇（1983）『利根のことば』国書刊行会（昭和34年初版の再刊）

上野勇（1988）『群馬のことばとなぞ』煥乎堂
NHK放送文化研究所編（1997）『現代の県民気質―全国県民意識調査―』日本放送出版協会
江端義男編（2002）『方言　朝倉日本語講座10』朝倉書店
遠藤隆也（2001）『面白かんべェ上州弁』ブレーン・オフィス
遠藤隆也（2002）『続面白かんべェ上州弁』ブレーン・オフィス
遠藤隆也（2004）『続々面白かんべェ上州弁』ブレーン・オフィス
遠藤隆也（2007）『上州弁読本』ブレーン・オフィス
大橋勝男（1974）『関東地方域方言事象分布地図』桜楓社
大塚史郎（2002）『ふるさとひろって―群馬方言詩集―』あさを社
加藤鶴男編（1998）『群馬のことば』みやま文庫
群馬県教育委員会（1987）『群馬の方言』群馬県教育委員会
国立国語研究所（1953）『地域社会の言語生活―鶴岡における実態調査―』秀英出版
国立国語研究所（1958）『敬語と警護意識』秀英出版
国立国語研究所（1966–1974）『日本言語地図（LAJ）Ⅰ～Ⅵ』大蔵省印刷局
国立国語研究所（1974）『地域社会の言語生活―鶴岡における20年前との比較―』秀英出版
国立国語研究所（1979）『表現法の全国的調査研究』科学研究費補助金研究成果報告書
国立国語研究所（1981）『大都市の言語生活』三省堂
国立国語研究所（1981、1982、1983）『方言文法資料図集（1）（2）（3）』
国立国語研究所（1983）『敬語と敬語意識―岡崎における20年前との比較―』三省堂
国立国語研究所（1989–2006）『方言文法全国地図（GAJ）1～6』大蔵省印刷局
国立国語研究所（1993）『方言文法全国地図解説3』
国立国語研究所（1994）『鶴岡方言の記述的研究―第3次鶴岡調査　報告1―』秀英出版
国立国語研究所（2006）『方言使用の場面的多様性―鶴岡市における場面差調査から―』国立国語研究所
国立国語研究所（2007）『地域社会の言語生活―鶴岡における20年間隔3回の継続調査―』国立国語研究所
国立国語研究所（2010）『敬語と敬語意識―愛知県岡崎市における第三次調査―』科学研究費補助金　研究成果報告書
古瀬順一編（1997）『群馬県のことば』明治書院
小林隆（2004）「アクセサリーとしての現代方言」『社会言語科学』7（1）
小林隆（2007）「方言機能論への誘い」『シリーズ方言学3　方言の機能』岩波書店
小林隆・篠崎晃一（2007）『ガイドブック方言調査』ひつじ書房
小矢野哲夫（2006）「若者語は集団語か」『日本語学』25（10）
佐藤髙司・井上史雄（1981）「関東北部における「新方言」」『第32回日本方言研究会発表原稿集』

佐藤髙司（1982）「関東北部における「新方言」」『語学と文学』21（群馬大学）
佐藤髙司（1993a）『《新方言》の動向―北関東西部における高校生のことばの研究―』私家版
佐藤髙司（1993b）「新方言の使用における男女差―群馬（及び栃木の一部）の高校二年生のアンケート調査から―」『計量国語学』19（1）
佐藤髙司（1994）「北関東西部における新方言の伝播の特徴」『語学と文学』30（群馬大学）
佐藤髙司（1996a）「東京の新表現が地方に普及するときの社会的要因―前橋・高崎での新方言使用の比較から―」『国語研究』10
佐藤髙司（1996b）「東京―新潟間における新形容詞「違い」の普及の様相 ―口語レベルからの日本語の変化過程モデル―」『語学と文学』32
佐藤髙司（1997a）『関東及び新潟地域における新表現の社会言語学的研究』平成8年度科学研究費補助金（奨励研究（B））研究成果報告書
佐藤髙司（1997b）「「～のように」にみる新方言の接触―東京・新潟間及び群馬県北部・西部におけるミタク・ミチョーニ・ミトーニ―」『語学と文学』33（群馬大学）
佐藤髙司（1998）「中学生の新語・流行語使用意識―東京・新潟間―」『語学と文学』34（群馬大学）
佐藤髙司（2008a）「若者の方言にみる言語変化―群馬県の新方言を例に―」『共愛学園前橋国際大学論集』8（共愛学園前橋国際大学）
佐藤髙司（2008b）『群馬方言に関する国語科授業のための資料集』私家版
佐藤髙司（2009a）「前橋市における現代日本語方言の変容～2008前橋市立前橋高等学校調査速報～」『共愛学園前橋国際大学論集』9（共愛学園前橋国際大学）
佐藤髙司（2009b）『地図とグラフで見るぐんまの方言』上毛新聞社
佐藤髙司（2011a）「群馬県方言研究史―1970年以降を中心に―」『共愛学園前橋国際大学論集』11（共愛学園前橋国際大学）
佐藤髙司（2011b）「群馬県における新方言の動態」『大都市圏言語の影響による地域言語形成の研究』（平成20–22年度科学研究費・基盤研究（C）研究成果報告書）
佐藤亮一（1981）「展望・方言」『国語年鑑　昭和56年版（1981）』秀英出版
佐藤亮一（1983）「展望・方言」『国語年鑑　昭和58年版（1983）』秀英出版
佐藤亮一（1985）「展望・方言」『国語年鑑　昭和60年版（1985）』秀英出版
佐藤亮一（1986）「展望・方言」『国語年鑑　昭和61年版（1986）』秀英出版
佐藤亮一（1987）「展望・方言」『国語年鑑　昭和62年版（1987）』秀英出版
佐藤亮一監修（2002）『方言の地図帳』小学館
佐藤亮一（2007）「関東地方の方言」『日本語学研究辞典』明治書院
真田信治（1996）「近畿方言の現在」『方言の現在』明治書院
沢木幹栄（2002）「方言研究の歴史」『朝倉日本語講座10　方言』朝倉書店
篠木れい子（1987）「群馬方言の概観」『群馬の方言』群馬県教育委員会
篠木れい子（1991a）『中里村の方言』中里村教育委員会
篠木れい子（1991b）「群馬県吾妻郡六合村入山世立における祝言のあいさつ」『方言資料叢刊』1

篠木れい子（1992）「群馬県吾妻郡六合村入山世立方言における身体感覚を表すオノマトペ」『方言資料叢刊』2

篠木れい子（1993）「群馬県藤岡市中大塚方言の比喩語について」『方言資料叢刊』3

篠木れい子（1994a）『群馬の方言―方言と方言研究の魅力―』上毛新聞社

篠木れい子（1994b）「群馬県方言における意思・勧誘・推量表現の考察―「ベイことば」の諸相と変化を中心に―」『群馬県立女子大学紀要』15

篠木れい子（1995a）「群馬方言アクセントの特徴とその変化―吾妻郡六合村方言の3拍名詞を中心に」『東日本の音声　論文編4　主要都市多人数調査（弘前市・仙台市）報告』文部省科学研究費補助金研究成果報告書

篠木れい子（1995b）「群馬県藤岡市中大塚方言の否定の表現」『方言資料叢刊』5

篠木れい子（1996）「群馬県藤岡市中大塚方言の助数詞」『方言資料叢刊』6

篠木れい子（2008）「方言」『群馬新百科事典』上毛新聞社

篠崎晃一・毎日新聞社（2008）『出身地がわかる！　気づかない方言』毎日新聞社

辛昭静（2002）「「ら抜き言葉」の研究概観」『言語文化と日本語教育　増刊特集号　第二言語習得・教育の研究最前線―あすの日本語教育への道しるべ―』日本言語文化学研究会

陣内正敬（2007）「若者世代の方言使用」『シリーズ方言学3　方言の機能』岩波書店

杉村孝夫（1984）「群馬県の方言」『講座方言学5　関東地方の方言』国書刊行会

田中ゆかり（2007）「着脱される「属性」―方言「おもちゃ化」現象―」『第19回社会言語科学会研究大会発表原稿集』社会言語科学会

田中ゆかり（2010）『首都圏における言語動態の研究』笠間書院

張麗（2009）「話し言葉の表現としてのラ抜き言葉に関する研究概観」『コーパスに基づく言語学教育研究報告』No.1

手塚邦一郎（1973）『栃木県方言地図』私家版

東条操編（1953）『日本方言学』吉川弘文館

飛田良文他編（2007）『日本語学研究事典』明治書院

都丸十九一（1977）『上州の風土と方言』上毛新聞社

都丸十九一著・北橘村ほのぼの方言刊行会編（2004）『ほのぼの方言』「ほのぼの方言」刊行会

トラッドギル（1975）『言語と社会』岩波新書

中井精一（2009）「言語意識」『計量国語学事典』朝倉書店

中嶋敏夫（1994）『桐生のことば』桐生タイムス社

中条修・篠木れい子著・六合村教育委員会編（1991）『六合村の方言』六合村教育委員会

中本正智（1985）「東京語のゆれについての考察」『東京都立大学人文学会人文学報』173

永瀬治郎（2009）「言語変化―新語・俗語・流行語の時代的変遷―」『計量国語学事典』朝倉書店

日本方言研究会編（2002）『21世紀の方言学』国書刊行会

平山輝男（1961）「東部方言概説」『方言学講座2　東部方言』東京堂
文化庁（1974–1980）『言葉に関する問答集1〜7』大蔵省印刷局
文化庁文化部国語課（2002）『平成12年度国語に関する世論調査（平成13年1月調査）』財務省印刷局
馬瀬良雄監修、佐藤亮一・小林隆・大西拓一朗編集『方言地理学の課題』明治書院
山県浩（1987）「群馬県の若年層における方言使用の実態―方言使用に対する規範意識研究序説―」『群馬大学教育実践研究』4
山県浩（1988a）「群馬方言における「地方共通語」―大学生の場合―」『群馬大学教育学部紀要　人文・社会科学編』37
山県浩（1988b）「方言使用に対する規範意識の実態・続攷―回答者の属性との関連性―」『文献探究』21
山県浩（1989）「進学に伴う方言行動・方言意識の変化―群馬県の中学生・高校生の場合―」『群馬大学教育学部紀要　人文・社会科学編』39
山県浩（1992a）「高校生の方言行動・方言意識の諸相―群馬県北西部地域の場合―」『群馬大学教育学部紀要　人文・社会科学編』41
山県浩（1992b）「高校進学に伴う方言行動・方言意識の変化相―群馬県北西部地域の場合―」『語学と文学』28（群馬大学）
山県浩（1999）「群馬県の大学生にみる〈ら抜き言葉〉―10年の変化相を中心に―」『群馬大学教育学部紀要　人文・社会科学編』48
吉岡泰夫（1996）「若者の方言志向」『方言の現在』明治書院
ダニエル・ロング（1997）「方言からみた日本語らしさ」『日本語学』16（7）

あとがき

　本書の原点は、井上史雄先生の群馬大学での集中講義である。1979年夏、筆者は教育学部3年生であった。生まれて初めて生育地を離れ群馬県前橋市で生活し始めていた筆者は、群馬のことばに少なからずカルチャーショックを受けていた。同じサークルの友達（吾妻出身であった）の話し方が明らかに筆者と違うのだ。バイク（原付自転車、平板アクセントではない）で走れば1時間少々の隣県同士なのに、私の知らないことばがある。これが方言というものか。こんな経験から群馬のことばに興味を持ち、「方言」を冠した井上先生の集中講義名に惹かれ受講した。もちろん自分が生まれ育った栃木県足利市のことばは全国共通語と同じで、群馬のことばは方言だと思っていた。
　井上史雄先生の講義はとても面白かった。その内容は知らないことばかりだった。なかでも自分たち若者のことばにも方言がありその方言は生まれ続けているという内容は、筆者に大きなインパクトを与えた。これが筆者と「新方言」との出会いであり、本書の原点である。
　集中講義から始まり、井上史雄先生には群馬大学の卒業論文もご指導をいただいた。その間、方言調査にも同行させていただいた。今思えば、『日本方言地図（LAJ）』の調査に参加するという貴重な体験だった。群馬大学を卒業し群馬県の中学校教師になった筆者に、井上先生は日本方言研究会での発表をお勧めくださり、訳も分からないまま井上先生との連名で発表させていただいた。当時の筆者にとって本でしか知らない日本を代表する有名な言語学者の柴田武先生がご質問くださったのを今でも手の震えとともに覚えている。これが、第1回調査（1980年）調査結果発表である。
　以来30年以上、本研究と筆者は井上史雄先生にご指導、ご助言

を賜り続けている。ここに改めて、恩師・井上史雄先生にお礼を申し上げる。

　第2回調査（1992年）は、上越教育大学大学院の修士論文として取り組んだものである。同大学院には、幸いにも群馬県教育委員会の大学院（内地留学）研修制度の適用を受けることができ、現職教員の身分のまま学ぶことができた。この制度や制度実施に関わった様々な皆様のご尽力に心よりお礼を申し上げる。なお、第2回調査（1992年）の結果は、『関東及び新潟地域における新表現の社会言語学的研究』として公表することができた。その公表に際し、平成8年度科学研究費補助金（奨励研究（B））を受けた。これも大変ありがたいことであった。

　大学院研修後、筆者は群馬県太田市の小学校に赴任した。小学校2年生の授業中、子どもたちの会話に「チゲーよ」を聞いた（第Ⅱ部第3章2.2節参照）。新方言研究では現在進行中の言語変化を目の当たりにすることができるということは、まさにこういうことだと実感したのを鮮烈に覚えている。筆者はその後、小学校教諭、群馬県教育委員会事務局勤務を経て、幸せなことに研究職につくことができ、さらには、本研究の原点である群馬県内の大学の職（現職）に就くことができた。これは奇蹟に近い幸運である。この間出会った子どもたちを含めた皆様、筆者に研究環境を与えてくださった皆様、お支えいただいた方々に心から感謝したい。

　第3回調査（2010年）は、東北大学大学院文学研究科博士課程社会人研究者コースで取り組んだ。小林隆先生には、同研究科言語科学専攻に編入学して以来、親身なご指導と温かな励ましを賜った。小林先生は、ご研究はもちろんそのお人柄まですべてを見習いたい尊敬する研究者であり大学教師である。小林先生、また同大学院の先生方のご指導に心よりお礼申し上げる。

　第1回調査（1980年）から30年に及ぶ3回の調査では、多くの高校生、高等専門学校生及びその保護者の方々にアンケートにお答えいただいた。また、調査実施にあたっては、言語研究に深いご理解をいただき、過密な教育課程と教育活動の中、多くの学校関係者

の皆様にお世話になった。この場を借りて、ここにあらためて皆様に心より感謝しお礼申し上げる。お世話になった学校関係者の方々に敬意を表し、ここにお名前を紹介させていただく。

第1回調査（1980）でお世話になった学校関係者一覧（敬称略）

学校名	校長先生	教頭先生	協力してくださった先生方
群馬県立武尊高等学校	小島英男	角田次男	池田英一
群馬県立沼田高等学校	狩野博一	後閑縫之介	鷲頭平吉
群馬県立中之条高等学校	福田潔	杉本大二	坂本兼三
群馬県立長野原高等学校	八高進	小林隆	平沢孝雄
群馬県立渋川高等学校	佃和朋	海老原洋三	―
群馬県立高崎高等学校	中沢誠一	滝上豊太郎	大井恵夫
群馬県立高崎女子高等学校	小此木達夫	矢島慶四郎	小田健市
群馬県立藤岡高等学校	針谷巌	小島巴	近藤弘行
群馬県立安中高等学校	萩原傳	大島喜久治	―
群馬県立富岡高等学校	山岸公一	小林二三雄	小林伸治
群馬県立万場高等学校	横堀喜助	浦野先雄	林政美
群馬県立松井田高等学校	磯貝福七	須藤佳典	柳沢正人
群馬県立下仁田高等学校	関根正則	市川勉	佐藤淳子
群馬県立前橋高等学校	藤生宣明	高橋貢	松本忠男
群馬県立伊勢崎東高等学校	国峰和夫	小板橋義雄	斉藤正義 中野雅彦
群馬県立桐生高等学校	上島大作	加藤常雄	中曾根敏夫
群馬県立桐生女子高等学校	笛木孟	佐々木仁	―
群馬県立太田高等学校	安田俊雄	岡部哲夫	青柳香彦
群馬県立館林高等学校	野木村浩	工藤三寿男	尾藤聡
栃木県立足利高等学校	薄井繁	北川進五	国語科研究室の先生方

第 2 回調査（1992）でお世話になった学校関係者一覧（敬称略）

学校名	校長先生	教頭先生	協力してくださった先生方
群馬県立武尊高等学校	鷲頭平吉	星野直也	細矢瑞紀
群馬県立沼田高等学校	松井三郎	今井郁男	橋本雅彦
群馬県立沼田女子高等学校	増田茂	半田郁夫	小林達也
群馬県立中之条高等学校	住谷鉄雄	萩原仲司	高橋兵司
群馬県立長野原高等学校	川島護	芝崎正之	萩原富夫 中澤匠子
群馬県立渋川高等学校	中村栄一	岡田豊治	岸明
群馬県立渋川女子高等学校	町田省吾	橋本孟道	竹淵眞一
群馬県立高崎高等学校	金井秀一	宮川清	矢島哲雄
群馬県立高崎女子高等学校	岡村昇治	奈良部清満	松嶋行雄
群馬県立藤岡高等学校	小池泰輔	戸塚雅宏	塩原秋雄
群馬県立安中高等学校	赤松昭光	小林進	高橋寛治 山丸恭子
群馬県立富岡高等学校	堀口康平	大木隆明	永井和司
群馬県立富岡東高等学校	関重保	吉岡武彦	松本八代重
群馬県立万場高等学校	中里達男	長谷川孝	黒岩康伸
群馬県立前橋南高等学校	矢島浩三郎	持田章	諏訪部晃
群馬県立前橋女子高等学校	宮田孝雄	井上浩一	松原昭子
群馬県立玉村高等学校	反町昭尹	澤口宏	山田静史
群馬県立伊勢崎東高等学校	小暮市郎	小川義夫	矢島宣弘
群馬県立伊勢崎女子高等学校	森貴信	斎藤清一郎	塩崎猛雄、 古稲勝彦
群馬県立桐生高等学校	矢嶋道夫	家島啓二	大沢亥之七
群馬県立桐生女子高等学校	荒居敬雄	中山傑	井上淑人
群馬県立太田高等学校	高橋求	高橋克明	天田比呂志
群馬県立太田女子高等学校	高橋毅	小島峯雄	福田房夫
群馬県立西邑楽高等学校	鈴木宗男	石橋貞夫	青木伸泰
群馬県立館林高等学校	橘孝司	宮崎宏明	希代武好
群馬県立館林女子高等学校	飯塚博久	川島金蔵	小山誠一

| 栃木県立足利高等学校 | 阿部英之 | 青柳好信 | 阿部賢治 |
| 栃木県立足利女子高等学校 | 須永日信 | 島田広作 | 小林央 |

第3回調査（2010）でお世話になった学校関係者一覧（敬称略）

学校名	校長先生	教頭先生	協力してくださった教職員の方
群馬県立沼田高等学校（2009年度）	小泉清貴	平沢孝雄 藤井巧	―
群馬県立沼田女子高等学校（2010年度）	佐藤功	原澤直久	石関政志
群馬県立中之条高等学校（2009年度）	奈良公太郎	金井孝治	牛木康徳
群馬県立吾妻高等学校（2010年度）	一場茂樹	越石信次	―
前橋市立前橋高等学校（2008年度）	山口知彦	奈良知彦	―
国立群馬工業高等専門学校（2009年度）	本間清	―	新井小枝子 戸鹿野三雄 関根康孝
群馬県立藤岡中央高等学校（2009年度）	鵜生川隆之	井上淑人 金井明	―
群馬県立桐生南高等学校（2010年度）	増田芳之	若井彰	―
群馬県立西邑楽高等学校（2009年度）	久保田信一郎	髙橋嚴足	杉山英夫

＊井上淑人先生（2009年度群馬県立藤岡中央高等学校教頭、2010年度群馬県立玉村高等学校教頭）は、多くの高等学校との仲介をしてくださった。

　本研究を辿るような形で感謝の気持ちを述べてきた。これらの方々のほかにも、多くの方言研究者の方々に支えていただいた。特に、岸江信介氏には共同研究に加えていただいたり励ましをいただいたりと多方面から本研究をお支えいただいた。また、筆者の所属する共愛学園前橋国際大学は、地方の小さな大学ながらすばらしいスタッフに恵まれている。本研究においてもスタッフの皆さんが応援してくださり、協力的であった。特に、過去のデータの変換では小柏伸夫氏にお世話になった。さらに、出版に際しては、ひつじ書房の松本功氏、担当の海老澤絵莉氏にお世話になった。皆様に心よ

りお礼申し上げる。

　本書が、方言研究、社会言語学的研究、国語教育等々、様々な分野で少しでもお役に立てることを願うばかりである。そのことが、今までお世話になった皆様への恩返しであると思う。最後に、改めて、皆様からいただいたご支援に感謝申し上げる。

2012年9月
佐藤髙司

索引

あ
吾妻　45
アクセサリー化　171, 187, 191, 198
アクセント　5
新しさ　21
安定期　180

い
行く＋ベー（意志・勧誘）　140
イグベー　142
イグンベー　94, 142
犬＋ベー（推量）　161

う
上野勇　23

お
岡崎調査　9
オモシレンベー　94
面白い＋ベー（推量）　159
おもちゃ化　171, 187
音韻　5

か
学校教育　22
学校方言　214
関越自動車道　196
関東方言　4

き
北関東3県　7
気づかない方言　18, 214, 216
気づかれにくい方言　214, 216
規範意識　190
キャア　94, 103, 104, 187
キャンパス言葉　213
矯正されるべきもの　30, 42
共通語志向　193
共通語化　195, 197
着レルの世代差　204
着レルの男女差　208
着レルの場面差　205

く
クルダンベー（推量）　169
来る＋ベー（推量）　157
クルベー（推量）　169
クルンベー（推量）　94, 170
グロットグラム　12
群馬県　5
群馬県方言　3, 4, 5

け
経年調査　47
ゲッピ　90, 94, 103, 186
ゲビ　90, 94, 99, 184
ケンケン　76, 87
言語生活　12

こ

語彙　6
語彙差　209
広義の新方言　239
コードスイッチング　7
コーホート語　108
コレッキャ　76, 86

し

志向意識　190
下からの言語変化　242
質問調査法　9
シャーペン　218
社会言語学的研究　3, 8, 11, 12
上越新幹線　196
進行期　180
進行中の言語変化　20
新俗語　16
シンネー　76, 85
新方言　11, 20, 24, 235
新方言研究　12, 42
新方言研究の価値　11
新方言の認定　15

す

衰退期　180
スタイル　171

せ

西毛　46
接続の単純化　148, 150
センヒキ　76, 88, 217
専門語　16

そ

ソンデ　76, 84

た

第1回調査（1980年）　47, 51
第2回調査（1992年）　47, 58
第3回調査（2010年）　47, 68
ダイジ　94, 97, 98, 183
多人数調査　9
楽しむもの　37, 42
男女差　175
ダンベー　154, 162

ち

地域性　21
違い（チガイ）　33
チガイ　126
チガカッタ　76, 80, 123
チガクナッタ　76, 81, 123
チゲー　126
地方型　32, 74, 93, 105, 107
地方共通語・地域共通語　18
中毛　46

つ

ッペ　146
鶴岡調査　9, 12

て

デ　94, 99, 100, 184
低文体　20
ディヤ　94, 104, 105
鉄道　179

と

東京型　32, 74, 75, 92, 107
東京語化　16, 75
東京新方言化　33
東京弁化　16, 75
統合　93
東毛　47

利根沼田　45
トラッドギル　176
ドリフト　200
ドロボウケズリ　220

に

逃ゲレルの世代差　204
逃ゲレルの男女差　208
逃ゲレルの場面差　206
西関東方言　4

ね

ネオ方言　13, 18, 19, 20

の

〜のように　33

は

ハインナ　76, 82

ひ

東関東方言　4
ビッケ　90, 94, 102, 185
ビャー　146
ビリ　89

ふ

普及のＳカーブ　119, 134
普及のＳ字カーブ　119
分岐　93
文体　18, 118
文体差　16, 22
文法　5

へ

べいべいことば　5

ペケ　76, 89
蔑視されるもの　30, 42
弁別意識の希薄化　195, 197

ほ

方言意識　6
方言コンプレックス　7
方言志向　192
方言ブーム　187
『方言文法全国地図』(GAJ)　138, 153, 155
ポーンラ　94, 101, 102
ポーンリ　94, 101
保護されるべきもの　30, 31, 37, 38, 42
ボンナイフ　222

み

ミタク　33, 76, 83, 109, 111, 117
ミチョーニ　33, 94, 112, 186
ミトーニ　33, 94, 113
ミベー（意志・勧誘）　143, 166
見る＋ベー（意志・勧誘）　143
ミルベー（意志・勧誘）　143, 166
ミルンベー（意志・勧誘）　94, 143, 168
ミンベー（意志・勧誘）　94, 143, 167

よ

要素　171
予備調査　48

ら

ラ抜きことば　199

わ

若者語の分類　16

ん

ンベー　139

索引　257

佐藤髙司（さとう　たかし）

略歴
1958年栃木県足利市生まれ。2011年、東北大学大学院文学研究科言語科学専攻博士課程修了。博士（文学）。群馬県小・中学校教諭、管理主事を経て、2004年より茨城工業高等専門学校人文科学科助教授。2006年より共愛学園前橋国際大学国際社会学部准教授。2009年より同教授。

主な著書
『調べてみよう暮らしのことば』（全7冊、共著、ゆまに書房、2003‐2004年）、『方言クイズ』（共編、講談社、2007年）、『群馬方言に関する国語科授業のための資料集』（私家版、2008年）、『方言と地図』（共編、フレーベル館、2009年）、『地図とグラフで見るぐんまの方言』（上毛新聞社、2009年）など。

ひつじ研究叢書〈言語編〉第105巻
新方言の動態30年の研究
群馬県方言の社会言語学的研究

発行	2013年2月14日　初版1刷
定価	8600円＋税
著者	Ⓒ佐藤髙司
発行者	松本功
ブックデザイン	白井敬尚形成事務所
組版所	株式会社 ディ・トランスポート
印刷・製本所	株式会社 シナノ
発行所	株式会社 ひつじ書房

〒112-0011　東京都文京区千石2-1-2　大和ビル2階
Tel: 03-5319-4916　Fax: 03-5319-4917
郵便振替 00120-8-142852
toiawase@hituzi.co.jp　http://www.hituzi.co.jp

ISBN978-4-89476-627-3

造本には充分注意しておりますが、落丁・乱丁などがございましたら、小社かお買上げ書店にておとりかえいたします。
ご意見、ご感想など、小社までお寄せ下されば幸いです。